复旦卓越·21世纪酒店管理系列
TWENTY-FIRST CENTURY HOSPITALITY MANAGEMENT SERIES

酒店服务标准

编 委 会

主　　编：瞿立新
副 主 编：陈　霞　邵映红
主要成员：曹长波　张岩岩　孙春艳
　　　　　张立英　陈善军　赵　建

前言

酒店业是现代服务业的重要组成部分,是我国与国际接轨最早、开放步伐最快的行业之一。全域旅游时代和大众旅游时代的到来,旅游度假市场随之兴起,国内旅游人次持续增加,酒店原有客源市场结构发生了根本性的变化。近年来,国际奢华酒店品牌竞相进入中国,星级酒店总体保持向上态势,经济型酒店平稳增长。日益壮大的产业规模和不断变化的新业态促使酒店业通过制度创新、产品优化、素质提升不断加快转型升级的步伐,酒店业亟需高素质技术技能人才。培养适应时代需求的高素质酒店技术技能人才已成为当今酒店高职教育领域的共识。

教育部《关于完善教育标准化工作的指导意见》(教政法〔2018〕17号)指出,标准是可量化、可监督、可比较的规范,是配置资源、提高效率、推进治理体系现代化的工具,是衡量工作质量、发展水平和竞争力的尺度,是一种具有基础性、通用性的语言。《国家职业教育改革实施方案》指出,发挥标准在职业教育质量提升中的基础性作用。文化和旅游部立足于大众旅游新阶段的特点和规律,聚焦当前旅游服务质量存在的主要问题,2019年1月印发了《关于实施旅游服务质量提升计划的指导意见》,明确要求发挥行业标准引领作用,提升从业人员素养和业务能力。

《酒店服务标准》的编写正是顺应产业转型升级的需求,贯彻《国家职业教育改革实施方案》的要求,服务于高素质酒店技术技能人才的培养。《酒店服务标准》根据新时代高职高专酒店管理专业人才培养目标,围绕立德树人根本任务,以标准引领,注重做中学、学中做,学以致用,育训结合,突出服务理念、标准意识、岗位要求,吸收酒店高职教育校企合作、产教融合的新成果,提高职业技能和培养职业精神相融合,通过明晰学习目标、厘清基本概念、阐述理论知识、开展实训操作、分析实际案例、启发深入思考,让学生了解主要服务岗位职责、服务基本程序、服务操作规范等,帮助学生建立全面、系统的酒店服务标准体系,强化学生的标准意识和服务意识,培养学生的综合职业能力和可持续发展能力。

《酒店服务标准》编写团队由无锡城市职业技术学院、无锡科技职业学院的教师以及校企合作酒店的资深企业专家组成。主编瞿立新,江苏省有突出贡献中青年专家、江苏省旅游培训专家、2018年度"旅游职业教育突出贡献人物"(全国旅游职业教学指导委员会),在旅游专业领域具有丰富的教学经验、较强的研究能力和丰富的实践阅历。参加编写者还有:无锡城市职业技术学院旅游学院陈霞、邵映红、曹长波、张岩岩、孙春艳、张立英、陈善军、赵建。

《酒店服务标准》的编写是无锡城市职业技术学院全国职业院校旅游类示范专业点——酒店管理专业、全国旅游职业教育校企合作示范基地、江苏省高校品牌专业建设工程资助项目(项目编号:PPZY2015B198)的建设成果。

《酒店服务标准》教材受众广泛,不仅可以作为高职高专院校酒店管理专业的教学用书,也可作为高职高专旅游类专业的拓展课程教学用书,还是一本适用于酒店员工培训的培训用书以及相关人士的学习参考用书。

《酒店服务标准》编写过程中,编者参考、借鉴、援引了有关文献、教材、著作、网站的一些资源,未能一一列出,在此谨向文献与资料作者致以诚挚的谢意!

限于编者水平,书中疏漏之处在所难免,敬请读者批评指正,以利于不断修订完善。

编　者

2019年9月

目录

第一章　现代酒店服务导论 / 001
　　第一节　现代酒店服务概述 / 001
　　第二节　酒店计算机技术应用 / 012
　　第三节　主管、领班的作用和应具备的条件 / 023
　　第四节　客人救护常识 / 028

第二章　酒店服务标准与规范综述 / 036
　　第一节　酒店服务标准与规范概述 / 036
　　第二节　酒店服务质量通用标准 / 047
　　第三节　投诉处理 / 057
　　第四节　培训 / 061
　　第五节　酒店收益分析 / 067

第三章　前厅服务标准实务 / 082
　　第一节　前厅部服务概述 / 082
　　第二节　前厅服务工作要求 / 089
　　第三节　前厅部组织机构和岗位职责 / 097
　　第四节　客房预订服务 / 108
　　第五节　前厅接待服务流程 / 119

第四章　客房服务标准实务 / 129
　　第一节　客房部组织机构和岗位职责 / 129
　　第二节　客房服务工作要求 / 135
　　第三节　客房服务基本模式 / 140
　　第四节　客房服务基本内容 / 143

第五节　客房用品的控制 ……………………………………… / 152
　　第六节　客房与公共区域的清洁整理 …………………………… / 161
　　第七节　面层材料的清洁保养 …………………………………… / 165
　　第八节　清洁器具 ………………………………………………… / 174
　　第九节　清洁剂的种类与用途 …………………………………… / 177
　　第十节　突发事件处理 …………………………………………… / 180

第五章　餐厅服务标准实务 ……………………………………………… / 197
　　第一节　餐饮部的组织机构和岗位职责 ………………………… / 197
　　第二节　餐厅服务工作要求 ……………………………………… / 202
　　第三节　酒品知识 ………………………………………………… / 207
　　第四节　茶艺服务 ………………………………………………… / 221
　　第五节　食品营养基本知识 ……………………………………… / 229
　　第六节　餐巾折叠与端托服务 …………………………………… / 231
　　第七节　中国菜菜肴概述 ………………………………………… / 238
　　第八节　中餐基本服务技能 ……………………………………… / 241
　　第九节　外国菜肴概述 …………………………………………… / 253
　　第十节　西餐基本服务技能 ……………………………………… / 257

第六章　会议服务标准实务 ……………………………………………… / 276
　　第一节　会议前期准备程序 ……………………………………… / 276
　　第二节　会议前期用品与设备安排 ……………………………… / 279
　　第三节　会议的场地布置 ………………………………………… / 284
　　第四节　会议的现场服务标准 …………………………………… / 287
　　第五节　会议结束后流程工作 …………………………………… / 289

参考文献 ……………………………………………………………………… / 293

4. 安全

体现在客人的人身和健康保障、财产安全、隐私保护。

二、星级酒店标准的由来

(一) 标准的由来

标准,是指某一领域需要统一的技术要求。标准化是指在实践活动中对于重复性事物与概念实施统一标准,以获得最佳秩序和效益的活动。《中华人民共和国标准化法》将标准分为国家标准、行业标准、地方标准、团体标准和企业标准。

国家标准分为强制性标准、推荐性标准,行业标准、地方标准是推荐性标准。

强制性标准必须执行。国家鼓励采用推荐性标准。推荐性国家标准、行业标准、地方标准、团体标准、企业标准的技术要求不得低于国家强制性标准的相关技术要求。

行业标准由国务院有关行政主管部门制定,报国务院标准化行政主管部门备案。为满足地方自然条件、风俗习惯等特殊技术要求,可以制定地方标准。地方标准由省、自治区、直辖市人民政府标准化行政主管部门制定;设区的市级人民政府标准化行政主管部门根据本行政区域的特殊需要,经所在地省、自治区、直辖市人民政府标准化行政主管部门批准,可以制定本行政区域的地方标准。

国家鼓励学会、协会、商会、联合会、产业技术联盟等社会团体协调相关市场主体共同制定满足市场和创新需要的团体标准,由本团体成员约定采用或者按照本团体的规定供社会自愿采用。企业可以根据需要自行制定企业标准,或者与其他企业联合制定企业标准。

(二) 中国星级酒店的发展

一般来说,酒店的星级标准由各国自行制定,在国际上并没有统一的标准。由于各种因素的限制,有的国家尚未形成体系,有的国家的星级标准较为成熟。从最初仅仅向旅行者提供食物和住处的个体旅店到今天酒店业已发展成为一个多样化、全球化的产业,其中既包括最简单的小型旅馆,也包括能满足现代社会复杂多样需求的国际化酒店集团。

改革开放初期,我国酒店业发展很快,然而,由于缺乏标准的引导,旅游者在按照预算选择酒店时难以判定其品质,酒店经营管理者难以衡量经营绩效和服务质量,政府行业监管者缺乏检查和督导服务品质的依据,投资者在投资建造酒店时也缺乏相应的参照依据。我国开展星级酒店评定以来,实施有进有出动态管理的机制,酒店业由注重发展走向注重规范,由注重规模走向注重品质,体现了全国标准一致性的要求,我国星级酒店评定工作经受了市场和历史的检验，受到中外宾客的认可。

我国的星级酒店最早诞生于广东。另外上海一直是代表我国星级酒店最高服务品质的城市。

1989年6月2日，原国家旅游局全国星评委公布第一批星级饭店名单。其中，四星级饭店：广州中央饭店；三星级饭店：白云宾馆、流花宾馆、南湖宾馆、广州宾馆、爱群大酒店、华侨酒店、东山宾馆。

1989年10月4日，原国家旅游局全国星评委公布第二批113家星级饭店名单。其中，四星级饭店：北京长城饭店、北京昆仑饭店、桂林桂山大酒店、厦门悦华酒店、无锡大饭店。三星级饭店：北京民族饭店、北京燕翔饭店、北京前门饭店、北京东方饭店、上海大厦、上海国际饭店、上海衡山宾馆、上海金沙江大酒店、上海华夏宾馆、上海新苑宾馆等44家饭店。二星级饭店：北京德胜饭店、上海嘉定宾馆等52家饭店。一星级饭店：广州西城大酒店等12家饭店。

1990年2月8日，原国家旅游局全国星评委公布第三批110家星级饭店名单。其中，首批五星级饭店：上海静安希尔顿大酒店、广东省白天鹅宾馆、中国大酒店。四星级饭店：天津喜来登大酒店、凯悦饭店、水晶宫饭店、上海喜来登华亭宾馆、广东省中山国际酒店、富华酒店。

北京的五星级饭店诞生于1991年5月27日，共有6家五星级饭店：王府饭店、香格里拉饭店、贵宾楼饭店、长富宫饭店、昆仑饭店、长城饭店。

20世纪90年代，北京建国饭店、南京金陵饭店、广州白天鹅宾馆成为业内公认的三面旗帜，引领着我国酒店业的发展。

从我国星级酒店发展规模看，20世纪90年代，我国星级酒店年递增300家至600家，至1999年年底，我国星级酒店达到了3 856家。2000年至2009年，我国星级酒店年递增500家至2 200家，2009年达到我国星级酒店最大规模，为14 639家。2009年是我国星级酒店发展规模的历史分界线，从2009年至2017年呈现逐渐萎缩状态，星级酒店逐年递减。文化和旅游部统计数据表明：至2016年年底，我国星级酒店为11 289家；2017年年底，全国星级酒店统计管理系统中共有10 645家星级酒店，其中一星级82家，二星级2 026家，三星级5 166家，四星级2 525家，五星级846家。

从我国五星级酒店发展规模看，20世纪90年代，我国五星级酒店年递增基本保持在个位数，至1999年年底，我国五星级酒店为77家。2000年至2017年，我国五星级酒店基本保持了两位数增长，个别年份甚至有3位数的增长，至2017年年底，我国五星级酒店为846家。

酒店业是充分竞争性行业，理应靠市场机制调节供需矛盾。近年来，酒店业发展逐步呈现理性发展的趋势。

(三)我国饭店星级评定制度的意义

改革开放以来,我国旅游业迅猛发展,酒店业作为旅游业的支柱产业,却由于种种原因,服务质量和整体管理水平长期低下,与国际酒店业存在较大差距,一度成为制约酒店业发展的瓶颈。作为中国经济社会发展体系的重要组成部分,酒店业需要持续提升产业素质。我国饭店星级评定制度是改革开放的产物,具有重要的现实意义和历史意义。

1. 星级酒店成为我国改革开放的先导行业代表

1979年美籍华人陈宣远准备投资2 000万美元在北京建造旅游饭店(即建国饭店)。这是我国与外资合作建造和经营的第一个旅游饭店。1980年4月4日,国家外国投资管理委员会批准3家合资企业,按审议先后顺序,北京航空食品有限公司列为外资审字(1980)第一号,建国饭店为外资审字(1980)第二号,长城饭店为外资审字(1980)第三号。在上述首批3家合资企业中,酒店就占了2家,充分体现了国家对发展酒店业的高度重视,也反映出我国酒店业走在了改革开放的前列,为我国逐步探索和完善改革开放的伟大事业作出了应有的贡献。北京长城饭店成为北京首批四星级饭店和首批五星级饭店,北京建国饭店成为北京首批四星级饭店,均在我国改革开放中具有标志性意义。

2. 酒店星级成为中国消费者最早接受的服务品牌

星级饭店是我国住宿业中的主流,在行业中处于中高端位置,始终引领着行业的发展方向,同时也带动着行业素质的全面提升,服务水准得到了社会的广泛认同,服务品质成为社会服务业的领头羊。2006年,饭店星级评定标准荣获国家质监局授予的标准创新奖,成为我国社会服务业中唯一的获奖标准。"星级"已经成为优秀服务品质的代名词,许多窗口行业纷纷借用"星级"打造自己的服务等级,如星级医院、星级养老院、星级银行、星级列车、星级邮局等。由此看出,我国饭店星级评定制度对社会服务业的巨大贡献。现在的主题酒店标准、精品酒店标准、民宿标准也都是在学习借鉴星级标准的基础上形成的。

3. 星级标准成为我国酒店投资者的重要依据

酒店业是一种投资风险较大的行业,其建造和管理也是专业性较强的工作,产业链涉及专业的投资公司、咨询公司、管理公司、设计公司、工程公司、装饰公司及饭店用品等相关公司。星级标准引导了酒店投资者按照市场定位进行设计、建造、改造,规避了客流和服务流的冲突,解决了设计和建造中不科学、不合理、不经济的问题。

4. 星级标准成为旅游行政部门标准化工作的重要抓手

实施酒店星级制度后,星级标准成为旅游行政部门重要的工作抓手。评星和复核的过程，成为对标检查的过程、查找不足补短板的过程、健全各项规章制度的过程、提升服务品质的过程。旅游行业管理部门为星级酒店建立起了全面、系统的统计制度，为科学评价酒店服务水准和经营管理效益提供了依据，为酒店资产管理、产权交易提供了便利，也为形成酒店业的大数据奠定了基础。

5. 星级标准使酒店业成为最早与国际接轨的行业

我国对酒店进行星级评定，是国际饭店业通行的惯例。星级制度是国际旅游业中的通用语言，实施这一制度，可以为国际旅游者提供方便，有效满足其在我国进行旅游活动、商务活动的需求。

6. 星级酒店成为塑造国家形象、展示中国服务的平台

北京申办2008年国际奥林匹克运动会时期，在国际奥委会评估报告中，星级酒店在交通、环保等13个大项中获得了唯一的满分，充分反映出国际社会对我国星级酒店服务的高度认可。近年来，我国星级酒店又出色地承接了上海亚信会、G20杭州峰会、北京"一带一路"国际合作高峰论坛等重大国际活动，星级酒店提供的中国服务成为一道亮丽的风景线。

三、住客类型

（一）VIP 客人

酒店根据客人（Client）的身份地位或酒店的业务关系将贵宾分为 A、B、C 三个等级，并在迎送、房内用品配置、餐饮和安全保卫等方面制订不同的接待规格。

（二）商务客人

多以散客为主，具有消费高、回头率高、要求高的特点。

（三）会展旅游者

会展旅游（Meetings Incentives Conventions Exhibitions，MICE），包括各种专业会议、科技交流、博览交易活动、文化体育盛事、奖励旅游等。会展客人一般对客房的需求量大，对酒店的会议、展览、娱乐等设施使用频率高。

（四）疗养型旅游者

住店时间长，活动有规律，对住房有特殊的要求，并希望得到热情周到的照顾。

（五）观光旅游者

一般以团队为主，其活动有组织、有计划，统一进行，日程安排紧凑。

（六）蜜月旅游者

注重私密和浪漫，一般消费能力较强，停留的时间较长，对酒店和住房的环境要求较高。

（七）长住客人

一般入住时间超过一个月的客人为长住客人。大多为企业在酒店长期包租客房作为办事处，也有外国雇员携带家属长期居住的。

（八）老、弱、病、残客人

这类客人往往行动不便，生活自理能力差，比较难以沟通交流，需要得到特别的关爱和帮助。

四、酒店服务愿景

酒店愿景（vision）是酒店对企业的前景、定位和发展方向高度概括的陈述（statement）。这种陈述是针对企业内部的，它能统一员工的认识，并在情感上激起员工的热情、团队精神和创造力。如果员工知道他们是在强调以消费者为中心的企业文化中工作，那么他们在为消费者提供服务时，就会主动行事。

酒店使命（mission）来源于酒店的愿景，是针对企业外部的。它描述了酒店的目标及所从事的生产领域和市场范围。酒店只有非常明白自己的经营领域和客户群才能把握住发展的大方向，才不至于误入自己不熟悉的领域，才能避免脱离自己的客户群。酒店基本的使命：为顾客创造价值，为企业创造效益。

战略目标（goal）是企业使命的具体化、数字化和阶段化，是企业追求的主目标，比如，市场份额、利润率、客户服务、创新、生产率等。具体目标（objectives）是战略目标的具体化，是对战略目标从数量上进行的界定，是保证性目标。酒店的服务目标是在顾客满意最大化的前提下，达到企业利益的最大化。

愿景、使命和目标的关系见图1-1。

五、酒店服务含义

"客人"作为产品或服务的接受者，是个广义的概念，它不仅指来酒店消费的客人，也包括酒店内部得到二线部门和人员支持与帮助的一线部门和员工，也就是我们

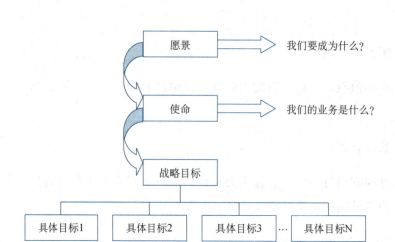

图 1-1　愿景、使命与目标的关系

常说的"下道工序是客人"。服务是"为满足客人的需要，供方与客人接触的活动和供方内部活动所产生的结果"。"需要"是指客人对服务的物质和精神方面的需要。服务既要靠人工，也要靠物质。物质主要指先进的设施设备和技术。酒店在提供产品与服务时，必须以满足客人的需要为核心，始终把客人置于关注的中心，满足客人一切合理的需要，尽力帮助客人，每一位员工都要以解决客人的问题、满足客人的需要为己任。而随着社会的发展和时代的进步，客人的需要也会不断发生变化，因此，酒店应不断改善服务，以适应和满足客人的需要。"服务"的国际内涵，在英文 service 一词中，除了字面的意思外，通常还分解为以下七个要素，即 smile（微笑）、excellence（优秀、出色）、ready（准备好）、viewing（看待、一视同仁）、invitation（邀请）、creating（创造）、eye（眼神）。香港半岛集团对服务的理解又加入了他们自己的内涵，即微笑服务效率高，诚恳接待精神好，敬业乐业有干劲，一视同仁齐高兴。

满足需要不仅要从客人的角度出发，还应考虑到社会的需要，符合国家法律、法令、法规、环境与资源保护、能源利用等多方面的要求，当客人的需要与社会的需要有矛盾时，应首先满足社会的需要。如色情服务项目、会污染社会大环境的项目等，我国和许多国家都是禁止的。

六、酒店服务的特征

（一）体验性

从客人的角度来看，酒店服务可以被看作是一种总体的体验。这是酒店客人在与服务人员、其他客人、酒店环境进行直接接触，并在接受服务过程中与酒店互动获得的一种体验。服务的好坏主要根据体验者的主观标准来判断，客人往往以自我为中心，思维和行为大都具有情绪化的特征，对酒店服务的评价往往带有很大的主观性，即以自己的感觉加以判断，难以描述、测量或标准化。服务要求及时准确，任何失误都可能导致失去未来客人。服务人员在客人面前如何表现自己，个人能力如何等都会影响顾客的回头率。酒店服务必须人性化，只有让顾客感到愉悦，他才会常到酒店消费。

（二）同步性

服务体验（消费）与服务提供（生产）是同步进行的。在购买服务时，客人十分关心服务的提供方式和服务水平。例如，在酒店的前台，客人会很在意服务员的态度是否粗鲁、冷漠等。实际上，在大多数服务体验中，客人必须在现场接受服务。作为一个合作生产者，客人的参与有助于服务提供者确保整个服务传递过程更加前后一致和更加平稳。但客人参与服务产品的生产过程使得服务提供者很难控制服务的质量。为了防止由于客人的参与而产生的不确定因素，很多酒店尽可能排除因客人参与而产生的可变性因素。例如，餐厅设置触摸屏式点菜系统，防止出现由于客人在选择菜品时犹豫不决而减慢点菜交易过程的现象。

（三）不可储存性

酒店需求常常受季节性的变化、经济活动水平的改变、气候条件的改变等因素影响而发生波动。变动的需求量和固定的供给量导致了酒店服务的不可储存性。

（四）多样性

服务产品是以人为中心的，人的因素起决定性作用。提供服务过程中，人的因素和其他因素决定了服务的多样性。客人从服务中获得的愉悦程度与其自身和服务人员的个性有密切的关系。例如，酒店的前台接待员所做的工作大体相似。但是，同一客人通常可以感受到不同服务人员所提供的服务之间的不同之处，因此，酒店很难保证服务人员始终与客人保持良好的关系。另外，客人的态度和行为也会影响其对酒店服务的满意程度。

（五）关联性

酒店服务具有很强的关联性，如果其中一个部门没能提供很好的服务，那么就会对其他部门产生连锁效应。

（六）组合性

酒店服务要素与产品要素之间是相互作用、相互补充的，必须充分地了解本企业推出的服务与产品中有形与无形要素的组合，并积极有效地生产、营销和管理这些要素,见图1-2。

图1-2 服务与产品统一体

七、现代酒店服务的关系处理

全球化对酒店战略管理提出了挑战,全球竞争对服务的质量提高了要求。而且,这些标准都不是静态的。在21世纪的竞争格局下,只有那些达到或超过全球标准的企业才会获得竞争优势。满意是指当顾客对酒店产品实际感知的结果与其期望值相当时所形成的愉悦感觉。惊喜则是指当顾客对产品实际感知的结果大于其期望值时所形成的意料之外的愉悦感觉。

(一)核心服务和辅助性服务

现代酒店服务包括核心服务(core service)和辅助性服务(peripheral service),核心服务是消费者主要寻求的益处;辅助性服务是指作为附加好处而提供的次要服务项目。

各酒店通常在相同的市场内竞争并提供相似的核心服务。例如,位于市中心的两家五星级酒店,提供的服务与产品在客人看来几乎是无法区别的。但如果这两家酒店中的任何一家想要获得竞争优势,那么唯一的途径就是提高其服务与产品的附加值。辅助性服务可以发挥"杠杆效应",提升酒店整体服务在消费者心目中的价值。例如,酒店核心服务为一间干净整洁、设施齐全的客房,而辅助性服务则指客房以外的额外服务——如叫醒、早餐、报纸、洗衣、擦鞋、传真、复印以及机场迎送等服务。

(二)个性化服务与标准化服务

个性化服务(personalized service)是满足客人个别的特殊需求,而标准化服务(standardized service)则是满足所有宾客重复的有规律性的基本需要。要做好优质服务,必须是标准化服务与个性化服务相结合,个性化服务是标准化服务更深层次的发展，是在更高层次上满足客人需要的服务。

标准化、规范化服务是酒店服务质量的基本保障，个性化服务是服务质量的灵魂，所以，要想提高服务质量，必须为客人提供富有人情味的、突破标准与规范的个性化服务，这是酒店服务质量的发展趋势和最高境界。

为了体现个性化服务，也从客人的方便和安全考虑，酒店标准间内客用品的配备可以用色彩和图案来区别。标准间通常可以住两位客人，传统的标准间内都配有两套大小、色彩、图案完全相同的客人用品，例如杯子、毛巾、浴巾、牙刷、梳子等，这给两位客人带来了极大的不便，分不清哪个是"自己的"，哪个是别人用过的，每次使用前都要认真回忆一下（即使这样，还是常常用错），总有一种不安全感。酒店要充分考虑这一实际情况，将标准客房内的客用品从色彩、图案等方面区分开来，使客用品的配备从"标准化"转向"个性化"。

现代酒店服务突出个性化，就要做到针对性、灵活性、创新性和延伸性。针对性，就是要根据不同顾客的期望和特点，提供个性化的服务。同时，顾客是千变万化的，即使同一个顾客，由于场合、情绪、身体状况、环境等不同，也会有不同的期望特征和行为表现。灵活性，就是在服务过程中随机应变，满足不同顾客随时变化的个性期望。创新性，就是使顾客产生前所未有、意想不到、耳目一新的感受。延伸性，就是把服务延伸至酒店常规业务之外，使顾客共享酒店资源，实现双赢。

八、酒店服务心理

酒店服务贯穿于客人到店、住店和离店的全过程。其中，前厅是酒店为客人服务的起点和终点。因此，服务人员的心理状态至关重要，应该符合以下原则：

（一）尊重客人

被尊重是人类较高层次的需要。客人进入酒店，内心会产生一种需要被尊重的心理。这就要求服务人员必须微笑迎客、主动问候、热情真诚、耐心细致，这是尊重客人的具体表现。礼貌首先体现在服务人员的态度上。在与客人讲话前或讲话时，服务人员的一颦一笑，体态语言就已经开始与客人进行沟通了。微笑的重要性在于：微笑是一种国际语言；展示服务的热情，创造积极的力量，让客人感到是受欢迎的，是服务人员送给客人最好的礼物。当服务人员微笑时客人也会报以微笑；微笑，不需要付出太多，却会得到很多。

（二）服务快捷

客人经过旅途奔波，一般都会有一些疲劳，一进入酒店就渴望能够尽快休息或稍事休整,以便安排下一步的活动。而前厅服务的接待、入住登记及行李接运又需要一定的时间。因此,客人往往会流露焦虑、急切的心理。这就要求服务人员提前做好充分准备,在服务过程中尽量不使客人烦恼,操作要快、准、稳,让客人情绪保持稳定。

客人离店的心理也与来店时的心理相似。因此,酒店在结账时要快捷、准确,做到"忙而不乱,快而不错"。

(三)体现内涵

人们外出旅游或进行商务活动的同时,也在享受和体验异地文化的特色。在酒店服务的过程中,除了在环境美化、装饰布置有特色等方面吸引客人以外,服务人员还要时时、处处体现出热情大方,并通过语言、表情、动作将当地的文化呈现给客人。

第二节 酒店计算机技术应用

一、酒店管理信息系统的概述

酒店管理信息系统是一个信息采集、传输、处理、储存并实时控制的综合信息处理系统,包括实施信息管理所需的信息资源、组织结构、从事信息活动的人员、程序和过程等。酒店管理信息系统组成示意图见图1-3。

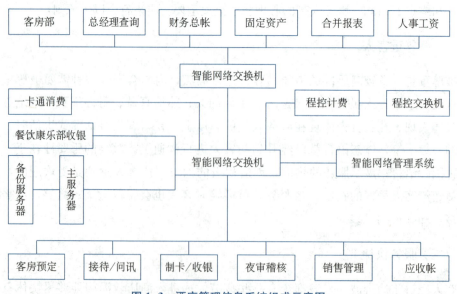

图1-3 酒店管理信息系统组成示意图

酒店运用计算机技术始于20世纪70年代的美国。假日饭店管理集团最早将计算机技术应用于其连锁店。酒店管理信息系统的目标就是通过信息资源的开发和信息技术的有效利用，实现酒店高效率的信息交流、网络协同无纸化办公和电子商务；快速、准确、有效地生成和传递信息；完善决策支持服务系统，为高级管理层的决策提供酒店全方位的信息支持；提高酒店的经营管理水平和经济效益，增强酒店在国内外旅游市场的竞争力。

二、酒店管理信息系统的组成

酒店管理信息系统由前台管理子系统、财务管理子系统、客户关系管理子系统、酒店办公自动化子系统、电子商务子系统、人力资源管理子系统、工程管理子系统和酒店计算机辅助决策支持子系统组成。

（一）前台管理子系统

该子系统包括前台管理、后台管理、外部接口三个部分：前台管理包括前台接待、前台收银、前台问询、客房部、销售预定、团队会议、餐饮康乐、电话记费、报表系统等；后台管理包括经理查询、应收、夜审、财务处理、系统配置、系统维护等；外部接口包括交换机、客房VOD、户籍发送等。

（二）财务管理子系统

该子系统包括总账、报表、现金流量表、固定资产管理、工资管理、财务分析、现金管理、应收款管理、应付款管理和合并报表等部分。

（三）客户关系管理子系统

客户关系管理子系统的核心是客户数据库，它记载着客户的基本信息、历次消费信息和为客人提供的个性化服务信息等。酒店对客户数据库进行处理、分析，可以发现客户和市场消费趋势，诊断内部管理问题，进而调整经营策略。同时，它还能实现对酒店服务的跟踪、控制和信息反馈。马里奥特连锁饭店的预订系统掌控全球超过355 000间客房，在其常客程序中存有1 200多万消费者的个人简况，马里奥特饭店收集了大量有关旅行者特点和习惯的信息。这些信息使马里奥特饭店能够有机会把消费者的个人资料与他们对产品的偏好相互参照，使饭店的奖励和促销活动具有非常准确的针对性。客户关系管理子系统功能结构见图1-4。

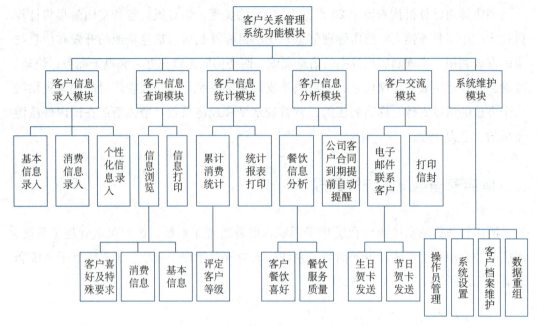

图 1-4 客户关系管理子系统功能结构

(四) 酒店办公自动化子系统

该子系统包括信息查询、公文管理、档案管理、会议管理、日程安排、维修管理、车辆管理、部门资产管理、培训管理和工作流程控制等内容。

(五) 电子商务子系统

网站可以提供相关酒店的详细信息,包括房价、各种客房、餐厅、会议和娱乐设施的照片,以及酒店的特色(如当地的海滩)等。有些酒店提供以地图为基础的信息,即提供一张可搜索的地图和酒店所在城市的基础设施信息,可能还有运用先进的显示技术生成的显示地图。这些信息都连接到当地的旅游信息中心。世界各地的潜在消费者有了与酒店网站互动的机会,他们甚至可以虚拟参观酒店设施。

希尔顿饭店在创建网站后的最初 3 个月里仅网上预订的收入就超过了 100 万美元,最佳西部国际在网站开通后的第一季度就收回全部投资。

1. Internet 的应用

充分利用酒店的外部网站和酒店的电子邮件系统,树立现代企业形象。同时,开展网上采购、网上订餐和订房、网上信息发布、网上讨论、网上调查以及一系列与之配套的服务。

2. 内部网站的应用

信息发布、留言板、电子邮件、酒店内部信息共享。

（六）人力资源管理子系统

该子系统包括组织结构管理、岗位和职能管理、人员录用、聘约合同签订、年度考核管理、考勤、人员培训管理、绩效考核、激励制度、奖惩制度、员工基本资料管理等。

（七）工程管理子系统

1. 技术资料管理

设备技术档案的分类、排序、存储。

2. 设备维修管理

对酒店设备的小修和大修、技术改造、设备故障、能源消耗、设备运转时间等信息进行详细记录。

3. 配件管理

管理酒店设备所有配件的编号、名称、规格型号、使用数量并确定各种配件的最佳可存量。

4. 固定资产管理

准确地掌握酒店每台设备的技术状况，保证设备正常运转，考核固定资产所创造的经济效益。

（八）酒店计算机辅助决策支持子系统

计算机辅助决策支持子系统是酒店信息化应用中的最高层次。该子系统从酒店各信息子系统中获取内部动态和历史信息，通过各种渠道包括从互联网上获取外部信息，为酒店管理层提供决策支持。

三、管理信息系统信息处理操作流程

酒店管理信息系统的信息存储应保证其安全性、稳定性和可靠性，所有的存储信息都要有备份。对于重要的存储信息，其存储设备要采用镜像的储设方式；对于特别重要的存储信息，其存储设备要采用双机热备份的储设方式。

网站的正常运作需要不断地维护和更新，这就需要酒店网络技术人员、策划人员和营销人员的密切配合。若某一个环节出现问题，就有可能导致网站信息不能随时更新、对订房申请反应缓慢、客户咨询和留言回复不及时等情况的发生，这些情况将造成网站有效订房的减少，严重影响实际运行效果。管理信息系统信息处理操作流程见图1-5。

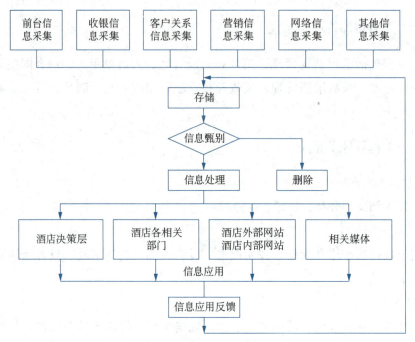

图 1-5　管理信息系统信息处理操作流程

四、酒店信息技术应用的主要内容

（一）客房预订信息处理

网络预订主要通过下列方式来实现：

1. 网络预订系统

酒店运营的计算机预订网络主要有两种：中央预订系统（central reservation system，CRS）和全球分销系统（global distribution system，GDS）。其销售模式为：旅游产品生产者—GDS、CRS—顾客。中央预订系统如假日集团的 Holidex、马里奥特的 Marsa 和喜达屋的 Reservation，成员酒店相互联网，实现客户、价格、产品等的信息共享。全球分销系统由航空酒店订票系统发展而来，其终端设立在旅行代理商的营业场所，目前已经成为西方旅行社广泛使用的销售途径。

2. 营销联合体

旨在联合促销和销售，由独立企业组成的联营组织。例如："世界一流饭店组织（The Leading Hotel of the World）""最佳西方饭店（Best Western）""金郁金香组织（Golden Tulip Worldwide）""小型豪华饭店组织（Small Luxury Hotels）""SRS 世界饭店组织（SRS World Hotels）""高峰饭店与度假饭店组织（Summit Hotels & Resorts）"和"斯特林饭店与度假饭店组织（Sterling Hotels & Resorts）"。

3. 网上旅游酒店

通过网络进行 B2B 和 B2C 的产品组合、分销等。其销售模式为：酒店—旅游网络酒店—顾客。

4. 直接销售

酒店与顾客在网络上进行直接销售的模式，其销售模式为：酒店—网络平台—顾客。

电脑处理预订信息主要包括以下具体内容：

(1) 受理在系统设定期限内任意一天的预订；

(2) 预订单类别设定；

(3) 超额预订提示；

(4) 强制超额预订；

(5) 设置预订单特殊要求（VIP、留言）；

(6) 预订号兼作记账号；

(7) 设立团队总账单；

(8) 提前排房；

(9) 自动处理预订取消；

(10) 客房协议价格提示；

(11) 系统自动排房锁房；

(12) 对预订记录进行修改、取消并作存档记录；

(13) 自动将预订状况按国籍、抵店日期等进行分类统计；

(14) 预测出租率；

(15) 调取客人历史档案生成预订。

（二）总台接待信息处理

总服务台接待员利用电脑为客人办理入住登记手续，尽量缩短客人滞留总台的时间，尽快使客人进房间休息。总台接待信息处理具体内容主要有：

(1) 客况显示；

(2) 客史显示；

(3) 预抵、预离店状况显示；

(4) 提前排房；

(5) 按预订号、姓名、国籍、酒店名称等查询相关资料；

(6) 预订单、客史资料生成入住登记表；

(7) 提前录入入住登记资料；

(8) 换房；

(9) 离店客人重新入住；

(10) 通过程序修改取消或收取服务费、电话费；

(11) 同行客人建立同行链关系，方便查询和结账；

(12) 开通或关闭 IDD、DDD 等长话业务；

(13) 提供或取消 DND 保密勿扰服务；

(14) 定义团队公付项目；

(15) 将团队结账按公付、自付分类处理；

(16) 设置团队留言；

(17) 按公安局规定格式处理户籍登记。

（三）客账管理

客账管理指应用电脑为客人在店内消费建立账单、自动累计和显示当前消费状况、便于结账和统计的过程。客人在离店结账时，只需往电脑输入客人房号、姓名、抵店和离店日期等信息，账单就会自动打印出来。客账管理主要包括以下具体内容：

(1) 能为每间客房建立至少一个以上账户；

(2) 客账分类；

(3) 转账；

(4) 区别不同付款方式；

(5) 费用超限提示；

(6) 权限及费用范围提示；

(7) 预付金账务处理；

(8) 客人信誉级别提示；

(9) 团队公付账与团员自付账分类；

(10) 各营业点消费交易额；

(11) 夜审稽核对账；

(12) 自动生成对客房服务中心语言提示；

(13) 数据备份。

（四）问讯查询

客人问讯查询相关信息资料的服务主要包括以下具体内容：

(1) 日期查询；

(2) 姓氏查询；

(3) 国籍和地区查询；

(4) 预订查询；

(5) 账目查询；

(6) 酒店（客房）查询；

(7) 团队资料查询；

(8) VIP 客人查询；

(9) 交通、娱乐、旅游、餐饮、医疗服务查询；

(10) 语音留言。

(五) 房况控制

客房状况控制系统的运行及显示状况直接影响服务质量与管理，同时也影响客房销售。客房状况控制主要包括以下具体内容：

(1) 显示已售出客房状况；

(2) 显示待售房状况；

(3) 反映客房维修状况；

(4) 反映客房占用、自用状态；

(5) 显示未来某一时段客房预留状况。

(六) 客史建档信息处理

在客人首次入住酒店时记录其有关信息，如客人的职位头衔、习惯、性格、脾气、宗教信仰、消费偏好、文化差异、禁忌、购买行为等，就可以为客人建立长期档案。客户档案资料收集要多途径，尽可能多地积累客户信息。要充分利用住宿登记单、账单、投诉处理记录、客户拜访记录、客户意见书以及平时通过观察收集的一些其他资料。客户档案的建立不仅仅是依靠营销部销售员或前厅部员工或某个具体部门来完成的，而是依赖于酒店各部门工作人员的共同努力，互相支持和配合。档案资料的整理必须及时将各部门收集到的信息分门别类，整理归档。档案内容的更新应采用动态管理，客户的个人情况、喜好等是在动态变化的，这就要求对酒店的客户关系数据库进行不断地更新，以确保客户资料的准确和真实。客户个性化信息输入流程见图1-6。

酒店根据客史资料及分类，可以在未来向客人提供有针对性的服务，给予不同客人、不同客户单位在不同时间的各种优惠促销服务；也可以对不守信用的客人或单位予以适当处理，减少或追回经济损失。

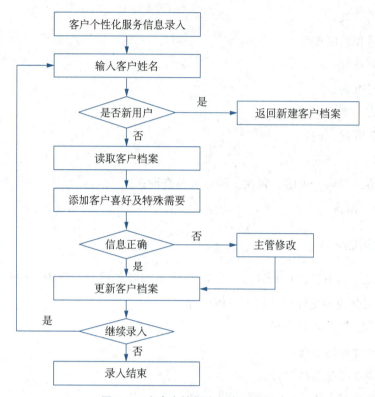

图 1-6　客户个性化信息输入流程

（七）特别信息维护

这类信息主要反映在客人户籍管理、查控工作方面，主要包括以下具体内容：

(1) 每次输入客人姓名，则自动生成住店客人名单；

(2) 每次输入客人姓名，则自动生成对当前客人姓名的搜索；

(3) "黑名单"自动提示；

(4) 随时输入公安部门提供的"黑名单"；

(5) "黑名单"查询、修改或删除。

（八）各类报表分析、统计

对经营和接待服务的各类数据进行分析、分类、统计和打印，使酒店管理人员和服务人员随时掌握和了解当前状况，为实时控制提供准确的资料，主要包括以下具体内容：

(1) 全部当前预订资料分类及汇总；

(2) 历史同期汇总；

（3）全部在店客人状况分类及汇总；

（4）夜审稽核对账单；

（5）费用超限报告；

（6）客户信用级别报告；

（7）计划完成进度报告；

（8）户籍报送记录及统计报告；

（9）自定义报表。

五、酒店智能化网络服务

酒店计算机管理模式已由传统的前、后台系统划分迅速向网络化、智能化管理模式方向发展。酒店智能化服务网络系统组成示意图见图1-7。

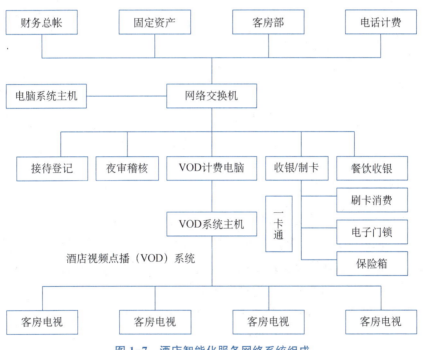

图1-7 酒店智能化服务网络系统组成

（一）"一卡通"系统

该系统安全、方便、多功能，可将客人开启客房锁，使用贵重物品保管箱，店内服务场所刷卡记账，客史建档等功能集合于一张磁卡、IC卡或感应卡。该系统还可以用于俱乐部会员制的发展与管理，体现电子化营销的特点。

(二)客房控制管理系统

客房是酒店主要产品,是酒店创造经济效益的主要渠道。实施客房控制管理的智能化、网络化,可以增收节能、强化前台与客房协调。该控制系统采用可编程序、可编网络通信的客房床头集中控制系统,并与饭店计算机管理系统连接,对楼面、房间内强电灯具照明、空调风机、空调电磁阀、多路音乐、时钟显示、呼叫服务等进行集中控制,以集散型主从网络通信控制程序进行控制,完成对客房温控等的实时控制。酒店客房控制管理系统组成示意图见图1-8。

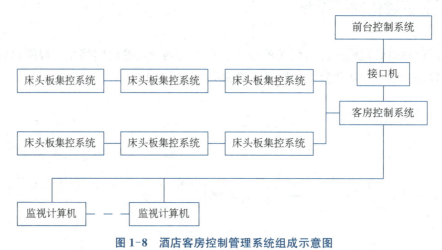

图1-8 酒店客房控制管理系统组成示意图

(三)饭店VOD视频点播系统

酒店为丰富住店客人的文化娱乐生活,提供操作简便的视频点播服务——VOD系统(video on demand)。可以利用酒店原有CATV网络、电话网络和计算机网络进行系统运作,并通过酒店计算机管理系统将点播时间、次数、费用等自动记入账单,以便酒店管理人员统计、调整节目及收费管理。

客人打开电视后,按照屏幕文字或图形提示进入VOD系统的"菜单、节目内容、节目介绍、计费、播放、退出"等操作程序。

在应用上,酒店开设即时点播、循环播放、自动计费及查询统计等项目,还可以自行录制节目,及时将电子商务、航班和火车信息、风景名胜、餐饮购物、娱乐休闲以及营销促销等内容接入系统。

第三节　主管、领班的作用和应具备的条件

一、主管、领班的地位

现代酒店在职位等级上设有总经理、总监、部门经理、主管、领班和普通员工。领班是指对提供服务的员工进行现场管理的人员。

一般而言，企业的管理层次可以用图1-9来粗略表示。这个企业管理层次图表明，总经理处于管理的最高层——决策管理层，各部门经理处于管理的中间层——执行管理层，而领班和主管（也有些企业并不设置主管一级的管理人员）一起处于管理的最低层——现场督导管理层。

图1-9　企业管理层次图

处于决策管理层的总经理，负责制定企业经营方针，确定发展目标，进行市场定位；对企业的经营战略、管理手段和服务质量标准等重大业务问题作出决策；选择、培训高素质的管理人员，负责指导公关宣传和对外的业务联系，使企业不断提高声誉和知名度。总经理对董事会负责。

处于执行管理层的部门经理，主要负责本部门人员的工作分工、领导、指挥和监督；负责制定本部门的工作计划，向上一级汇报本部门的工作，确定本部门的经营方针和服务标准，以求得最大的经济效益。作为一名部门经理不仅要有组织管理能力、经营能力、培训能力，熟练掌握部门的服务质量标准、服务程序，同时还要具有实际工作经验并具有一定的服务技能。部门经理对总经理负责。

处于现场督导管理层的主管（supervisor）、领班（captain），主要负责安排本班组日常工作，实施具体工作的操作、规范与管理，监督服务人员的服务工作，随时检查其服务是否符合本企业的服务质量标准，对酒店各个环节的运行和发展起着"承上启下，连接左右"的重要作用。在现代酒店的经营管理活动中，各项行政、接待、服务、生活等方面的工作，都要通过主管、领班这一级来贯彻落实。主管、领班是现代酒店的基层管理者和领导者，是各项工作和服务的直接指挥员，是将酒店经营管理与服务凝聚在一起的黏合剂，是现代酒店一线的关键职位阶层。主管对部门经理负责，领班对主管负责。

在传统的金字塔形组织结构中，层次过多，等级森严，权力高度集中在塔尖，对客

服务人员处于整个酒店的最底层。过去酒店管理只是强调部门经理的重要性，却忽略了对各项工作负有最主要责任的基层管理人员，忽略了酒店竞争优势的取得必须依赖一线服务人员为顾客提供优质服务，没有意识到主管、领班对普通员工服务素质的决定性作用。

基层管理人员对维护酒店基本运作有重要支柱作用，主管、领班能在没有部门经理的情况下确保其部门正常运作。现代酒店管理的扁平化，要求减少管理层次，提高工作效率，同时增大一线员工的权力，传统的中层管理人员变成辅助人员、信息供应人员等。当然，遇到一线人员无法解决的问题，仍需中层管理人员作出决策。香港文华东方集团的管理理念是："如果你不是直接为顾客服务，那么你的职责就是为那些直接为顾客服务的人服务。"因此，培养一批中坚的基层管理人员成为现代酒店发展战略的重要组成部分。

（一）主管、领班是服务现场的组织者和指挥者

在现代酒店中，保持正常接待是服务人员的任务，完成这一任务的直接责任人就是作为基层管理者的主管、领班。主管、领班的工作比中高层管理者更富于操作性和技术性。在大多数酒店里，中高层管理者几乎不从事技术性工作，但主管、领班不仅需要从事许多技术性工作，而且还必须具有较高的服务技能和服务技巧，是本班服务人员的榜样。

（二）主管、领班是宾客心目中最可信赖的人

主管、领班是与宾客打交道最为直接的一线领导，一般表现为亲自安排落实对宾客的各项服务工作，解决宾客提出的各种各样的问题。

（三）主管、领班是获取信息最多的管理阶层

在现代酒店的管理阶层中，主管、领班与员工接触最多，也最了解所管理的员工的心态、服务技能，是获取信息最多的管理阶层。

（四）主管、领班的素质影响着酒店的形象

作为基层管理者，主管、领班的素质直接影响员工对酒店的印象，也影响着宾客对酒店的印象。

二、主管、领班的权力

虽然主管、领班是最基层的管理者，还要负担大量的服务任务，但却与普通的服务人员有本质的区别。成为一名主管、领班，意味着正式进入管理层，有更多的机会

晋升；意味着更多的锻炼空间和机会，有利于个人能力的提升。

一名优秀的主管、领班，不仅是服务能手，更是管理能手；不仅自身的工作能力要强，更要领导团队，使下属员工的能力得到发挥。

酒店赋予主管、领班的权力主要有三种：奖励权、惩罚权、法定权，统称为职位权力。

（一）奖励权

如果下属员工能按照规章制度进行操作，并且取得了成绩，主管、领班就有权对其进行物质或精神方面的奖励，以激励员工做得更好。更重要的是，充分发挥优秀员工的模范带头作用，能有效地带动班组的全体成员积极主动地工作，把本职工作做得更好。这种做法被称为"正激励"。

（二）惩罚权

员工违反操作标准，造成了失误，或没有服从纪律或组织的安排，就要受到惩罚。严重的可以令其停职，甚至开除；轻的可以在班组会上口头批评，或单独对其进行批评。其目的是使员工按照既定的目标和规章制度来完成任务。这种做法被称为"负激励"。

（三）法定权

酒店的规章制度中赋予主管、领班的其他权力，统称为法定权。例如，信息处理权就属于法定权，上级的文件可以根据情况，有的向下传达，有的暂缓传达，甚至不传达；下属反映的情况如果主管、领班能处理，就不必上报。工作流程改造权也属于法定权。

除了职位权外，还有非权力因素，影响着主管、领班的权力。非权力因素与职位权力没有密切的关系，但是非权力因素却能有效地间接影响权力因素的运用。非权力因素包括专长权和个人的影响力。所谓专长权是指懂技术、会管理。个人影响力是指主管、领班靠个人的人格魅力影响员工的工作。

三、主管、领班的一般工作

主管、领班在管理中必须要遵循"管理无小事"的原则。做到班前布置，中间控制，事后检查。班前要对员工们进行工作布置，中间要对服务工作的进度、质量、方向等几个方面进行恰当的及时控制，事后还要进行检查和总结经验。主管、领班的一般工作有：

(1) 协助经理制定服务标准和工作程序，并确保这些程序和标准和实施。

(2) 根据客情，负责本班员工的工作安排和调配，做好交接班工作，编排员工班次和休息日，负责员工考勤工作。

(3) 检查服务人员的仪表仪态，凡达不到标准和规范要求的不能上岗。监督服务员的具体操作，发现问题及时纠正，保证服务工作符合标准。

(4) 负责下属员工的考核和绩效评估工作。

(5) 负责辖区内员工的思想工作，掌握好员工思想动向，关心员工困难，解决辖区内因工作产生的纠纷，建立良好的人际关系和工作气氛。

(6) 教育下属员工并督促其遵守各项规章制度及安全条例，确保环境清洁、美观舒适、言行符合酒店要求，对违规员工做出处理并向上汇报，做好员工评估工作。

(7) 妥善处理对客服务中发生的各类问题和客人的投诉，主动征求客人意见，及时向经理反馈相关信息。

(8) 辖区发生任何突发事件，及时处理并立即向上级报告。

(9) 积极提出合理化建议，努力学习部门各岗位业务，完善自己和下属的服务规程。

(10) 准时参加例会及其他有关部门会议，并把会议内容尽早准确传达到所有服务人员。

(11) 负责实施员工个人业务培训计划，组织实施本班组员工培训。

(12) 随时协助本班服务人员进行工作或者代班服务，特别在服务高峰或服务人员缺少的情况下，领班要亲自参加服务工作。

(13) 完成上级布置的其他任务。

四、主管、领班应具备的能力

现代酒店的主管、领班要带领员工在经营活动中保持高昂的士气，分享一种成就感，让他们充分看到自己劳动和人生的价值，与酒店形成一种风雨同舟、兴衰与共的情感，实现酒店管理的根本目的。主管、领班应具备的条件是："将者，智、信、勇、严。"主管、领班要有过人的智慧，能考虑全局，以做出正确判断和合理决策；要言出必行，建立威信，依靠部属，协调团队，获得部属的信赖；要有仁慈之心，要爱护部属；要有高尚的道德和做事果敢的勇气，坚决执行上级交给的任务；严守纪律，遵守制度，赏罚分明。

一般来说，现代酒店的主管、领班应具备九种管理能力，即技术操作能力、人际关系能力、组织协调能力、分析判断能力、理解诱导能力、应变能力、开拓创新能力、语言文字表达能力、经营管理能力。

（一）技术操作能力

主管、领班要能熟练掌握本岗位的工作规范和工作程序，掌握本岗位技术和服务技能，包括专业性的知识、对专业问题的分析能力、专业技能的熟练操作等。

(二)人际关系能力

主管、领班要善于与人合作,与上司、同事及部属维持良好的人际关系。

主管、领班一定要给新员工留下一个好的印象,这将会决定其日后的工作绩效。主管、领班在接待新进员工时,要有诚挚友善的态度,要微笑着欢迎,致欢迎词,与其握手,并记住其姓名。友善地将酒店环境和同事介绍给新员工,消除其对环境的陌生感,帮助其更快地进入工作状态。新进人员常常因对酒店的规章制度不够了解而产生一些不必要的烦恼及错误,所以新进人员报到之初,主管、领班就要让其明白酒店的各种规章制度、知道酒店对其的期望及其对酒店的可能贡献。

(三)组织协调能力

主管、领班要具备全局意识,能从整体来看问题,同时认清各组织、各部门之间的相依性,要能够合理协调酒店各部门关系,能科学合理调度、调配安排好本岗位的各项具体工作。

(四)分析判断能力

主管、领班要能对酒店中各项工作和事务进行认真分析,善于发现新情况、新问题,洞察先机,未雨绸缪,找出其中的主要矛盾和问题的症结所在,以联系和发展的眼光看待问题,处理问题、解决问题,对问题做出正确的判断。

(五)理解诱导能力

主管、领班要胸襟开阔,善解人意,善于换位思考,从多方面诱导、说服、化解矛盾,使问题得到顺利、妥善、圆满的解决。

(六)应变能力

主管、领班要善于体会宾客的心理活动,了解各方面的需求,善于随机应变,解决宾客提出的各种各样的问题,并能够想方设法地达到宾客的要求,使其满意。

(七)开拓创新作能力

主管、领班要敢想敢干,善于开拓新思路、发掘新办法,敢于进行科学、大胆的试验,而且有超前思想和超前意识。

(八)语言文字表达能力

主管、领班要善于与宾客打交道,说话要有感召力,语言流利,口齿清楚,条理明晰，具有逻辑性和艺术性。

（九）经营管理能力

主管、领班要懂得酒店的经营策略，能够迅速捕捉有价值的市场信息，会进行成本计算，以最少的投入取得最大的经济效益。

基层管理人员直接面对酒店各岗位的服务员，最好的管理方式就是"走动管理"。成就卓越酒店的一个重要因素，就是管理人员与员工打成一片、精诚合作、团结一致、共同努力、创造成绩。"走动管理"的优点表现在"我在你的左右"，给员工一种温馨支持，能让员工感到上下一致，共同努力。同时，酒店客人的需求具有多样性，突发事件也较多，走动管理能够立即处理现场发生的各种事件，保证服务质量。

五、主管、领班的工作分配

主管、领班要对整个班组的工作目标有整体的了解和把握，在此基础之上确定应该如何实现这些目标。

主管、领班要明确自己的核心职责，认真考虑有哪些工作任务是可以或者应该交给下属员工去完成的。把具体的工作任务分配给下属员工去完成，帮助其提高技能，保持员工队伍的工作士气。

主管、领班在给员工分配工作任务之前，要了解清楚整个小组现在的实际工作状况和每个员工完成各项任务的能力。如果把某项工作任务交给一名员工去完成，就要使之明确这项任务的目的和要求，并一起制订工作计划。

主管、领班要向员工彻底说明对其工作的预期，然后密切监控工作的进展情况；要得到班组成员的反馈信息，了解工作任务的进程给班组每个成员带来的影响；预计到工作进行过程中可能会出现的问题，为员工成功解决这些问题提供必要的支持。在必要的情况下要给员工提供指导和培训。

第四节　客人救护常识

一、急救止血

肢体动静脉大出血时，可临时用领带、布条等包扎在伤口上方，然后立即送往就近医院抢救；

局部划伤时，先用清水或干净的毛巾、纸巾清洁伤口创面，去掉异物，再用毛巾、手帕等直接压在伤口上，然后马上联系救治；

鼻出血时，用手指捏住鼻翼，或用纱布、纸巾、手帕卷成小卷塞入出血的鼻孔里，之后，用冷水浸湿的毛巾敷于前额或后颈部。

二、食物中毒

一般的细菌性食物中毒，多在食后 6~24 小时内发病，突然出现恶心、呕吐、腹痛、腹泻，同食者几乎在同一时间内发病，表现类似的症状。呕吐、腹泻严重者，可造成脱水。

肉毒杆菌的食物中毒病势严重，除有呕吐、便秘或腹泻外，突出的表现是病人说话发声、吞咽动作都发生困难，视物不清、复视，最后失语、呼吸抑制，严重的话可造成死亡。

急救措施：

（1）必要时早期洗胃，但呕吐严重者不必进行。

（2）补充吐泻丢失的水分和盐类，对于能饮水者，鼓励其喝含盐饮料，或糖、盐饮料。

（3）严重者送医院处理。

（4）8~10 小时内禁食。

（5）肉毒杆菌较少见，如疑似此类中毒，应立即送医院处理。

三、心肌梗死

病人突然感到胸前区剧烈疼痛、发闷，并向左肩、左背部放射，病人表现烦躁不安、恶心、呕吐，全身冷汗淋漓，脉搏细弱，不规则。

也有少数心肌梗死病人，胸前区疼痛不显著，仅有胸闷发憋、烦躁不安等症状。

急救措施：

（1）当怀疑发生了心肌梗死后，应让病人就地休息，不可乱加搬动。

（2）如有硝酸甘油片，可试含一片，如心绞痛，用药后症状即刻减轻、消失。而心肌梗死则用药后，症状一般不缓解。

（3）速打 120 急救电话，送医院绿色通道请医生进行诊断、救治。

（4）如病情迅速恶化，脉搏细弱不规则、停顿（将耳贴左胸前听不到心音时），可用心前区叩击术，用拳捶击左胸部数次，如仍无心跳，即做胸外心脏按压。呼吸停止时，同时做口对口吹气。

(5) 病情稳定，可考虑送医院。在搬动病人时，动作应轻巧平稳，途中严密观察病情。

四、中暑

病人感觉全身无力，精神不振、头痛、头晕、口渴、出汗，随之体温升高，面色潮红，脉搏快且细，晕倒在地。严重者陷入昏迷，抽搐，呼吸急促。如不及时急救，最后会因心力衰竭或呼吸衰竭而死亡。

急救措施：

(1) 迅速把病人移至阴凉通风处或有空调房间，平卧休息。

(2) 用凉水擦洗全身，并逐步降低水的温度。在头部、腋窝、股窝处可用井水或冰袋敷之，以加快散热。

(3) 与此同时，用扇子或电扇吹风，帮助散热。

(4) 针刺人中、曲池、百会穴位。

(5) 口服人丹、十滴水、藿香正气水等。

(6) 鼓励病人饮含盐的清凉饮料。

(7) 严重中暑者，经降温等处理后，及早送往医院。

五、休克

皮肤苍白、出冷汗、脉搏加快，如每分钟超过一百次，是休克的象征，显示可能有内部出血。

(1) 处理休克的一个方法是将伤者双足提高，增加以及和脑部的血液供应。

(2) 保持伤者的温暖。

(3) 立刻通知医生或送往急病室诊治。

案例分析

一 个性化服务

一天早上，某酒店1216房的客人手拎一包要洗的衣服，叫住了正在楼层走廊上专心抹尘的服务员小张，一脸企盼地问道："小姐，我马上要退房，过几天还要入住你们酒店。但现在我有衣服要洗，衣服洗完后能不能先寄存在你们这儿，过几天入住时我再来拿？""好的，您把要洗的衣服交给我吧，等洗好后我们会替您保管的。"服务员小张微笑着接过客人的衣服，并告诉客人下次入住时客房服务员会将衣服送去他的房间，客人满意地拎着行李去办理退房手续了。

下午，1216房的衣服洗好后，洗衣房的员工直接将衣服送到管家部办公室，由客房中心文员将衣服归类放入专门为客人准备的衣柜里，并在客人的档案中做好了记录。

时间久了，很多常住客都知道酒店设立了这一服务，经常将洗好的衣服也放在管家部寄存，客房中心会在客人下次入住酒店时，通知服务员将衣服送至房间，从而减轻了常住客人在旅途往返中的行李负担。几位常住客对酒店设立的这项特殊服务赞不绝口，甚至有客人直言就是因为这项服务才每次都选择入住该酒店。

从销售的角度讲，新找一个客户的成本是留住一个老顾客的成本的五倍，如何留住一个老顾客成为很多饭店考虑的问题。该酒店客源市场的定位主要是商务散客，因此，对于酒店来讲，能否留住老客户就显得尤为重要，设立客衣寄存服务就是一个好办法。最初是因为有一两个常客临到退房前才想到要洗衣，提出洗完后寄存在酒店，待下次入住时再取回。管家部就敏锐地捕捉到了这个信息，马上在管家部仓库专门安置了一个客用衣柜，用来存放客人临时寄存的衣服。这项服务的设立，帮助客人解决了实际困难，无形中将酒店的客房服务提升了一个档次，使最初的个性化服务项目成为该酒店的标准服务项目。

（案例来源：https://www.sohu.com/a/255703455_186627）

案例思考题：优质服务能有效地增强酒店的软实力。成功的个性化服务是怎样帮酒店赢得竞争优势的？

二　服务礼仪规范

某宾馆，客人陈先生提着旅行包从518房间匆匆走出，走到楼层中间拐弯处服务台前，将房间钥匙放到服务台上，对值班服务员说："小姐，这把钥匙交给你，我这就下楼去总台结账。"却不料服务员小余不冷不热地告诉他："先生，请您稍等，等查完您的房后再走。"随即拨电话召唤同伴。李先生顿时很尴尬，心里很不高兴，只得无可奈何地说："那就请便吧。"这时，另一位服务员小赵从工作间出来,走到陈先生跟前,将他上下打量一番,又扫视一下那只旅行包,陈先生觉得受到了侮辱,气得脸色都变了,大声嚷道:"你们太不尊重人了!"小赵也不搭理,拿了钥匙,径直往518号房间走去。她打开房门,走进去不紧不慢地搜点:从床上用品到立柜内的衣架,从衣箱里的食品到盥洗室的毛巾,一一清查,还打开电控柜的电视机开关看看屏幕。然后,她离房回到服务台前,对陈先生说:"先生,您现在可以走了。"陈先生早就等得不耐烦了,听到了她放行的"关照",更觉恼火,待要发作,或投诉,又想到要去赶高铁,只得作罢,带着一肚子怨气离开宾馆。

服务员在客人离店前检查客房的设备、用品是否受损或遭窃,以保护酒店的财产安全,这本来是无可非议的,也是服务员应尽的职责。然而,本例中服务员小余、小赵的处理方法是错误的。在任何情况下都不能对客人说"不",这是酒店服务员对待客人的一项基本准则。客人要离房去总台结账,这完全是正常的行为,服务员无权也没有理由限制客人结账,阻拦客人离去。随便阻拦客人,对客人投以不信任的目光,这是对客人的不礼貌,甚至是一种侮辱。

(案例来源:http://www.canyin168.com/glyy/kfgl/kfal/200802/9703.html)

案例思考题:如何通过服务规范来提高服务人员的工作水平和质量?

三 站在客人的角度

一天晚上,某酒店桑拿室的服务员小王为一女宾提供更衣服务时,突然发现该女宾的腰间有一圈色泽鲜红的小疹子。小王怀疑该女宾有传染性皮肤病,因此担心其他客人有意见。虽然桑拿室有规定谢绝接待患有皮肤病和传染病的客人,但小王觉得不便直接阻止客人进入。经过思考,小王婉转地询问该女宾,最近皮肤是否有什么不舒服了。在与该女宾聊天的过程中,顺便告诉她自己家里以前曾有人得过这种病,桑拿浴可能会加重病情,对身体不好,在治疗期间不适合到公共场所洗桑拿浴。然后小王给客人端上一杯冷饮,请客人考虑一下是否还要进入桑拿室。经过小王礼貌周到的服务与劝说,该女宾打消了进入桑拿室的念头,离开了,临走时还向小王表示了感谢。

(案例来源:http://www.doc88.com/p-993345099299.html)

案例思考题:如何理解站在客人的角度考虑问题,用智慧服务来履行规定?

四 服务越快捷越好吗？

一天中午，一位客人拿着一摞文件匆忙来到某酒店商务中心，要求赶紧复印，一小时之后这些资料要发到会议人员手中。见到客人的紧张样，文员小贺接过文件就以最快的速度开始复印、分类、装订，提前完成了操作。客人长舒了一口气，但当他接过文件细翻看时，却发现每张复印件周边有较明显的黑边。

只见客人沉下脸，气冲冲地训斥："你们酒店是什么复印机，这些文件怎么给会议代表看？"小贺是商务中心的领班，对复印机的使用情况非常熟悉，知道没有特殊原因是不会发生黑边现象的。她请客人先别着急，仔细观察原件，发现这份原件已经过一次复印且有不明显的黑边，经过再一次复印后黑边加重是很正常的。随即小贺向客人解释了原因，但客人认为应事先应告之可能会有这样的复印效果，并征询其意见，让他有选择的余地。虽然小贺诚恳地向客人解释并表示了歉意，但最终客人还是不能接受并要求复印费用打折。

从案例来看，酒店文员小贺急客人所急、快捷地完成了大量的复印和装订工作，却换来了客人的怨言，似乎是客人有些不通情达理。但实际上，站在客人的立场去想，这样的复印效果肯定是令人失望的。如果服务人员能细致些，对每份需复印的文件大致浏览一下，对于字体、行间距小，字迹过深或过浅的文件，提醒客人是否可采取放大或调整色彩的办法避免复印件模糊不清。批量复印前先复印一张看效果，并征询客人意见后再印，就可以避免给客人和酒店造成损失。服务工作仅用方便快捷的尺子去衡量是不够的，更需要服务人员用心去关注细节。

（案例来源：https://www.meadin.com/column/109097.html）

案例思考题：衡量服务工作的标准除了快捷高效，还应包含哪些内容？

五 用心服务 转怒为喜

一天中午，酒店出现房满，1088房客人前脚刚退房，前台立马又安排新的客人入住。这位客人岁数较大，喜欢安静而不愿在大堂继续等候，在得知房间正在打扫的情况下就径直上了楼层。当他来到房间时，让他意想不到的是房间仍处于一片狼藉的状态，也没看到客房服务员，客人不禁怒火中烧，满腹怨言地向前台投诉。二分钟过后，楼层服务员小蔡急忙赶过来，接二连三地向客人致歉，并向客人解释刚才她在打扫时,隔壁房间客人的电话出现故障,呼唤她过去查看,所以耽搁了一下,希望求得谅解。小蔡随即帮客人泡了一杯茶,安顿客人在沙发上观看电视节目,并郑重地向客人承诺过会就有其他同事来帮忙,二十分钟内就能整理好一切,这时,客人的怒气顿消,反而安慰小蔡不用着急,开始心平气和地跟小蔡攀谈开来,在交流过程中,小蔡得知客人姓李,第一次来厦门旅游,出行在外晚上还有吃安眠药的习惯。细心的小蔡把这些细节都记在心里,在整理好房间后仔细地为客人介绍了房间设备的使用方法,嘱咐客人注意夜晚的温差,有需要尽管与房务中心联系,并拿出房间配备的地图册,认真地向客人推荐出游首选的景点与路线,在与客人道别时留意到茶几上新放着一枚纽扣,又主动提出为客人穿针引线……让老先生倍感亲切,连连称谢。终于把门合上,小蔡笑容满面地松了一口气,接着又通知客房服务中心,在客人离开房间后再为客人提供一个热水瓶,方便客人服药,并在浴室特别做了一些相应的防滑措施。第二天早上,小蔡在巡察楼层时正好碰见该客人外出,一见如故地迎上去打招呼:"李先生,早上好,昨晚睡得可安稳?"客人会意地一笑:"你的热水壶都没用上了,但我还得诚心诚意地感谢您,住了这么多酒店还是第一次有回家的感觉,我以后会常来享受你们的服务,还会向朋友推荐你们的酒店。"在李先生离店时,不仅为小蔡写了一张表扬信,还再三嘱咐客房主管给予她应有的表扬。

(案例来源:http://www.doc88.com/p-7252014106860.html)

案例思考题:优质服务是如何让客人转怒为喜的?

实训题

一 认知星级酒店

了解学校所在城市的星级酒店分布情况,分析星级酒店的类型特点。

二 探究星级酒店服务

选择一家五星级酒店进行考察和体验,初步了解五星级酒店的必备项目、核心产品、绿色环保、应急管理、软件可衡量和特色经营六个方面的内容。

三 浏览酒店网站

选择一家五星级酒店的网站浏览,了解网站的主体结构和主要内容,以及酒店特色服务项目。

四 英文介绍各地习俗(Folk Custom),以春节为例

the Spring Festival

The Spring Festival is the most important festival in China. During Spring Festival, people usually decorate the windows with red paper-cuts, hang couplets on the doors. People usually clean house too because they want to sweep away bad luck. Kids can get some gift money, new clothes or presents from their parents and grandparents.

On New Year's Eve, families always have big dinners. At midnight at the turn of the old and New Year, people used to let off fire-crackers which serve to drive away the evil spirits and greet the arrival of the New Year. On New Year's Day, people usually put on their new clothes and visit their relatives and friends to give New Year's greetings.

五 地震自救

在地震纵波与横波(表现为上下震动和水平方向震动)发生之间,有数秒钟的逃生时机,应就近利用地形、地物躲避自救。

(1)利用跨度小的房间,如厨房、卫生间等。

(2)利用比较坚固的家具,趴在下面躲避,例如衣柜、床等。

(3)紧靠内墙(承重墙)角,身体重心放低或趴下,手抱头,用湿毛巾或衣服捂住口鼻。

(4)震波过后,立即远离楼房、电杆、树木,站在空旷处。遇到火灾,应用衣物、手帕等捂住口鼻,俯下身体、快速有序地安全撤离。

本章思考题

1. 如何理解酒店的"生财之道"——"给足面子,挣足票子"?

2. 万豪国际集团的使命是"致力于为宾客营造珍贵难忘的瞬间和回忆"。对此,你是怎样理解的?

第二章 酒店服务标准与规范综述

学习目标

1. 熟悉酒店服务标准与规范
2. 达到酒店服务质量通用标准的要求
3. 掌握投诉处理技巧
4. 认识培训的重要性

本章学习资料

基本概念

服务质量标准　服务提供规范　服务质量控制　投诉处理　酒店收益

第一节　酒店服务标准与规范概述

一、酒店服务质量的构成

酒店服务质量是由设施设备、菜点品种和质量、客用品、服务项目、劳务质量、安全状况和环境氛围构成的。设施设备、菜点质量、客用品、服务项目、安全状况是服务质量的基础，环境氛围是补充，劳务质量是最终的表现形式。劳务质量包括服务态度、服务技能、服务方式、服务效率、服务专门知识、礼仪礼貌、清洁卫生等。从整体上讲，酒店服务是实物和劳务的结合，也就是说，酒店服务是有形性和无形性的组合。

酒店工作具有工作时间、工作角色、工作要求的特殊性。酒店工作临时加班现象较多，节假日往往是酒店最忙的时间，也往往是员工最辛苦的时间。酒店员工与客人的关系是一种服务与被服务、支配与被支配的关系。酒店一般都制定严格而具体的纪律和规范，员工必须时时克制自己，即使在生活和工作中碰到各种困难和烦恼，也要进入岗位、进入角色。

酒店服务质量是一个统一的、协调的并能有效沟通的整体质量，每一个员工都代表着酒店形象。不管在任何岗位上，碰到任何问题，都必须站在酒店整体立场上满足客人的需求，注重个人的仪容仪表，遵守酒店的服务通则，养成良好的职业习惯。

二、酒店服务质量标准

（一）酒店标准分类

酒店标准是构成酒店核心竞争力的基本要素，是规范酒店管理的重要技术制度。长期以来，酒店标准作为酒店业的技术语言和技术依据，在保障酒店服务质量、提高市场信任度、促进酒店业发展、维护公平竞争等方面发挥了重要作用。随着酒店业全球化进程的不断深入，酒店标准在国际竞争中的作用更加凸显，继产品竞争、品牌竞争之后，标准竞争成为一种层次更深、水平更高、影响更大的竞争形式。因此，酒店业越来越重视标准化工作，将标准化工作提到企业发展战略的高度。酒店服务标准，属于酒店"软件标准化"的范畴，它比酒店"硬件标准化"的建设要难，保持更难。

1. 国家标准

酒店业适用的国家标准主要有：《旅游饭店星级的划分与评定》（GB/T 14308—2010），《餐饮企业的等级划分和评定》（GB/T 13391—2009）。这两个国家标准，属于全文推荐性标准。推荐性国家标准是指生产、检验、使用等方面，通过经济手段或市场调节而自愿采用的国家标准。但推荐性国家标准一经接受并采用，或各方商定同意纳入经济合同中，就成为各方必须共同遵守的技术依据，具有法律上的约束性。

《旅游饭店星级的划分与评定》（GB/T 14308—2010）是由原国家旅游局制定、国家技术监督局发布的在酒店范围内使用的评定酒店不同等级的标准，它规定了不同等级酒店的硬软件水平的基本要求。

《餐饮企业的等级划分和评定》（GB/T 13391—2009）由国家商务部主持制定并归口管理，规定了餐饮企业等级划分、评定的标准，以钻石为餐饮企业的等级标识：一颗钻石表示一钻级、二颗钻石表示二钻级、三颗钻石表示三钻级、四颗钻石表示四钻级、五颗钻石表示五钻级（白金五钻以颜色不同来区分）。钻石的颗数越多，表示餐饮企业的级别越高。

2. 国际标准

ISO 9000 是由国际标准化组织发布的一套质量管理和质量保证的国际标准系列。ISO 9000 系列标准的指导思想，是通过提供一个通用的质量管理体系标准，帮助企业建立健全的质量管理体系，进一步提高企业的质量意识和企业的质量保证能力，增强企业素质，适应市场需要，使企业在日趋激烈的市场竞争处于主动地位。ISO 9000 2000 版由四个核心标准构成：ISO 9000 是基础和术语；ISO 9001 是要求，规定了质量管理体系要求，用于组织证实具有提供满足顾客要求和适用法律法规要求的产品的能力；ISO 9004 是业绩改进指南；ISO 19011 是质量和环境审核指南，为管理以及实施质量和环境审核提供了指南。

国际 ISO 9000 标准也在酒店/餐饮业广泛适用。国际标准化组织（International Organization for Standardization，ISO）颁布的标准在世界上具有很强的权威性、指导性和通用性，对世界标准化进程起着十分重要的作用，中国是 ISO 的成员国并且是 ISO 的发起国之一。

3. 企业标准

万豪等国际酒店品牌也有自己的企业服务质量标准，如前厅部标准运作程序、餐饮部标准运作程序等。

现行的国家标准和行业标准，以为顾客提供保障为核心，以质量评价和服务规范为主线，以为顾客普遍需要服务为前提。标准始终关注酒店的个性化发展和差异化经营，始终关注饭店核心产品的舒适度。此外，标准的一些提法在当时也是比较超前的，如在 20 世纪 90 年代，就要求三星级以上饭店具备计算机前后台管理系统，为饭店客人预订、电算化管理、数据统计、饭店高管检查督导工作提供了便利。星级标准、钻级标准强调的是一种结果，而 ISO 9000 则更注重过程，它是保证这一结果得以实现的可靠途径，两者相辅相成，互为因果、相互支持。

（二）我国酒店业标准发展历程

1987 年原国家旅游局主持编制的《旅游涉外饭店星级的划分与评定》，拉开了我国酒店业标准化工作的序幕。经过坚持不懈的标准化建设，我国酒店业标准从无到有、从粗到细、从局部到全面，在标准编制、组织机制、宣贯实施和规范管理等方面不断探索、研究、实践和总结，基本建成具有中国特色的系统性、科学性与可操作性相结合的酒店标准化管理体系。

1. 起步阶段（1987—1993 年）

为了提高服务质量和管理水平，加快与国际酒店业接轨的步伐，原国家旅游局吸收国际经验，结合中国国情，于 1987 年创造性地编制了《旅游涉外饭店星级的划分与评定》标准，于 1988 年 8 月发布并在我国酒店业宣布实施。该标准规定：饭店星级按饭店的建筑、装潢、设备、设施条件和维修保养状况、管理水平和服务质量的高低、服务项目的多寡，进行全面考察，综合平衡确定。该版标准实际上是旅游饭店行业标准。经过近 5 年的试行—修订—再试行—再修订，于 1993 年由国家技术监督局正式发布的《旅游涉外饭店星级划分与评定》（GB/T 14308—1993），成为我国酒店业乃至旅游业的第一个国家标准，开创了我国在服务领域实施标准化管理的先例，奠定了我国酒店业标准化的基础。该标准指出，星级的划分以饭店的建筑、装饰、设施、设备及管理、服务水平为依据，具体的评定方法按照原国家旅游局颁布的设施设备评定标准、设施设备的维修保养评定标准、清洁卫生的评定标准、服务质量的评定标准、宾客意见评定标准等五项标准执行。旅游涉外饭店的建筑、附属设施和运行管理应符合消防、安全、卫生、环境等现行的有关法规和标准。

2. 发展阶段（1994—1999 年）

原国家旅游局 1995 年制定了与国家标准《旅游涉外饭店星级的划分与评定》相配套的首个行业标准《旅游饭店用公共信息图形符号》；1996 年制定了行业标准《星级饭店客房客用品质量与配备要求》；1997 年制定了《旅游服务基础术语》，规范了旅游服务业的各种服务项目、名称和相应内容的表述。

针对涉外饭店标准中暴露的诸多质量评价难以准确把握和不适应当时的实际要求等问题，原国家旅游局在 1997 年对国家标准《旅游涉外饭店星级的划分与评定》进行了第一次修订。此次修订体现了以下原则：一是以客人实际感受和需要为第一原则；二是以服务项目投资量大小来确定项目分数的原则；三是发展导向原则；四是权重关系原则；五是与旧标准衔接的原则；六是兼顾各个星级的原则。1997 年版《旅游饭店星级的划分与评定》（GB/T 14308—1997）的显著特点是在三星级以上饭店增加了选择项目，为饭店的个性化发展增加了灵活性和选择空间，引导我国旅游饭店从过去大而全的统一模式逐步向个性化方向发展。

3. 拓展阶段（2000—2009 年）

酒店业的迅速发展，日益凸显出对规范的需要与依赖，酒店业特别是星级酒店涉及旅游的通用符号、公共标识不断进行拓展性修订。2000—2002 年，《标志用公共信息图形符号　第一部分：通用符号》《标志用公共信息图形符号　第二部分：旅游设施与服务符号》相继制定并实施。

2003 年，原国家旅游局将《旅游涉外饭店星级的划分与评定》更名为《旅游饭店星级的划分与评定》并进行了修订。2003 年版《旅游饭店星级的划分与评定》（GB/T 14308—2003）的特点是突出饭店管理的专业化效果，强调饭店的整体性，特别是客房的整体舒适性。

2006 年，原国家旅游局修订了国家标准《标志用公共信息图形符号 第一部分：通用符号》，将国家标准《标志用公共信息图形符号 第二部分：旅游设施与服务符号》更名为《标志用公共信息图形符号 第二部分：旅游休闲符号》并进行了修订；制定了《星级饭店访查规范》和《绿色旅游饭店标准》两项行业标准。

2009 年，原国家旅游局组织和参与制定了《星级旅游饭店用纺织品》国家标准。

同年，国家商务部主持制定并发布了《餐饮企业的等级划分和评定》国家标准。

4. 规范阶段（2010 年至今）

2010 年，原国家旅游局会同国家标准化管理委员会，相继制定并发布了《旅游饭店管理信息系统建设规范》《旅游电子商务网站建设技术规范》《旅游餐馆设施与服务等级划分》等多项国家标准，修订了《旅游饭店星级的划分与评定》，更名并修订了《旅游业基础术语》。2010 年版《旅游饭店星级的划分与评定》（GB/T 14308—2010）具有六个特点：一是强调必备项目；二是强调饭店客房为核心产品，突出舒适度要求；三是强调绿色环保；四是强调应急管理；五是强调软件服务；六是强调特色经营。为配合该标准的实施，进一步规范饭店星级评定及复核工作，原国家旅游局制定了《旅游饭店星级的划分与评定》（GB/T 14308—2010）实施办法，于 2011 年 1 月 1 日实施。

2011 年，原国家旅游局制定并发布《旅游饭店节能减排指引》行业标准。

2013 年，原国家旅游局制定并发布《饭店智能化建设与服务指南》《旅游企业标准体系指南》《旅游企业标准化工作指南》《旅游企业标准实施评价指南》行业标准。

2014 年，原国家旅游局制定并发布《旅游类专业学生饭店实习规范》行业标准。

2016 年以来，我国酒店业标准进入全面改革期，本着创新机制、强化管理、严控增量、优化存量的宗旨，努力提升标准制修订质量。为切实贯彻"创新、协调、绿色、开放、共享"五大发展理念，更好满足广大旅游者需求，积极适应市场变化、绿色经济和全域旅游发展需求，深化旅游供给侧结构性改革，加快旅游饭店业转型升级，2017 年 9 月原国家旅游局组织对《旅游饭店星级的划分与评定》国家标准进行了修订。标准修订体现了规范化与特色化发展相结合、经济效益与社会效益相结合、历史传承与时代创新相结合、本土化与国际化相结合、扩大队伍与提升品质相结合等五项原则，继续保持星级饭店国家标准的先进性、前瞻性、引领性，维护星级饭店品牌，促进旅游饭店业持续健康发展。

2017 年 10 月 1 日起，原国家旅游局实施《旅游经营者处理投诉规范》（LB/T

063—2017)、《文化主题旅游饭店基本要求与评价》(LB/T 064—2017)、《旅游民宿基本要求与评价》(LB/T 065—2017)、《精品旅游饭店》(LB/T 066—2017)等四项行业标准。

(三)酒店星级标准概述

用星的数量和设色表示酒店的等级,星级分为五个等级,即一星级、二星级、三星级、四星级、五星级(含白金五星级)。最低为一星级,最高为白金五星级。星级越高,表示酒店的档次越高。一星级:适用型饭店,强调客房和卫生、安全管理;二星级:经济型饭店,强调客房,兼顾前厅、餐饮服务和安全、卫生、方便性管理;三星级:中档饭店,强调规范、舒适,重视基本设施、服务项目的配置;四星级:高档饭店,强调设施与服务的专业化水平,重视硬、软件的整体效果;五星级:豪华型饭店,强调整体豪华与全面服务,重视文化建设与服务、管理的内在品质。前厅,实用;客房,舒适;餐饮,特色;康乐,配套。2007年8月,原国家旅游局全国星评委批准北京中国大饭店、上海波特曼丽嘉酒店、广州花园酒店为白金五星级饭店。

阿联酋迪拜的伯瓷酒店(BurjAl-Arab,又称阿拉伯塔酒店、帆船酒店),是世界上第一家七星级酒店,但这个"七星级"只是对伯瓷酒店豪华水平的认同,世界上并没有评定七星级酒店的星级标准和世界性的星级酒店(Star-Rated Hotel)评定机构。

三、酒店服务标准与规范的内容

酒店服务标准与规范是规定酒店某一特定的服务过程所包含的内容和作业程序,规定该服务过程所应达到的规格和标准,包括服务质量标准、服务提供规范、服务质量控制规范三个方面的内容。服务质量标准规定了"做什么",服务提供规范规定了"怎么做",服务质量控制规范则主要检查"有没有做到",是否有效地达到了服务标准。酒店服务标准与规范的制定原则是责任明确化、任务具体化、操作程序化。

(一)酒店服务质量标准

酒店服务质量标准是指服务应达到的水准和要求的规定,包括设施设备质量及其操作标准、实物产品质量标准及其操作规程、劳务质量标准。

1. 服务要求

服务要求是明确规定需经客人评价的服务质量特性的工作要求。如餐厅的食品类型、饮料等级、清洁卫生标准等。

2. 服务准备要求

明确规定酒店实现服务质量特性的服务准备要求。如餐厅的服务人员数、提供服务的设施设备等。

3. 服务提供要求

服务提供要求可分为供内部评价与外部评价两部分。

(1) 外部评价。即明确规定供客人和社会评价，以保证服务质量特性的服务提供要求。如餐厅的点菜速度、上菜速度、上菜的准确性、结账速度、服务员的仪表仪容等。

(2) 内部评价。即明确规定供酒店内部评价，以保证服务质量特性的服务提供要求。如菜肴的烹饪时间、烹饪速度、清洁类型及速度等。

4. 验收标准

服务质量标准中必须有明确的服务特性验收规定，以便落实这些服务特性的定量和定性的指标和要求。如：

(1) 摆件标准。即规定摆件的顺序、位置、方向、件数与种类。西餐宴会规定摆件要从里摆到外，左叉右刀，服务盘放正中，距桌边1厘米，一个席位需16件餐具等。

(2) 分量标准。即规定每种用品或实物的数量定额。如一份番茄黄瓜洋葱色拉的标准分量：番茄150克，黄瓜100克，洋葱50克，调料适当。

(3) 时间标准。即规定提供服务的时间控制。如从点菜到上第一道菜在15分钟以内，以后上每道菜的间隔应控制在5分钟之内。

(4) 资质标准。即规定服务人员的专业能力或教育情况。如日常接待服务工作的员工都需要接受岗位培训。

（二）酒店服务提供规范

酒店服务提供过程就是员工与客人直接接触的过程，也是客人对各项具体服务实际感受的过程。服务提供规范规定了提供某项服务的方法和手段，即服务方法的规范化和服务过程的程序化，是指导服务提供过程的标准和考核服务提供质量的依据。服务提供规范包括：

(1) 规定服务提供过程的程序，每个工作阶段和每项服务的内容、责任、应用方法、评价与接口。

(2) 资源的要求和配置：实现服务规范所需的设备、设施；对人员的技能和配置要求；对提供产品和服务的分供方要求。

(3) 法律、法规和社会要求：卫生、安全、环境方面的要求以及法律、法规有关要求。

1. 服务提供过程的程序

服务提供过程的程序，简称服务程序。程序的实质是说明完成某种活动的准确方式，对所要进行的行动规定顺序。这种顺序应符合服务标准的要求。

在制订服务提供的规范时，应首先将整个服务过程分解成若干个服务工作阶段，例如，服务前、服务中和服务后三个阶段，然后再规定每个阶段的工作内容和要求。服务类型不同，其工作阶段的内容和程序也不相同，在制订服务程序时，要做好各个阶段之间的无缝衔接。为便于工作阶段的划分和程序的编制，在编制程序之前应针对特定的服务画出流程图，如客房销售服务的工作阶段可划分为以下几个方面。

（1）向客人宣传酒店产品信息；

（2）接受客人预订；

（3）预排房间；

（4）入住接待和登记；

（5）客房服务；

（6）费用结算；

（7）售后服务。

2. 采购质量

采购的产品和服务对于酒店提供的服务的质量、成本、效率和安全性都很重要。因此，在服务提供规范中，必须保证采购的质量要求。

（1）采购要求。

采购单。采购单要有数量、时间、产地、规格、质量和费用说明，附有产品和服务的标准、规范或说明书；选择合格的分供方；质量要求和质量保证要求的协议；质量保证和验证方法的协议；解决收方质量争端的规定；购进产品和服务的控制，如验收的程序、方法和过程控制等；购进产品和服务的质量记录。

（2）分供方的选择。

分供方对提供所采购产品和服务所具有的能力；分供方对提供所采购产品和服务所具备的质量保证能力；对分供方提供的产品和服务按程序进行抽样评价；重视对所选择的分供方及其他同类分供方过去的历史，包括产品和服务的质量、稳定程度以及信誉；同类分供方的产品和服务质量的测试结果和比较；其他采购方式或用户的经验。

（3）与分供方建立良好的信息反馈和工作关系。

3. 向客人提供的设备要求

在服务提供的全过程中，有许多供客人使用的设施设备，这些设施设备是服务的有机组成部分，如酒店的消防、卫生设施、电器设备、康乐设施等。酒店应确保提供给客人使用的设施设备适合特定服务项目的要求。

4. 服务的可追溯性

可追溯性是指对产品和服务的档案管理,即通过记载的标志追查某项目或活动以及同类项目或活动的历史,应用情况或场所的能力。

(1) 识别和记录酒店所采购的产品或服务的来源、时间、地点、数量及采购文件等;

(2) 识别和记录服务全过程的各个阶段每一项服务的活动和人员责任;

(3) 识别和记录发生的不合格服务,客人的投诉和索赔。

5. 满足对客人财产保护的要求

酒店有保护客人的行李物品和财产的义务。在服务提供过程中,酒店应对所负责的或接触到的财产负责。在搬运、贮存、包装、交付的各个环节应严格执行规定的程序,实施有效的监控。

(三) 酒店质量控制规范

酒店质量控制规范规定了控制和评价服务特性和服务提供特性的程序。服务质量控制规范包括每个服务过程中对服务有重要影响的关键活动及其控制方法、重点控制的质量特性(服务特性和服务提供特性)的测量及其控制方法。

1. 识别关键活动

识别关键活动,即找出影响服务质量特性的关键性岗位或关键性活动,即服务质量控制点。确定控制点的原则有以下三个:

(1) 对服务质量影响大,起决定作用的岗位或活动;

(2) 经常出现不良服务的岗位或活动;

(3) 顾客反映大、意见多的岗位或活动。

2. 确定可度量和监督的服务质量特性

(1) 可以度量的服务质量特性。例如,对某项活动的满意度、入住登记等待时间、膳食的准备和配制时间等。

(2) 可以监督的服务质量特性。例如,餐厅上菜的"先撤后上":先撤桌上吃完的空盘,再上新菜;客房抹尘的"从上到下":家具抹尘顺序从上到下等。

(3) 规定特性的评价方法。例如,对客人的满意率和等待时间可采取抽样调查方法,规定样本的规格大小、抽取时间、问卷形式等。

(4) 建立控制手段。例如,《旅游饭店星级的划分及评定》(GB/T14308—2003)中规定三星级饭店的设施设备应得的最低分为 220 分,维修保养的得分率必须在 92% 以上。

在实施质量控制的规定中,要明确规定责任制及检验方案。质量控制规范应能有效地控制每一个服务过程,以确保服务始终满足服务标准和客人的需要。

四、酒店质量管理的工作流程

酒店质量管理的工作流程见图 2-1。

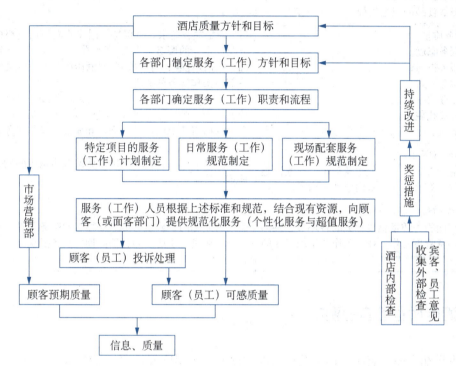

图 2-1　酒店质量管理的工作流程

五、酒店质量控制的内容

酒店的质量控制包括服务质量控制和工作质量控制。酒店服务（工作）质量的控制包括班组（领班、主管）、部门（副经理、经理）、酒店（质量管理部、质量管理委员会）三级控制。酒店质量控制的内容与质量标准见表 2-1。

表 2-1　酒店质量控制的内容与质量标准

质量控制的内容	质量标准
服务质量的控制： 1. 设施设备的质量： （1）服务项目的设置； （2）设施设备的舒适性与维修保养； （3）设施设备的完好程度	（1）满足顾客需求，且符合《国家旅游饭店星级的划分及评定》要求； （2）保持《国家旅游饭店星级的划分及评定》要求； （3）设施设备的维修保养得分率在 95% 以上；并且符合酒店设施设备维修保养标准

(续表)

质量控制的内容	质量标准
2. 餐饮食品质量： (1) 餐饮食品的生产质量； (2) 餐饮食品的特色； (3) 餐饮食品的花色品种	满足顾客需求，且符合《食品卫生法》要求
3. 劳务质量： (1) 服务态度； (2) 服务技巧； (3) 服务方式； (4) 服务效率； (5) 礼仪礼貌； (6) 清洁卫生	(1) 满足顾客需求，且保持《国家旅游饭店星级的划分及评定》的服务质量得分率在95%以上；并符合《酒店礼仪礼貌、行为准则》《酒店服务质量标准》及各部门操作实务的要求。 (2) 满足顾客需求，且保持《国家旅游饭店星级的划分及评定》的清洁卫生的得分率在95%以上；并符合《酒店清洁卫生质量标准》和各部门操作实务要求
4. 环境氛围质量： 由酒店的装饰、环境卫生及美化、服务设施的布局、灯光音响、室内温度等构成	满足顾客需求，且符合《国家旅游饭店星级的划分及评定》要求
5. 工作质量控制： 指酒店同服务质量直接相关的各环节、各部门的经营管理工作、技术工作和组织工作的好坏	满足营业部门、班组、员工对顾客的服务需求，且符合《酒店员工手册》和各部门操作实务要求

六、酒店质量检查的要求

世界知名的酒店品牌喜来登有这样一种说法：制度好比"红炉"。其含义有三：红炉始终滚烫——警告性原则；不管谁碰都会被烫伤——公平性原则；一旦碰到红炉，立刻被烫伤——即时性原则。酒店的质量检查分为员工、班组、部门、酒店（质管部、质管委）四级检查。

（一）员工自检

各部门员工须按照酒店质量方针和质量目标的要求，依照各部门操作实务中对其职责、工作程序和标准要求，遵照酒店服务与工作准则，每日就对客服务和后勤保障的各准备过程、服务和工作过程、结束过程的每项质量控制内容进行自检，以确保其服务和工作质量符合顾客和酒店质量标准的要求。

（二）各班组（领班、主管）必检

各班组（领班、主管）须按照酒店质量方针和质量目标的要求，依照各班组（领班、主管）控制的质量内容与质量标准的要求，遵照酒店的服务与工作准则，每日就员工对客服务和对后勤保障的各准备过程、服务和工作过程、结束过程的每项质量控制的内容进行必检，以确保其服务和工作质量符合顾客和酒店质量标准的要求。

（三）各部门（副经理、经理）巡检

各部门（副经理、经理）须按照酒店质量方针和质量目标的要求，依照各部门（副经理、经理）控制的质量内容与质量标准的要求，遵照酒店的服务与工作准则，每日就各班组对客服务和对后勤保障的各准备过程、服务和工作过程、结束过程的每项质量控制的内容进行巡检，以确保其服务和工作质量符合顾客和酒店质量标准的要求。

（四）酒店质量管理部抽检、酒店质量管理委员会大检查

酒店质量管理部须按照酒店质量方针和质量目标的要求，依照酒店质量管理部控制的质量内容与质量标准的要求，遵照酒店的服务与工作准则，每日就各部门对客服务和对后勤保障的各准备过程、服务和工作过程、结束过程的每项质量控制的内容进行抽检，以确保其服务和工作质量符合顾客和酒店质量标准的要求。

酒店质量管理委员会须按照酒店质量方针和质量目标的要求，依照酒店质管委控制的质量内容与质量标准的要求，遵照酒店的服务与工作准则，定期就各部门对客服务和对后勤保障的各准备过程、服务和工作过程、结束过程的每项质量控制的内容进行大检查，以确保其服务和工作质量符合顾客和酒店质量标准的要求。

第二节　酒店服务质量通用标准

一、仪表仪容

酒店业尤其是高星级酒店员工的仪容仪表标准反映了酒店的传统规范要求。每位员工都必须遵守酒店的专业着装及仪容仪表标准，展现专业形象。酒店服务人员需要时刻注意个人仪容仪表并保持光洁、整齐和端庄的形象。

（一）服装

（1）各岗位员工身着本岗位制服上岗，服装干净、整洁。
（2）前台员工服装必须平整、挺括、无皱褶，线条轮廓清楚。

（3）服装必须完好，不陈旧、无破损、不开线、不掉扣，尺寸适中。爱护自己的工服，按时交至客房部清洗或修补。

（4）穿制服纽扣要全部扣好，拉链应收紧；领带、领花应扣紧并佩戴整齐。穿西服时，不论男女不得敞开外衣，衬衣、下摆应扎入裙内或裤内，不可挽起卷起裤脚、衣袖等。

（5）制服外衣衣袖、衣领处，制服衬衣衣领口，不得显露个人衣物。制服外不得显有个人物品，如纪念章、笔、纸等，制服衣袋不得多带物品，以免显得鼓起。

（二）仪表仪容

（1）员工上班必须面容整洁、大方、精神饱满。

（2）头发干净，梳理整齐；不可梳怪异发型，头发不可染成鲜亮的颜色。男性员工不得留长头发，长度前不过眉，侧不过耳，后不过领；不留小胡子、大鬓角。女性员工头发要梳理整齐，头发前高于眼眉，后不披肩散发，长发应统一使用酒店发放的发套盘起，发饰用黑色或深棕色为宜。不可使用较浓香味的摩丝或发胶。

（3）服务员应精神集中，眼睛明亮有神。

（三）化妆

（1）面部应保持清洁，健康的状态；眼睛无分泌物，鼻毛不外露。女性员工必须化淡妆上岗，不擦浓味化妆品，容貌美观自然，有青春活力，不可涂深色或冷色调的口红和眼影，女员工用餐后需及时补妆，男员工不得化妆。

（2）化妆与工种、服务场所相协调，不浓妆艳抹，不可使用气味较大的护肤品，不轻佻、妖艳，以免引起客人反感。

（四）饰物

（1）员工上班不戴贵重耳环、手镯、项链和戒指等。有的酒店规定女员工可戴一只式样保守的订婚或结婚戒指。

（2）员工上班可戴饰物，如手表、胸花、发结和发卡等饰物，选择要适当，与面容、发型、服饰相协调，美观大方。不可佩戴式样及色彩夸张的手表。有的酒店规定，员工除名牌、服务徽章及本店配发的饰物外，在工服上不得佩戴其他任何的饰物。

（五）形体动作

（1）前台当值员工坚持站立服务，站姿优美、表情自然、面带微笑。

(2）两眼平视或注视服务对象，微笑点头示意。

(3）两手交叉在体前或交叉在背后（男性），两脚成"V"字（女性）或与肩同宽（男性），身体正直平稳。

(4）精神饱满、自然大方，随时准备为客人提供服务。

(5）当班或与客人交谈需要坐下时，坐姿平稳、端庄、自然，面带微笑。

(6）两脚平齐，两手垂于体侧并放在两腿上，重心垂直稳定，双肩平稳放松。

(7）坐下服务或与客人交谈时，两眼应注视客人，精力集中。

(8）行走姿势美观，动作文雅、面带微笑、自然大方。

(9）行进中两眼平视，正对前方，身体保持垂直平稳，无左右摇晃、八字步和罗圈腿。

(10）行进速度适中，不可跑步，注意前方客人，与客人碰面，应微笑问好。

(11）引导客人行进时，主动问好，指示方向，介绍服务项目或设施，走在客人的右前方或左前方一步到两步远的位置，身体略为侧向客人。

(12）为客人服务或与客人交谈时，手势正确、动作优美、自然，符合规范。

(13）手势幅度适当，使客人容易理解，不会产生反感或误会。

(14）使用手势时应尊重客人风俗习惯，注意同语言使用的配合。

（六）个人卫生

(1）员工上岗前不饮酒，不吃异味较大的食品，保持牙齿清洁，口腔清新。用餐后要刷牙或漱口。

(2）指甲修剪整齐，长度适中。指甲油颜色保守、自然，不得有脱落。厨房与餐饮部员工不得留指甲、涂抹指甲油。

(3）勤洗澡，勤理发，勤洗手，勤换工作服，保持头发梳洗整齐，没有头屑。

(4）上班时不吸烟、不喝酒、不吃口香糖或零食、不在工作岗位用餐。

(5）员工上岗前用洗手间后必须洗手；餐厅、客房服务员接触食品前必须洗手，养成习惯。

(6）不在客人面前或对着食品打喷嚏、咳嗽等。

(7）工作时不做有碍卫生，有碍观瞻的动作。

(8）员工每年需体检一次，持卫生合格证上岗。

(9）发现员工患有传染性疾病，应及时调离工作岗位，及时治疗。

（七）其他

(1）严格遵守工作区域特定的鞋履穿着标准，熟知各自部门鞋的款式和颜色要求。

不允许穿着凉鞋、厚底、运动鞋、拖鞋及露趾或露跟的鞋等。女士鞋跟高度须在指定范围内，以确保工作安全。

（2）选择与本人肤色最接近或搭配服装的袜子，并向所在部门的经理确认颜色标准。男性员工任何时候都要穿着袜子，其式样不得夸张，其颜色必须为深色。

（3）上班时必须将名牌工整地佩戴在工服的左上方，如果名牌不慎弄坏或丢失，应及时到人力资源部另制新名牌。男性员工戴在左胸小口袋上方，女性员工戴在相应的位置，保持端正统一，不得歪扭。服务徽章要戴在名牌的正上方，如佩戴两枚服务徽章，要水平佩戴在名牌上方。

（4）任何情况下，普通员工在工作时都不允许携带手机；管理级别的员工在其上级领导的许可下才可携带手机。相关物件须存放在储物柜里。

（5）从后台进入服务区域之前，应检查自己的仪表是否符合标准。

二、礼节礼貌

（一）内容

（1）问候礼节。应主动问候客人，要根据时间、场所、情景、接待对象不同，准确运用问候礼节。

（2）称呼礼节。应根据客人的身份、年龄、性别、职业，运用不同称呼，态度亲切和蔼，对老顾客尽量称呼其全名。

（3）应答礼节。应根据不同场景、说话内容、具体情况准确回答客人，反应灵敏，应答得体。

（4）迎送礼节。应根据迎接、送别的具体需要正确运用，做到讲究礼仪顺序，形式、语言亲切正确，关照、示意得体。

（5）操作理解。服务操作规范，不打扰客人，礼貌大方。

（二）日常礼貌服务

（1）对待客人谦虚有礼、朴实大方、表情自然、面带微笑、态度诚恳。

（2）应尊重客人的风俗习惯和宗教信仰，对客人的服饰、形象、习惯和动作，不评头论足，按照客人的要求和习惯提供服务。

（3）同客人见面或握手时，能正确运用礼貌形式，动作规范。

（4）严格遵守约定时间提供服务，不误时，不失约，快速准确。

（5）上岗或在公共场所不高声喧哗，动作轻稳，声音柔和，不影响客人。

（6）爱护客人的行李物品，服务轻拿轻放。

(7) 同客人交谈时注意倾听，精神集中、表情自然，不随意打断客人谈话或插嘴，时时表示尊重。

(8) 不做客人忌讳的不礼貌动作，不对客人说不礼貌的话。

（三）电梯礼节

酒店有员工的专用电梯，一般员工不乘坐客用电梯，如因工作需要，跟客人一起乘坐电梯时，应当遵循礼仪规范：

(1) 当电梯门开启时，自己站在门外，用一只手按住电梯感应电眼，不使电梯门关闭夹人，同时用另一只手引导客人进入电梯，自己应在所有客人之后进入电梯；

(2) 进入电梯后，应站在电梯的楼层指示板前，为客人及自己按所去楼层；

(3) 如果自己比客人先离开电梯，应跟客人打招呼，比如"对不起""再见"等。如果自己跟客人去同一楼层，应用手按住电梯指示板上的开门键，让客人先走，待客人们走后再松手离开电梯；

(4) 无论乘用何种电梯，女士和老幼病残孕者优先出入电梯。

三、服务态度

（一）主动热情、宾客至上

(1) 宾客至上、服务第一，以主人翁精神和责任感对待本职工作。

(2) 坚守岗位，遵守纪律，具有整体观念和团结协作精神。

(3) 眼勤、口勤、手勤、腿勤、心勤，想客人之所想，急客人之所急，服务于客人开口之前。

(4) 对客服务应面带笑容、热情饱满、和蔼可亲、态度诚恳。

（二）耐心周到，体贴入微

(1) 对客服务应耐心、不急躁、不厌烦，操作要快速、敏捷，程序要准确无误。

(2) 对客服务始终如一，具有忍耐精神，不和客人争吵。

(3) 服务细致周到、表里如一。

（三）服务礼貌，举止文雅

(1) 注重仪表。外表形象应给人庄重、大方、美观、舒适的感觉。

(2) 应掌握各国客人的风俗习惯、礼仪知识，礼貌修养良好。

(3) 对客服务说话和气、语言亲切、称呼得当，使用敬语，语言运用准确得体。

(4) 服务操作和日常坐、立、行、说大方得体，动作规范，文明优雅。

(四) 助人为乐，照顾周详

(1) 对老弱病残客人应主动照顾，服务细致。
(2) 对有困难的客人应提供准确及时的帮助。

四、服务语言

(一) 外语水平

(1) 前台部门主管以上管理人员应具备用外语（英语是必备语言）同客人交谈的能力，妥善处理业务问题和客人投诉。
(2) 总台服务人员应能用两门外语（英语是必备语言）处理业务问题和客人投诉。
(3) 一线服务人员应至少掌握一种外语。
(4) 掌握酒店业常用单词 800 个，常用语 300 句。

(二) 语言应用

(1) 服务语言运用亲切、准确、简明扼要、表达清楚。
(2) 能根据时间、场景、服务对象，正确使用迎接、问候和告别语言，不得讲粗话，不得使用蔑视或侮辱性语言。
(3) 对客人用请求、建议和劝告式语言，不用否定、命令和训诫式语言，不可模仿宾客语言语调和谈话，不开过分的玩笑。

(三) 语言技巧

(1) 用词选句准确、语句通顺、重点明确、简明扼要，表情自然。
(2) 说话清晰，声调温柔，声音不过高也不过低。
(3) 能用标准普通话和准确流利的外语为宾客提供服务。
(4) 谈话要注意艺术，多用敬语，注意"请""谢"字不离口。
(5) 要注意称呼客人姓氏，未知姓氏之前，要称呼"先生"或"女士"。
(6) 指第三者宾客时，不能称"他"，应称"那位先生"或"那位女士"。
(7) 客人讲"谢谢"时，要答"不用谢"，不得毫无反应。
(8) 客人抵店时要问好，注意讲"欢迎您到××宾馆"或"欢迎光临"，客人离店时，注意讲"祝您愉快"或"欢迎您再次光临"。

(9）离开面对的客人时，一律讲"请稍候"，如离开时间较长，回来后要讲"对不起，让您久等了"，不可一言不发就开始服务。

(10）任何时候不说"不"，不讲"喂"或"不知道"。

（四）基本服务用语

各部门根据各岗位特点自行订立。

五、工作效率

（一）接受任务

(1）各岗位员工应主动接受工作任务、服从分配，不推托挑剔。

(2）接受任务时要明确工作内容、完成时间、完成地点、完成方式等，具有强烈的时间观念和工作责任感。

（二）工作效率

(1）每日工作要有计划，按时间段安排好工作，各时间段应完成的工作要清楚、明确。

(2）选用正确的方式、熟练的操作技巧，在规定的时间内完成规定的任务。

(3）每天按计划检查工作完成结果，保证工作效率。

（三）服务效率

(1）按规定的时间标准完成接待服务、委托代办服务、票务服务、车辆安排服务、客人代购服务和其他服务。

(2）每次均按照客人要求的时间和内容，按时提供服务，不失约、不拖沓。

(3）因客观原因不能按时提供或完成服务的，要耐心向客人解释。

(4）杜绝因效率问题引起客人不满、耽误客人时间及要求等现象。

六、职业道德

(1）员工应受过良好的职业道德教育，掌握职业道德基本知识。

(2）具有良好的道德观念、道德情操和道德风尚，能够自觉运用道德规范约束自己的行为，做好服务工作。

(3）对待宾客一视同仁，不分种族、民族、国家、地区、贫富、亲疏，不以貌取人。

（4）诚信无欺，对所有宾客诚实、公道、买卖公平，坚持质量第一、信誉第一。

（5）尊重客人的民族习惯、宗教信仰及个人生活习惯。

（6）遵守国家法律法规，保护客人合法权益。

（7）遵守店规店纪，不私自和客人做交易，不索要小费，不私自收取回扣。

（8）坚持原则，维护国家和酒店的利益和声誉，不做有损国格、店格、人格的事情。

七、服务纪律

（1）在规定的上班时间前 10 分钟到岗，换好工作服，整理好仪表仪容，准时上岗。

（2）准备好上班所需的工具、用品、物品和表格等，无任何疏漏。

（3）准时参加班前会，明确当日工作内容、要求和注意事项。

（4）准时交接班，对交班事项、工作内容、票据、现金、表格和账目要交接清楚、准确，履行交接手续。

（5）坚守岗位，不串岗、脱岗、迟到、早退和旷工。

（6）保持良好的工作状态，不准倚墙和斜靠柜台休息。

（7）在岗上不扎堆聊天、不干私活、不吃零食、不干与工作无关的事情。

（8）不大声呼叫，不哼小调，对客服务中无不良行为。

（9）爱护宾馆设施设备和一切工具物品，无乱拿乱丢、随意损坏的现象。

（10）爱护客人的行李物品，不丢失、不碰撞，轻拿轻放，不随意翻动客人物品。

（11）要做到拾金不昧，捡到物品、钱财要及时上交，做好登记，不私藏隐匿。

八、环境卫生

（1）要保证宾馆门前和周围的树木花草生长良好、整洁和美观。

（2）所有公共区域保持整洁，天花板、墙面、玻璃、地面在客人行进中 3 米视线内无灰尘、蛛网、印痕和垃圾。

（3）通道、过道、员工活动区域应干净、整洁，无杂物、堆放物。

（4）公共区域的装饰画、花草、盆景放置要适中、美观、舒适。

（5）所有公共场所通风良好，空气新鲜，洗手间清洁无异味。

（6）各服务部门门前及公共区域不可随意张贴布贴、通知、服务项目介绍等；所有标牌均有专门人员设计，在固定位置悬挂和摆放。

（7）保持员工餐厅的整洁、干净。

(8) 不可随意倒饭菜，杜绝浪费现象。

九、电话

酒店电话的内容包括预订、咨询、投诉等，对服务员话务工作的基本要求：声音清晰、态度和蔼、言语准确、反应迅速。

（一）接听电话的礼仪

（1）电话铃响三声之内必须提机答话。所有来电，务必在三响之内接洽，以充分体现酒店的工作效率。

（2）热情接电话应该首先报清酒店名称。使用礼貌敬语"您好，这里是××酒店"，这样可以避免搞不清身份和拨错电话的麻烦，一般要求用普通话、粤语或者英文。例如，"Good morning，×× hotel"。接电话问好、报酒店名后，讲问候语。例如，"请问我能帮您什么忙吗？"切忌自己什么都不说，只是一味地询问对方："您叫什么名字？您是哪个单位的？"这种做法极不礼貌。另外要注意的是，问好、报酒店名、问候语这三者的顺序不能颠倒弄错。这样才会显得彬彬有礼，给人一种亲切感。

（3）语言清晰流畅，语调亲切热情。接听客人的电话要迅速准确，要做到认真、耐心、细心。

（4）接听电话时要注意聆听客人讲话。在客人讲完之前不要打断也不可妄下结论，对听不清楚的地方，要复述客人的话，以免听错。听电话时要仔细聆听对方的讲话，要把对方的重点进行重复，应不时地用"对""是"来给对方积极的反馈。如果对方是前来预订的，应致谢。如对方是反映问题或是投诉，接待要耐心，回复对方时要十分注意语气和措辞，要显得热情、诚恳、友善、亲切，并使对方能体会到你对他的关注。

（5）接听客人电话时要做好记录。若是重要的事，应做记录。记录时要重复对方的话，以检验是否无误。然后应等对方自己来结束谈话，如果电话上定不下来，可告知对方待请示领导后，再通电话决定。

（6）确认对方挂机后方可挂机。通话结束时，应说："谢谢您！"通电话以对方挂断电话方为通话完毕，任何时候不得用力掷听筒。

（二）拨打电话的礼仪

（1）说话要言简意赅，直截了当。直对着话筒说话，嘴唇与话筒相距 5 厘米为宜，使用正常的语调，说话直截了当，开门见山。

(2) 打电话前须做好准备工作。电话簿、常用电话号码、日历、记录本以及笔全部应放在便于拿到的位置。拨电话之前，服务员应做好各项准备，如各种表格、数据、图表和有关内容。

(3) 通电话时要礼貌，并做好记录。与客人通电话时，态度要谦和，语言要礼貌。在通话过程中记录好客人的要求。

(4) 礼貌地结束通话。在结束电话时，应使用恰当的结束语，以对客人表示感谢，或对自己未能提供帮助表示歉意。

（三）电话的语音要求

(1) 声音清晰、热情。运用富有人情味的声音与对方通话。亲切、明快的声音能使对方感到舒服、满意。充分调动一切语言修辞手段是树立酒店、餐厅良好形象、与公众建立良好关系的有效手段。

(2) 语气平和、措辞恰当。服务人员在表达时，要注意语气的自然流畅，心平气和，礼貌有加。

(3) 音量控制要适中。音量要适中，不要过高，也不能过低，以免客人听不清。采用愉快、自然的声音，速度以适应对方速度为宜。

(4) 声调自然流畅。声调要自然、清晰、柔和、亲切，不要装腔作势，也不要声嘶力竭，要给人一种愉悦的感受。

(5) 要用普通话。通话时使用普通话，不夹杂地方乡土口音。

(6) 语调优美，有节奏感。语调要优美、热情、奔放、富于表达力，而不能单调得令人厌烦，不能有喘息声。

十、其他

(1) 保持更衣室的干净整洁。

(2) 更衣柜每人一个，只限存放个人衣物、化妆品。个人其他用品与贵重物品不可存放在更衣室和工作场所。

(3) 所有员工用餐时间30分钟，均不含在上班时间内。

(4) 上岗员工不可打、接私人电话。

(5) 中层以下人员非因工作需要不可进入客人活动区域。

(6) 非因工作需要或部门经理以上人员批准，不得带人、陪人或自行进入客房区域。

第三节 投诉处理

一、投诉处理基本要求

在处理客务关系工作过程中，有时因各种原因，客人会对饭店服务或管理提出意见。因此，服务员应该对客人投诉所产生意见的原因、态度有正确的认识并掌握正确的处理程序和方法。

对客人投诉应持欢迎和帮助解决问题的态度。把处理投诉的过程作为进一步改进和提高服务和管理水平的契机。实际上受理客人投诉并不是一件愉快的事情。客人之所以投诉，一般是他在接待服务中受到不公正的待遇。因此，如果忽视客人的投诉意见，便是忽视了客人的利益。投诉处理由大堂经理负责，重大投诉由总经理室负责处理，各部门值班经理专门负责投诉处理工作。对客人投诉应礼貌接待，做好记录，及时拿出处理意见。对客人投诉不推诿，不同客人争吵。对客人投诉应单独处理，不应在公共场所受理或处理。对所有住店客人的投诉处理不应超过 24 小时。已离店的客人投诉应在 72 小时内解决处理好。客人的投诉率应逐步减少，不得高于 1%。

二、投诉处理基本原则

（1）树立"客人总是正确"的信念。我们提倡在很多情况下，即使客人错了，也要把"对"让给客人，尽量减少饭店与客人之间的对抗情绪，这有利于缓解双方的矛盾，达到解决问题的目的。

（2）真心诚意解决问题。以"换位"的方式去理解客人的心情和处境，满怀诚意帮助客人解决问题，只有这样，才能赢得客人的信任，才有助于解决问题。

（3）不可与客人争辩。在客人情绪比较激动时，更要注意礼仪礼貌，要给客人申诉或解释的机会，控制住局面，而不能与客人争强好胜，不可与客人争辩。客人投诉时常常表现出"求尊重、求补偿、求发泄"的心态。因此，服务员在受理客人投诉时，要给客人适当发泄的机会和场所，以示对客人的尊重和理解。

（4）维护饭店利益不受损害。解答客人投诉意见时，要注意尊重事实，既不能推卸责任，又不能贬低他人或其他部门，避免出现相互矛盾；否则，客人会更加反感。

三、投诉意见的分类

(1) 对设备的投诉。这类客人投诉主要是对饭店空调、照明、供水、供暖、供电、电梯等设备的运转和使用提出的意见。这类投诉会使客人对饭店逐渐失去"好感"。

(2) 对服务人员态度的投诉。此类投诉意见主要是反映服务人员接待简单、草率、生硬的态度。

(3) 对服务质量方面的投诉。这类投诉意见主要是反映接待服务人员违反操作规程,例如递送邮件不及时、接运行李不准时、总机叫醒服务疏漏等。

(4) 对异常事件的投诉。这类投诉往往是由于饭店的原因所发生。例如客人保证类订房未得到实现,使客人感觉饭店"言而无信"等。

酒店记录顾客投诉的做法现在已经越来越普遍了。但是,将这些投诉记录看作是极具价值的数据宝库的酒店就不那么多了。位于纽约市的一家四星级酒店保存着顾客的投诉记录。这一顾客投诉记录很有用处,它是按照程序要求在每一次顾客投诉后逐一记录的。直到对所有的投诉记录作了内容分析之后,总经理才发现这些数据的真正价值。内容分析并不是每次仅仅审查一个案例,而是全面审视投诉的类型、投诉者的特点、所提出的投诉解决方案以及顾客对每一解决方案的满意度等。

以下是某酒店对某一年220份投诉案例的分析结果:

(1) 大部分的投诉都是针对设施问题(42%)或服务问题(38%)。

(2) 70%的投诉都是由男性客人作出的,即男性客人的投诉率要高于女性客人投诉率的两倍(尽管男性客人入住酒店的人数只比女性客人入住酒店的人数稍微多一些)。

(3) 最常用的解决方案就是改正错误(27%)和客房升级或调换客房(23%)。

(4) 85%以上的客人都对解决投诉的程序感到满意。但是,客人对于解决有关设施问题的方案要比解决有关服务问题的方案更有可能感到满意。邮寄信函或解释酒店的规定是最难以让客人感到满意的做法。

四、投诉处理的程序

处理投诉的程序如下:

(1) 认真听完客人投诉意见;

(2) 保持冷静的态度;

(3) 代表饭店表示歉意,感谢客人对饭店的关心,诚恳接受批评;

(4) 不推卸责任,积极想办法解决;

(5) 记录要点，填写报告；

(6) 及时采取补救或补偿措施，并征得客人同意；

(7) 督促检查，全力协调解决问题；

(8) 主动与客人联系，反馈解决问题的进程及结果；

(9) 记录全部过程并存档。

处理完投诉后，管理人员和服务人员应对投诉产生的原因及后果进行反思和总结，并进行深入的、有针对性的分析，定期进行统计，从中发现典型问题产生的原因，以便尽快采取响应措施，不断改进服务工作并提高水平。

接受、处理客人投诉工作标准流程见图 2-2。

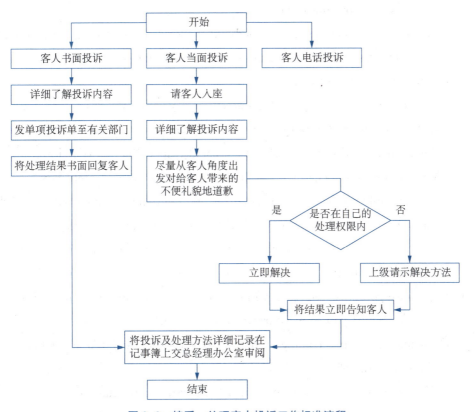

图 2-2　接受、处理客人投诉工作标准流程

五、投诉处理（Setting Guests' Complaints）一般英语应用实例

(1) I'm sorry to hear that, Sir.

　　I'm awfully sorry for that, Sir. I'll see to it right now.

　　I'm terribly sorry, Sir. I'll attend to it at once.

I'm awfully sorry for that, sir. I'll speak to the manager and he'll see to it right away.

I do apologize for all the troubles.

We're sorry to have kept you waiting.

Sorry, Sir. I'll solve the problem for you as soon as possible.

I'm awfully sorry for my carelessness.

I'm sorry; It's the policy of our hotel. I hope you will understand.

I'm sorry to hear that. We do apologize for the inconvenience.

(2) I'll have the shower fixed, the tub cleaned, the floor dried and the toilet items sent to your room immediately.

(3) You see, the hotel has just opened and the kinds haven't been worked out yet.

(4) Could you describe your baggage to us? What color is it?

(5) When and where did you last see it?

Are you sure that it isn't still somewhere in your room?

(6) Well, I understand how you feel and we'll try to do our best to help you.

(7) But I must say that the hotel can't be held responsible for your loss.

You should have locked your gold necklace in the hotel's safety box.

(8) We only hold room for our guest till 6:00p. m. on the expected arrival date.

(9) Don't worry, Sir. I'll get in touch with the bell captain at once.

(10) We'll send the suitcase to your room as soon as we find it.

(11) We'll look into the matter immediately. Thank you for telling us.

(12) Because you have been to several places, we need more time to find it.

(13) Please, Sir. If you calm yourself, I'll try to help you.

(14) Would you mind coming with me to my office and tell me what exactly happened there?

(15) I'm afraid I can't do that for you. It's against our regulation.

(16) According to our regulations, a half-day's rent is charged against room not vacated by 12:00 noon.

(17) I'm afraid you have misunderstood what I said. Perhaps I can explain again.

(18) We have no choice but to release the room if the guest fails to arrive before that time.

(19) You'll understand that it is a necessary measure for hotel's self-protection.

(20) I'm sure the waitress didn't mean to be rude to you.

第四节 培 训

一、培训的目的和组织

培训是人力资源开发的关键。员工培训的目的是培养具有较强的职业荣誉感和工作责任心,对工作精益求精,严格遵守各项规章制度,岗位素质和技能达标的员工。通过培训使酒店管理人员和服务人员增长才干、提高素质、改善行为表现,从而为宾客提供优质服务。员工培训始终坚持合格才能上岗。对工作不达标的员工坚持下岗培训,经培训仍不合格者换岗或辞退,从而加强服务质量控制与管理的力度。人力资源部门全面负责培训的实施、管理、督导、检查、考核工作。一般酒店建立三级培训体系:酒店级:人力资源部门;部门级:各部门;班组级:各部门各班组。

二、培训的内容与管理流程

培训工作包括培训计划和预算,入职培训,部门、班组基层培训,在职培训,外派培训以及外来培训等六个方面。

(一)培训计划和预算

培训计划和预算的具体内容见图2-3。

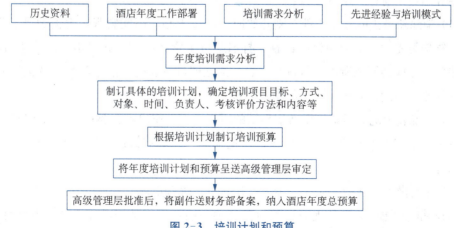

图2-3 培训计划和预算

（二）入职培训

1. 新员工培训的内容

新员工满怀着美好的愿望和憧憬进入酒店。但是，由于对工作现场一无所知，往往容易在工作初始阶段感到不安和不知所措，新员工一般会面临如下问题：周围陌生的脸孔；陌生的工作环境；不熟悉酒店规章制度；对新工作是否有能力做好的不确定；对于新工作的意外事件感到胆怯；不知道如何与上司相处；害怕新工作出现困难。

另外，新员工还有一些急切希望知道的问题：何时发放薪金？薪金在何处领取？发放薪金时，在保险、福利等不同的项目上的扣除是多少？上下班时间？何时需要加班？加班工资是多少？额外的红利如何？薪水调整情况如何？如何才能增加工资所得？休假、请假有哪些规定？

把这些问题详细告诉新进人员，可提高员工士气，增强进取心，同时亦可避免不必要的误会。培训的主要内容有以下几个方面。

首先，应该介绍酒店概况和历史等企业文化内容；其次，从抓基础服务规范入手，加强对员工礼节礼貌、微笑服务、仪容仪表、行为规范的教育，使员工在服务意识上、工作标准上达到酒店工作要求。再者，专业培训岗位具体要求的专门知识与技能，最后，在消防安全知识、设备维护等方面也要进行必要的培训和考核。

每一位新进的员工除接受人力资源部门公共系列的知识技能培训以外，具体岗位的技能训练还要由班组承担。主管、领班要做好"传帮带，亲口授"的工作，使每一位新员工都可以成长为自己的得力干将，使班组成为一个富有战斗力的团队。

2. 新员工培训的步骤

指导新员工有以下基本步骤：

（1）消除新员工的紧张心理。刚开始时，新员工心里高度紧张，生怕做错了什么。主管、领班可先找一两个轻松的话题，打消新员工紧张心理。如果培训人员板着脸训话，那新员工就会不知所措。每进步一点，都立即口头表扬，消除新员工的紧张心理，增强其信心，否则越紧张越错，越错越紧张。

（2）解说和示范。尽量使用通俗易懂的语言，将工作内容、要点、四周环境逐一说明，待新员工有大致印象后，实际操作一遍作示范。如有疑问，要解答清楚。必要时多次示范。

（3）一起做和单独做。做完一步，就让新员工跟着重复一步。反复进行数次后，可让其单独试做一遍。关键的地方让其口头复述一遍，看其是否已经记住。观察时动口不动手，让其自行摸索到符合标准为止。为了实施好每一步，有时得花上几天、几周，甚至几个月的时间,要有耐心。如有危害人身安全的地方,应重点说明安全装置操作或求生方法。

（4）确认和创新。新员工能够独立工作之后,对其服务技能要反复确认,直到可以真正出师为止。确认内容如下：工作是否满足服务标准的要求？能否一个人独立工作？有无偏离各种规定的行为？

传授新员工技能后,还要鼓励新员工大胆创新、勇于改革,新员工有了新视点,必将走上新台阶。

入职培训流程详见图 2-4。

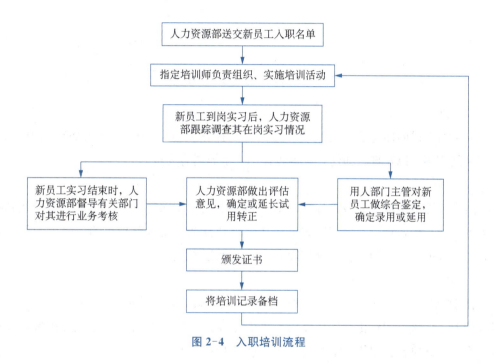

图 2-4　入职培训流程

（三）部门、班组基层培训

部门、班组基层培训流程详见图 2-5。

（四）在职培训

在职培训是一种使员工通过实际完成工作任务来进行学习的非正规的培训方法。在职培训是人力资源开发使用最多的方法,尤其适用于技巧、技术与操作方面的内容。在职培训不仅是一种有效的培训手段,更是一种培训观念。把在职培训这个理念导入日常管理活动当中,无论是主管、领班的管理还是员工的工作,都将发挥更大的作用。在职培训的步骤有以下几个方面。

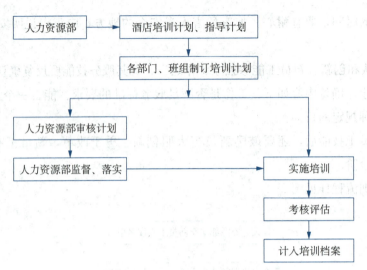

图 2-5　部门、班组基层培训流程

1. 说明

向学习者说明即将学习的事项、重要性、操作要点和步骤。要从基础原理说起，一直到其应用，以及现状如何，说得越详细，下属越容易接受。

2. 示范

由指导者或示范人员亲自操作。需要指导下属的东西有很多，如果一下子让其接手高难度的工作，肯定不会有好效果。从简单到复杂，先从解析小的、简单的问题开始，再到大的、复杂的问题，分阶段来，不要操之过急。

3. 操作

让学习者自己操作一次，并观察其动作是否正确，是否依照规范操作。如果有误，或是偏差，应该立即纠正，避免养成不良的习惯。不要怕下属失手，只要代价可以接受，都可给其机会去犯错，这样员工才更容易进步。

4. 边做边说

由学习者自己一边操作一边说明要点，确保学习者的想法与动作的一致性，并能够掌握所有的要点。

5. 让其积极地提问

下属在接受新知识时，有时有自己的看法，出于某种原因，又不敢直接对上司提出来。所以要多鼓励下属提问，并尽一切可能给予解答。

6. 定期检查

正确者予以鼓励，错误要加以纠正。

在教育训练过程中，要特别注意个别辅导与集中指导相结合，通过个别辅导，提高单兵作战能力；通过集中指导，以进一步提高班组整体的作战能力。

(1) 集中指导时的注意事项。

明确集体目标。让每个人都参与目标制定，这可使每个人都成为目标的坚定执行者和拥护者。使目标引起每个成员的同感和共鸣，增强每个成员的参与意识，再就达到目标的具体方法进行指导和示范。

强调团队意识。让每个人都认识到自己在班组里是不可缺少的，同时，自己的工作要是没有做好，就会给别人添麻烦。明确班组间要配合的目标、要求、规划、约定等事项，分配好每个人的职责，职责一旦确定，就必须积极执行。强调要尊重彼此的职责，先打招呼后行动。

利用集体的智慧。制定规则、进行约定时，要听取大家的意见，汲取集体的智慧。视情况放手放权，使大家自主完成工作。

共同行动。主管、领班绝不可以只停留在口头指挥上。只有共同行动，才能进一步加深与下属之间的相互理解。

提高集体的自豪感和自信心。谁都喜欢在一个有荣誉和知名度的集体里工作，好的传统、风气、习惯要有意识地传教下去，使每个人都紧紧地团结在一起。当个人和集体的能力都得以提高时，现场管理就有了成功的基础。

(2) 个别辅导时的注意事项。

说明辅导。事前准备一些通俗易懂的文字、音像资料，边说明边注意员工的理解程度，不明之处可反复说明。

咨询辅导。消除下属不安心理因素，积极倾听，对其所提的问题均给予正面回答，如"你的想法有一定的道理"，让对方坚定对自己的信心。

挑战辅导。有能力的下属出色地完成工作后，除了首肯之外，还要适时安排更难一点的事项，使其向更高一级的难度挑战。

刺激辅导。对能力强的下属不作任何具体指导，只在想法和要点上略作提示，不问过程，只看结果。

答疑辅导。对自己有意见和想法的下属，除了要尽可能地表明自己的观点外，还要回答员工的提问，哪怕所提问题十分浅显，也要给予热心解答。

在职培训流程详见图 2-6。

（五）外派培训

外派培训内容详见图 2-7。

（六）外来培训

外来培训内容详见图 2-8。

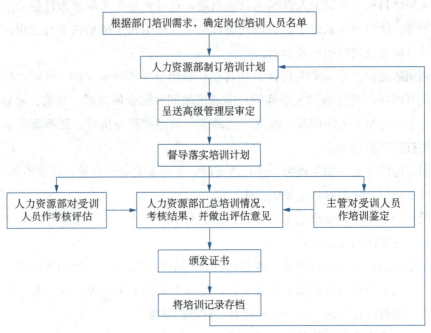

图 2-6 在职培训流程

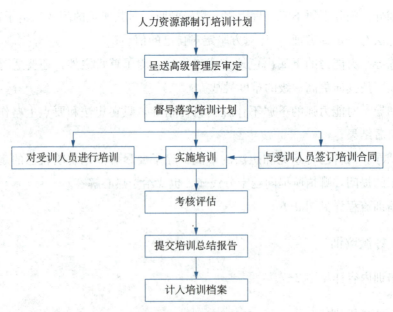

图 2-7 外派培训内容

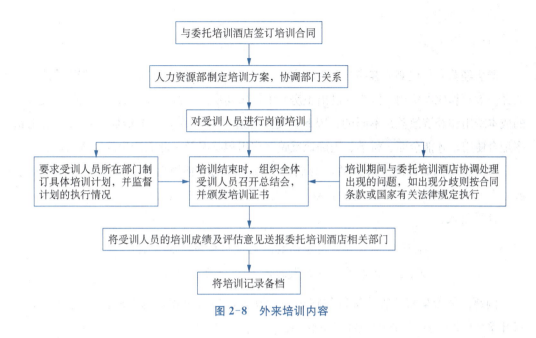

图 2-8　外来培训内容

第五节　酒店收益分析

一、客房经营比率分析

（一）客房出租率

客房出租率是指酒店实际出租客房数在可供出租客房总数中所占比例。
计算公式：

$$客房出租率 = 实际出租房间数 / 可供出租总房间数 \times 100\%$$

客房出租率是体现酒店经营状况的最直接、也是最容易获得的数据，表明酒店客房的利用水平，是反映酒店经营管理水平和经济效益的酒店主要经济指标。客房出租率并非越高越好。理想的年平均客房出租率应控制在 80% 左右为宜，最高不应超过 90%，否则，就属于"破坏性经营"。保持理想的客房出租率的目的是：

（1）保养维护酒店及客房设施设备。酒店设备完好率低，将直接影响对客服务质量，而且对酒店的长远利益产生负面影响。

（2）加强员工培训和提高员工素质。由于酒店长期保持过高的客房出租率，将使酒店员工无暇参加各种提高业务素质和专业素质的培训，从而导致服务质量下降，对经营和管理工作同样造成巨大的负面压力。

(二) 双开率

酒店经营者仅仅测算客房出租率，并不能完全、准确地反映客房出租状况及其产生的经济效益和成本费用。因为在已出租房间中，每间房住 2 位客人与每间房只住 1 位客人的成本费用和经济效益是不同的，因此，使用测算"双开率"这个指标，并与客房出租率配合使用，才能全面、科学、正确地反映客房出租状况及由此而产生的经济效益。

双开率是酒店提高经济效益，增加客房收入，同时使顾客得到实惠的一种经营手段。双开率是指在已出租客房中，双人使用的房间数所占的比例。

计算公式：

$$双开率 = 双人使用房间数 / 已出租总房间数 \times 100\%$$

$$双人使用房间数 = 客人总数 - 已出租房间数$$

例题：某天某家酒店共接待住宿客人 280 人，当日出租客房 200 间，则双开率为 双开率 =（280－200）/200×100％＝40％。

在客房出租率一定的情况下，双开率越高，反映饭店的经济效益越好，如果在饭店待出租房间多的情况下，总台接待员应该注意提高单人开房率，否则，在这种客房状况下，增加双开率，只会降低经济效益。

(三) 平均房价

$$平均房价 = 客房房费总收入 / 已售客房数$$

平均房价可以反映前台销售人员向顾客出租高价客房的推销水平。

(四) 客房收益率

$$客房收益率 = 实际客房房费总收入 / 客房可以创造的最大房费总收入 \times 100\%$$

客房收益率既可以反映酒店经营效果，也可以反映前台员工销售客房的工作业绩。

二、客房经营分析

(一) 客房营业收入分析

对客房的收入进行分析，是从销售的角度进行研究。影响客房营业收入的因素主要有客房出租率及实际客房的平均销售价格。对不同时间段（天数相同）的营业收入指标进行分析，找出造成营业收入变化的主要原因，以采取应对措施。表 2-2 是某酒店的客房营业收入表。

表 2-2　客房营业收入表

项目	2016 年 10 月	2017 年 10 月	差异
客房数（间）	400	400	0
出租率（％）	78	80	2
平均房价（元）	112.5	114	1.5
客房收入（元）	1 088 100	1 130 880	42 780

从表 2-2 可以看出，该酒店 2017 年 10 月比上年同期增加了 42 780 元，增长率为 3.93％。

(1) 客房出租率：$400 \times 31 \times (80\% - 78\%) \times 112.5 = 27\ 900$（元）。即出租率的提高给客房收入带来 27 900 元的收入增长，占收入增加额的 65.22％。

(2) 平均房价：$400 \times 31 \times 80\% \times (114 - 112.5) = 14\ 880$（元）。即平均房价的提高给客房收入带来 14 880 元的收入增长，占收入增加额的 34.78％。

通过以上分析可知，要提高客房经营业绩，不仅要重视客房出租率，而且要重视客房平均房价。

（二）客房费用分析

对费用进行分析，则是从管理角度发现问题。表 2-3 是上例酒店客房部的费用对照。

表 2-3　客房部费用对照表　　　　　　　　　　　　　　单位：元

项目	2016 年 10 月	2017 年 10 月	差异
工资	8 000	8 000	
福利费	880	880	
低值易耗品摊销	56 500	57 000	500
电话租金	4 500	4 500	
服装费及其他费用	3 000	3 000	
不变费用小计	72 880	73 380	500
消耗品	25 000	24 000	−1 000
水费	8 000	9 000	1 000
电费	18 500	20 000	1 500
燃料费	16 000	16 600	600
维修费	7 805	6 993	−812

(续表)

项目	2016 年 10 月	2017 年 10 月	差异
洗涤费	13 000	11 000	−2 000
可变费用小计	88 305	87 593	−712
总计	161 185	160 973	−212

从表 2-3 可以看出，该酒店客房部 2017 年 10 月费用比 2016 年 10 月减少 212 元，其中不变费用增加 500 元，是由于低值易耗品摊销费增加所致；可变费用减少 712 元，是由于间天可变费用下降所致。间天可变费用的计算公式如下：

间天可变费用＝计算期客房可变费用总额／(客房数量×计算期天数×出租率)

该酒店 2016 年 10 月间天可变费用为 9.13 元。2017 年 10 月间天可变费用为 8.83 元。(可变费用总额＝客房数量×计算期天数×出租率×间天可变费用)。

(1) 出租率：400×31×(80％−78％)×9.13＝2 264 元，即由出租率提高，使可变费用总额增加了 2 264 元。

(2) 间天可变费用：400×31×80％×(8.83−9.13)＝−2 976 元，即由间天可变费用降低，使可变费用总额减少了 2 976 元。

以上两个因素综合起来使客房可变费用总额减少了 712 元。

酒店经营中，对客房间天可变费用常有定额。将两年间天费用进行比较，可以发现经营管理中的问题或成绩。

(三) 客房利润分析

客房利润＝客房收入−税金−费用或者客房利润＝客房收入(1−税率)−费用

表 2-4 是某酒店的客房利润分析表。

表 2-4　客房利润分析表

项目	2016 年 10 月	2017 年 10 月	差异
客房数量（间）	400	400	
出租率（％）	78	80	2
实际销售平均房价（元）	112.5	114	1.5
税率（％）	5	5	−5
不变费用总额（元）	72 880	73 380	500
单位可变费用（元）	9.13	8.83	−0.3
利润（元）	872 510	913 363	40 853

(1) 出租率：400×31×(80%－78%)×112.5×(1－5%)－400×31×(80%－78%)×9.13＝24 241 元，即出租率提高使客房利润增加 24 241 元；

(2) 房价：400×31×80%×(114－112.5)×(1－5%)＝14 136 元，即由房价提高使客房利润增加 14 136 元；

(3) 由不变费用增加使利润减少 500 元；

(4) 单位可变费用：400×31×80%×(8.83－9.13)＝－2 976 元，即单位可变费用下降使利润增加 2 976 元。

综合各项因素的影响，最终使利润增加了 40 853 元＝24 241＋14 136－500＋2 976。从以上分析可以看出，客房利润的影响因素有出租率、房价和可变及不变费用。

（四）客房经营盈亏分析

在酒店经营过程中，当客房接待量、成本和利润三者任一发生变化时，其他因素是如何进行动态调整的？

1. 盈亏临界点

盈亏临界点即客房收入与费用持平时的客房销售数量。某酒店盈亏临界状况见表 2-5。

表 2-5　某酒店盈亏临界状况表

客房出租数（间）	变动费用（元）	固定费用（元）	总费用（元）	总收入（元）	盈亏状况
1	20	13 000	13 020	150	亏
20	400	13 000	13 400	3 000	亏
50	1 000	13 000	14 000	7 500	亏
100	2 000	13 000	15 000	15 000	盈亏临界点

由上表可知，100 间客房接待量是保本点，此时 15 000 元的营业收入则是保本点的营业收入。

2. 边际利润

边际利润＝营业收入－变动成本－营业税金

边际利润率＝边际利润/营业收入×100%＝1－变动成本率－税率

3. 盈亏临界法

盈亏临界点收入(保本营业额)＝固定成本总额/边际利润率

盈亏临界点接待量(保本接待量)＝固定成本总额/单位边际利润

目标营业额＝(固定成本总额＋目标利润)/边际利润率

目标接待量＝(固定成本总额＋目标利润)/单位边际利润

A. 大声提醒客人避让

B. 不说话，静等客人离开

C. 走自己的路，谁让客人走路挡道

D. 语言上与顾客有效沟通，身体动作上合理避让顾客，同时提醒顾客小心

点评：答案D。在酒店人满为患的情况下，服务人员在穿越顾客时，一定要注意对顾客的影响。和顾客擦身而过时，千万要注意不能把菜蹭到顾客身上。顾客来酒店用餐，希望能够享受到轻松的就餐环境。酒店人多时，顾客对服务的感觉本就已经下降了，如果还被汤汤水水意外殃及，产生不满并投诉就是必然的事了。所以，在人多的就餐环境中，服务人员在服务的过程中，更应该用心避让顾客，与顾客保持一定距离，减少摩擦。如果确实不可避免地发生了有损顾客利益的行为，服务人员一定要及时道歉，态度一定要诚恳，另外，适当地给顾客以补偿，也不失为表达歉意的一种方式。

建议小李这样说："前面的这位先生，您好，麻烦您了，您能让一下吗？我们的餐车现在没法过去。真不好意思，打扰您了。（穿过）谢谢您的合作，祝您用餐愉快。"

合理避让顾客，是服务人员的基本功。只有真正掌握了从形体、语言，到面部表情等各个方面的标准化服务，才能在实际服务过程中，让顾客感受到你的真心和周到。

（案例来源：易钟：《酒店服务员应该这样做》，北京大学出版社，2014年版。）

案例思考题：在对客服务中，怎样灵活落实礼节礼貌的规范要求？

三　服务态度

某酒店，一位住店客人外出时，有朋友来找他，要求进他房间去等候。由于客人事先没有留下话，总台服务员没有答应其要求。客人回来后十分不悦，跑到总台与服务员争执起来。公关部王经理闻讯赶来，刚要开口解释，怒气正盛的客人就指着她鼻尖，言词激烈地指责起来。当时王经理心里很清楚，在这种情况下，勉强作任何解释都是毫无意义的，反而会招致客人情绪更加冲动。于是她默默无言地看着他，让他尽情地发泄，脸上则始终保持友好的微笑。直等到客人平静下来，王经理才心平气和地告诉他酒店的有关规定，并表示歉意。客人接受了王经理的劝说。没想到后来这位客人离店前还专门找到王经理辞行，激动地说："你的微笑征服了我，希望我有幸再来酒店时能再次见到你的微笑。"在本事件中，让客

人转怒为喜的关键因素是

    A. 王经理以理服人

    B. 王经理真诚道歉了

    C. 王经理用真诚的服务态度，友好的微笑征服了客人

    D. 客人尽情地发泄后，心情变得愉快

    点评：答案C。微笑服务是饭店接待服务中永恒的主题，是饭店服务一刻不可放松的必修课，它包含着丰富的精神内涵和微妙的情感艺术：热忱、友谊、情义、信任、期望、诚挚、体谅、慰藉、祝福……以微笑为基础的优质服务中，微笑成为一种各国宾客都理解的世界性欢迎语言。世界著名的饭店管理集团如万豪、希尔顿等有一条共有的经验，即作为一切服务程序灵魂与指导的十把金钥匙中最重要的一把，就是微笑。丽思卡尔顿职业仪容仪表标准中规定"微笑是制服的一部分"。

    每一位酒店员工都应让新的一天从微笑开始，在微笑服务中倾注一份真诚的情感，让微笑去沟通、感染每一位客人的心灵。

    （案例来源：职业餐饮网 http://www.canyin168.com/glyy/yg/ygpx/fwal/200801/13717.html）

案例思考题：在对客服务中应该保持什么样的服务态度？

四　服务语言应用

    服务员小章发现客人带着宠物狗住进了酒店。他敲开客房门对客人说："女士，您好，我们酒店不允许带宠物入住。""皮特是我的宝贝，我去哪里都要带着它，我付钱住酒店，你凭什么不让？"客人有点不高兴。"不行，酒店明文规定，不允许客人带宠物进酒店。"小章耐心解释。"你就通融一下，让我带着它，它很乖的。"客人商量道。"不可以，这是规定。"小章明确说。"这酒店没人情，服务太差，我不住了。"客人不满地离开了。那么，应该如何与客人沟通，才能既遵守店规又挽留客人呢？

    A. 小章应该假装没发现客人带了宠物狗，这样就既不违反店规，也能挽留客人了

    B. 小章应巧妙沟通，尽量不要使用否定词，让顾客感觉到态度上的亲和，并设法为顾客找出解决方案

    C. 既然客人花钱住店，就有权带自己想带的宠物

    D. 小章坚持原则，没有错

点评：答案 B。酒店规定不能带宠物进入，本是合情合理的。但是，服务人员强调规定时，如果使用过多的否定词，会让客人觉得自己好像是被拒之门外一样，会感到很没面子。一味地使用"禁止"类的词汇，最终给顾客的感觉就是酒店不近人情。

更令顾客无法接受的是，该服务人员根本没有为顾客提出任何解决方案，只是一味强调不能带宠物进酒店。不能站在顾客的角度为顾客着想，这与酒店的服务精神是相违背的。如果能适当地引导，帮助顾客寻找寄养宠物的地点，就能使顾客安心入住了。例如，这样说："女士，我很理解您对于宠物的心情。的确，宠物是我们人类的好朋友，但是您看，酒店有明确规定。我们可以给您提供宠物代理寄养的服务，您可以办理寄养手续。这也是我们酒店的特色服务之一。希望您能满意我们的服务。"而在上述的情景中，服务人员没有做到这一点。

（案例来源：易钟：《酒店服务员应该这样做》，北京大学出版社，2014年版。）

案例思考题：怎样使用好服务语言？

五　工作效率

午餐时间，餐厅里客人络绎不绝。餐厅角落里一张餐桌前的客人，突然生气地大喊："半个小时还不上菜，真是岂有此理！"客人眉头紧锁，满脸焦急。这一幕，是在餐厅里常常会见到的现象。客人前来就餐，可能已经饥肠辘辘了，也可能已经安排好行程，不容就餐时间拖延太久。然而，餐厅的出菜时间已经超出通常的心理承受限度，客人自然会对餐厅工作效率严重不满。那么，作为酒店服务员，你应该怎样应对这种情况呢？

A. 针对满口脏话且情绪激动的客人，采取置之不理的态度
B. 对待这样的客人，要在气势上压制他
C. 向客人表示歉意，尽快为客人上菜
D. 对他说要按照先来后到次序为他提供服务

点评：答案 C。我们常说"客人永远是对的"，就是要站在客人的角度考虑问题。碰到情绪激动的客人，无论是服务员还是经理都应该尽快满足客人的合理需求，不要在客人本来就焦急的状况下对他们置之不理。在处理客人的投诉中，要保持礼貌、热情、友善、耐心及愿意协助的诚恳态度。接受投诉时，先向客人表示歉意，面对客人，耐心聆听，切忌措辞不当、表情呆板、情绪激动地与客人大声争辩——即使客人是错的。

本案例的应对方案：

遇到这种情况，我们可以先观察客人，判断其状态和焦急程度，然后，确定下单至今的时间，弄清楚他已经等待了多久。对客人在上菜时间上进行的催促，要判断清楚属于哪种情况：是否可能是后面有安排；是否在用餐的时间上真的不能再等；是否是客人心理上没有太久的耐性。所以，服务人员要询问厨房，掌握客人菜品的制作情况，尽快为顾客安排上菜。

酌情对客人进行语言上的安抚，例如，这样说："小姐，很抱歉，我看看您的菜单。哦，确实让您等了很长时间。因为这道菜是完全新鲜的，活鱼现宰，而且要腌制一段时间，紫砂锅的煲煮也需要花费些时间，还需要您再耐心等一会儿，菜品已经在加工过程中了。您可以先看看我们的杂志，您看……"

（案例来源：易钟：《酒店服务员应该这样做》，北京大学出版社，2014年版）。

案例思考题：怎样提高工作效率？

六 服务纪律

某酒店前台，一位客人在结账离店时对服务员说："你好，能不能多给我开点发票？我要发票有用，我是经常住你们酒店的老客人了，帮帮忙吧。"服务员小吴听到要多开发票，一口拒绝："这个不行，我们有规定的，不能多开发票。"客人有些生气："你们就这样对待一位老顾客啊？多开一点发票而已，你就想想办法吧。"服务员小徐听到，就说："刚才结账离店的客人没有开发票，要不，就给这位客人多开点发票吧。"这两名员工，谁的回答更妥当：

A. 服务员小吴太刻板、太小心谨慎，既然是常客，应想办法帮忙

B. 客人提出的要求尽管有点不合理，员工还是应尽量满足

C. 服务员小吴的做法并没有错，服务员不能随意破坏财务制度

D. 服务员小徐急客人所急，值得肯定

点评：答案C。酒店对待常客的服务可给予一些"特殊待遇"，通常包括迅速办理入住手续，客房放置水果、鲜花，提供免费的饮料等。但是发票制度是饭店财务管理的重要规定，不能因为是常客而变通，我们不能乱给客人多开发票，无论是增加发票上的金额，还是多增加一张发票，都会破坏酒店的财务纪律。服务人员应该如实告诉客人，酒店规定不能多开发票。如果是老顾客，服务人员可以通过其他办法来安慰客人，让客人觉得自己享受到了老顾客的待遇。如果是新顾客，服务人员应该委婉拒绝，并表示因为对客人要求无法满足而感到遗憾。

本案例的应对方案是，委婉地对客人说："先生，真是很不好意思，多开发票这件事我真的没办法帮到您。不过我可以送您一张优惠券，下次来消费的时候可以打折，您看行吗？"如果顾客提出违法的要求，不管什么时候，服务人员都不能答应。但是，服务人员在处理问题的态度上，仍旧要把客人视为"上帝"，无论遇到什么事情，都不能指责客人，而是要进行委婉劝说，采取一些安抚的办法，尽量让客人获得心理上的平衡。顾客来酒店消费，一定要让顾客享有一份愉悦的心情。

（案例来源：易钟：《酒店服务员应该这样做》，北京大学出版社，2014年版。）

案例思考题：对客服务中怎样遵循服务纪律？

七　电话服务

某酒店 VIP 外宾到酒店行政酒廊寻求帮助。客人用英语请工作人员帮他拨打一个号码（客人出示了电话号码），并告诉对方，他今天已经到达。服务员小杨明白客人的要求后，就用座机拨打了该号码。小杨用非常标准的服务语言联系对方："您好，我们这里是上海万豪酒店，我们有一位美国客人……"还没说完，对方就把电话挂了。原来，对方以为是遇到什么推销公司了。小杨应如何应对，才能完成客人拜托的事呢？

  A. 小杨应再多打几遍，直到对方听完为止

  B. 小杨可以灵活应对，不拘泥于标准语言

  C. 让客人自己打电话

  D. 提高音量，让对方听清楚

点评：答案B。使用标准的电话服务语言，反而被误会为营销电话，未能顺利传达信息，实在是个尴尬的状况。真实情况下，小杨和客人做了进一步沟通，了解到客人是一家供应商代表，想告诉对方，他已到了，能不能到对方单位去一趟。小杨后来用个人手机联系对方，用口语化的语言向对方说明了美国客人的来意，对方知道后同意美国供应商来单位。得知该单位在苏州，小杨又帮客人查了交通信息，并写在便签上交给客人，客人非常满意沟通的结果。这个案例告诉我们，酒店工作人员在应用电话服务客人实际问题时，不要拘泥于标准化服务或程序化服务，可以根据实际情况，作灵活变动，顺利有效解决客人需求。

（案例来源：万礼豪程教学资源-挂职案例库 http://www.chei.org/Uploads/Editor/2017-09-07/59b0eb6f2f101.pdf）

案例思考题：如何正确开展标准化服务？

八 投诉处理

某酒店服务员小王接到了一个投诉电话。打电话的客人昨天在酒店用了晚餐，回去后发生了身体不适。客人说："你是什么服务员，我就没见过这样的。我昨天去你家吃了水煮鱼，到现在还拉肚子，当时是你建议我吃的，你是不是想害死我呀？"小王听到客人这么投诉，意识到这是一个很严重的投诉，可他想不能就这么认账啊。于是小王跟客人说："先生，您确定是因为吃了我们的水煮鱼才拉肚子的吗？酒店从来没有出现过客人因为吃水煮鱼而拉肚子的情况。"客人生气了，说："那还能假吗？"小王无法接受客人对自己的投诉，但也没办法说服客人。在电话里，两人争执起来，问题也无法解决。小王应如何应对才更妥当呢？

A. 赶紧找理由，表白自己没有做错

B. 让客人拿出证据来

C. 耐心地接受客人的批评，想客人所想，语气和缓地向客人道歉

D. 不搭理蛮不讲理的客人

点评：答案C。其实，客人不一定是吃了酒店的水煮鱼而拉肚子，但是客人在很生气的时候，小王却一个劲儿地为自己找理由开脱，这一点让客人心里很不爽。照这样发展下去，两人也争论不出一个所以然来，而且又把客人得罪了，酒店也会因此流失客源，再严重点，客人进一步向消费者协会投诉，那样的话，就会直接影响到酒店的声誉了。

正确的应对策略是，小王应该问清楚事情的来龙去脉，先耐心地接受客人的批评，并在语气上缓和下来，向客人道歉。不管事情是不是小王的错，跟客人道歉后，客人自然会变得理智起来。只要客人理智起来了，那么交流就会有效许多，最后谁对谁错，原因在哪里，也就容易查找了。小王不妨这样说："您好，啊，太不好意思了，我犯下了这么大的错误竟然不知道。谢谢您的电话，我会注意我的服务方式的。这样，我现在马上过去，带您去医院检查，我也检查一下水煮鱼，看水煮鱼是不是有什么问题。以后，也请您对我们酒店提出更多的宝贵意见，这样我们的服务才能得到提升。"

当客人投诉的时候，我们要真诚地接受投诉，并表达歉意。不管客人的投诉是否正确，我们都要向客人表示感谢，因为客人的每一次投诉都是对我们服务标准的新要求，只要我们认真地按照客人所说的去做了，那我们就是最好的服务人员了。

（案例来源：易钟：《酒店服务员应该这样做》，北京大学出版社，2014年版。）

案例思考题：如何正确处理客人的投诉？

九 "关键时刻"的管理

酒店服务人员面对面与客人接触的时刻往往决定客人体验的服务质量。如果这一时刻的顾客需求没有得到满足,就会导致整体服务的失败。例如,餐厅服务中,膳食的配制和准备活动以及向客人提供菜点的及时性是关键性活动,也就是服务质量的控制点。因此,酒店必须加强客人亲身体验服务时"关键时刻(the moments of truth)"的管理。怎样对顾客亲身体验服务的"关键时刻"进行管理呢?帕累托分析法和鱼骨分析法尤其有用。

意大利经济学家维弗雷多·帕累托(Vilfredo Pareto)发现了"帕累托定律"(Pareto Principle),即大多数结果是由相对少的原因形成的。

酒店质量管理人员首先找出问题,然后标出各种原因所占的相对百分比(见图2-9)。例如,酒店前台办理离店手续缓慢的问题,绝大多数都是由三四个原因造成的。根据帕累托定律,管理人员在某一具体问题上可能不会发现大量的原因。事实上,他们所找到的重大原因的数量可能很少。之后,就可以评估和优先考虑补救性措施。

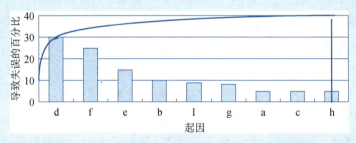

图2-9 帕累托图表——根据重要性大小排列的因素

"鱼骨因果图"(见图2-10)用于显示结果与所有可能引起服务失误或欠佳的原因之间的关系。例如,如果有客人抱怨客房的早餐送餐服务速度过慢,过慢的

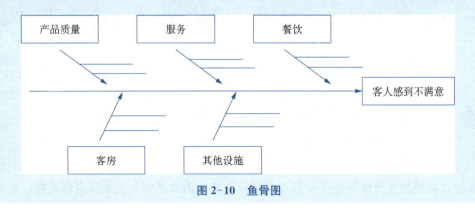

图2-10 鱼骨图

原因及其解决方法可以被分为五类，即人员、设备、食物、程序和其他各种因素。使用这种方法来分析重要的"关键时刻"，可以系统性地应对问题，并找到解决办法。第一步是确认问题（早餐送餐服务速度太慢），然后确定早餐送餐服务所需要的各种资源（人员、设备、食物、程序和其他）。接下来找出与每项资源相关联的问题根源并优先采取相应措施加以解决。

可以将鱼骨分析法和帕累托分析法结合起来使用。

案例思考题：如何通过质量控制有效提升服务质量？

实训题

一　迎宾服务

1. 着装符合规范。制服干净、整洁，扣好全部纽扣，收紧拉链，佩戴整齐领带、领花，衬衣下摆扎入裙内或裤内。

2. 仪容仪表得体。头发干净，梳理整齐，发型保守，发色自然。男不留长发、小胡子、大鬓角。女不披肩散发，长发统一用发套盘起。不使用较浓香味的摩丝或发胶。

3. 精神面貌良好。精神集中，眼睛明亮有神，面带微笑。

4. 迎宾站姿：两眼平视或注视服务对象，微笑点头示意。女性两手握指交于体前，两脚成"V"字，男性两手交叉在背后，两脚与肩同宽，身体正直平稳。

5. 迎宾走姿：走在客人的右前方或左前方一步到两步远的位置，身体略为侧向客人，向客人主动问好，边引导客人行进，边指示方向，介绍服务项目或设施。

二　电话服务

通过练习，熟练掌握不同情境下的电话服务用语，语音语调亲切、友善。

接通电话：

1. 招呼客人："您好，……酒店。"

2. 不能作出肯定答复时："对不起，请您稍等"或"对不起，您能让我了解一下情况吗？我会在……（时间）等待您的询问""我所知道的是……"

3. 如客人要求在线等待结果，查询结果回到线路时："很抱歉让您久等了。"

4. 对于个别客人的失礼言语，要尽量克制忍耐，得理让人，不得与客人争辩顶撞，必要时可请值班班长协助处理。如果客人因自己的失礼言语向你道歉，大方地说:"没关系,还有什么需要我帮助吗?"

5. 查询某客人信息"对不起,我们必须保护客人的利益,不能泄漏客人的个人信息。"

通话过程:

1. 明确客人咨询投诉问题:"为了尽快为您解决这个问题,我可以向您提几个小问题吗?"

2. 当某一咨询投诉业务基本受理完毕时,主动提示客人,以顺利过渡使通话结束:"请问您清楚了吗?"

3. 客人抱怨时:"对不起,给您造成不便,敬请原谅。"

4. 客人破口大骂时:"对不起,我非常理解您的心情,但是为了帮您解决问题,请您慢慢说好吗?我会尽全力帮您解决的。"

5. 客人给予建议时:"您的建议很重要,我们会及时转给相关部门,谢谢您的支持!"

6. 没听清客人讲话时:

A. 如果只是个别字眼没有听清,你可以与客人进行确认:"对不起,请问您的意思是……吗?"或者"您是说……,对吗?"

B. 如果完全没有听清,应用征询的语气向客人询问:"对不起,我没听清您的讲话,请您重复一遍,好吗?谢谢!"

结束通话:

1. 受理完毕,常规应答:"谢谢您的电话,再见!"

若是周末或节假日,你可以说"祝您周末愉快/××节快乐,再见!"

2. 遇客人善意约会时:"非常感谢,但实在是对不起,我不方便接受。再见!"

3. 当接到聊天,或受理完业务被对方纠缠时:"对不起,请问您还有其他的业务需要帮助吗?如没有,请您挂机,把线路让给其他的客人,好吗?"

4. 无聊(粗俗)电话:礼貌回答"先生/小姐,请您使用文明语言,否则很抱歉,我们将结束这次通话。"

5. 电话通话中,对方无应答时:"对不起,我听不到您的声音,请您重新拨号或换一部电话打来好吗?我现在挂机。"

本章思考题

1. 认识酒店服务标准与规范的重要性。

2. 如何在服务中贯彻和执行酒店服务标准与规范?

第三章
前厅服务标准实务

学习目标

1. 熟悉前厅部的地位、任务及业务特点
2. 理解金钥匙服务理念
3. 熟悉前厅服务工作要求
4. 熟悉酒店前厅部主要岗位职责
5. 熟练掌握前厅基本服务技能

本章学习资料

基本概念

前厅部　金钥匙服务　前厅服务工作要求　客房预订　前厅服务流程

第一节　前厅部服务概述

一、前厅部服务地位

一家酒店服务质量和档次的高低,从前厅部(the front desk)就可以反映出来。有一位权威人士曾经说过:"每当我们走进一家酒店,不用看它的星级铜牌,也不用问它的业主是谁,凭我们四海为家的经验,通常可以轻而易举地'嗅'出这家酒店是否为合资酒店、是否由外方管理以及大致的星级水平。"正是从这个意义上讲,有人把前厅喻为酒店的"橱窗"(shop window),它的好坏不仅取决于大堂的设计、布置、装饰、灯光、设施、设备等硬件,更取决于前厅部员工的精神面貌、工作效率、服务态度、服务技巧、礼貌礼节以及组织纪律性等软件。

（1）饭店核心区域，宾客家中之家（a home away from home）。前厅部所提供的服务贯穿于客人来店、住店和离店的全部过程，其所属员工与客人接触面最广。

（2）信息集散中心，服务协调枢纽。前厅部要向客人及时提供准确的各类信息，把有关客人的各种信息准确地传达至客房、餐饮、财务等相关经营部门。

（3）客务关系纽带，管理机构代表。前厅部的服务质量直接代表酒店的管理水平。客人遇有疑难问题或疑惑之处时，通常都会找前厅服务员联系解决。另外，前厅部掌握全部住宿客人的相关资料和信息，并将这些信息反馈到酒店管理机构和相关经营服务部门。

（4）决策机构参谋，市场营销助手。前厅部及时收集客人对酒店管理和服务的意见及建议，并反馈到饭店质检部门进行针对性分析，帮助制定改进管理和提高服务的措施。前厅部的实时经营管理数据和报表，可定期或不定期地按日、月、年提供给酒店决策和营销机构，以此作为制定和调整酒店计划及经营策略的重要依据。前厅部还会同销售部、财务部制定年度客房营销预算计划，发挥重要的参谋和助手作用。

二、前厅部主要任务

（一）客房销售

前厅部的首要任务是酒店核心产品——客房的销售。前厅客房销售主要包括：预订推销；接待推销；合理排房与价格控制。

（二）前厅服务

机场和车站、码头接送服务、门童行李服务、钥匙问讯服务、票务代办服务、邮件报刊服务、电话通信服务、商务文秘服务等。

（三）信息提供

前厅服务员应随时准备向客人提供其所需要的和感兴趣的信息资料。例如：酒店近期推出的美食节、艺术品展览等活动，有关商务、交通、购物、游览、医疗等详细和准确的信息。

（四）沟通协调

使客人满意，使内部业务运作顺畅。例如：客人向前厅服务人员反映客房温度问题，前厅服务人员就应立即通过既定渠道向设备维修部门反映客人意见，并给予客人满意的答复。

（五）房况控制

协调客房销售与客房管理，正确反映并掌握客房状况。

（六）客账建立

酒店向客人承诺并提供统一结账服务。前台可在客人预订客房时商定并建立客账（收取定金或预付款），也可以在客人办理入住手续时建立客账。

（七）建档客史

为住店一次以上的客人建立客史档案。一般都要将客人的姓名、身份、单位、抵（离）店日期、消费记录及特殊要求作为主要内容予以记载。

（八）辅助决策

通过日、月、季、年度的各类统计分析，及时将整理后的信息向酒店决策管理机构汇报，参与客房营销分析和预测活动，提出改进工作和提高服务水平的有关建议。

三、前厅部业务特点

（1）接待内容广泛，全天不间断地服务。前厅服务包括预订、接送、迎宾、行李、接待、问询、客务关系、总机话务、商务中心、收银结算、客史管理、委托代办、服务协调等，业务专业性强，涉及范围广，与客人接触多，需求随机性大。

（2）原则性与灵活性相结合。注意随时处理好客人的特殊需求与酒店固定产品服务的关系、工作制度原则性与服务灵活性的关系、客人的心理变化与相应的服务调整的关系等。

（3）体现酒店形象。展示酒店文化特点和员工礼貌修养的文明程度、服务技能技巧的熟练程度、经营服务的管理水平。

四、金钥匙服务

现代酒店致力于与顾客建立长期的良好关系；提供能够满足顾客具体需求的个性化服务；满足顾客不可预知的、特殊的需求；鼓励员工主动决策以帮助客人；寻求和留住那些具有远大志向和很强的人际交往能力，并且能够自我激励、自我管理的员工。

（一）金钥匙服务的含义

金钥匙（Concierge）服务，其含义原指财务的掌管人或看守大楼的人，后来逐渐演变成酒店为客人提供至尊、全方位和个性化服务的理念和高水平的专业服务方式，现在则是指酒店向顾客提供优质的委托代办服务，能够在不违反法律和道德的情况下解决客人所有难题。在礼宾服务中，"金钥匙"是最高境界，"金钥匙"让酒店的服务更全面、更周到，更能体现酒店的价值和魅力。

（二）国际金钥匙服务起源和发展

1929年，法国饭店中一群拥有丰富服务经验的世袭委托代办礼宾司们给客人提供各种专业化服务，这些服务包括从代办修鞋补裤到承办宴会酒会，充当导游等大大小小的细致服务，目的是为客人提供一般饭店没有的，有"一定难度"的所谓"额外"的服务。他们中以费迪南德·吉列特先生为代表，率先把委托代办服务上升为一种理念，并把一群志同道合的饭店委托代办成员组织起来，成立了一个城市中饭店业委托代办的组织，并给该组织起了一个很好听的名字——"金钥匙"。他们通常身着燕尾服或西装，衣领上别着国际金钥匙组织的会员标志——一对金光闪耀的金钥匙徽章。"金钥匙"会徽上那两把金光闪闪的钥匙的含义：一把金钥匙用于开启饭店综合服务的大门；另一把金钥匙用于开启该城市综合服务的大门，也就是说，这些饭店金钥匙们成为饭店内外综合服务的总代理。当客人提出高难度要求时，回答不能说"No"，也就是说，不管这个要求多难、多超出酒店的日常服务范围，只要它合法合理，就得尽量满足——这就是"金钥匙"服务的精髓所在，也是其"品牌核心价值"。

1952年4月25日，来自欧洲多个国家的代表在戛纳成立"欧洲金钥匙大酒店组织"，简称UEPGH。费迪南德·吉列特先生（时任巴黎斯克瑞博酒店Hotel Scribe金钥匙）被尊称为"金钥匙之父"，他策划成立了该组织并担任主席直至1968年。欧洲其他的国家也相继开始建立类似的协会。1970年，随着以色列被接纳为会员国，UEPGH发展成为"国际金钥匙大酒店组织"，简称UIPGH，象征着金钥匙的合作领域从欧洲扩展到全世界。1972年在西班牙举行的第二十届国际金钥匙年会上，欧洲金钥匙组织发展成为一个世界性的饭店服务专业化组织，其服务理念开始在全球推广。

（三）金钥匙在中国的兴起与发展

改革开放后，在霍英东先生的提议下，中国酒店引进金钥匙概念。1990年年底，广州白天鹅宾馆首开金钥匙（委托代办）柜台。1995年11月初，中国金钥匙组织在白天鹅宾馆召开第一届年会，标志着国际金钥匙服务理念正式打开中国之门。1997年1

月，中国饭店金钥匙被接纳为国际饭店金钥匙组织第 31 个成员国团体会员。由此，中国金钥匙服务开始突飞猛进的发展。

(四) 金钥匙服务规范标准

霍利·斯蒂尔在《金钥匙服务学——卓越服务，非凡体验》一书中，以美国地区为例，对金钥匙组织的职业道德规范及专业标准进行了全面阐述。

1. 个人举止

(1) 总是保持专业要求的仪容仪表。除非另有交代，必须穿着职业装处理与工作相关的一切业务。

(2) 文字、语言表述准确到位。

(3) 在任何条件下都保持专业、沉着镇定，总是礼貌、谦逊和乐于助人。

(4) 信守对同事和他人的承诺。

(5) 无任何歧视他人的言行。

(6) 尊重同事，宽以待人。

2. 宾客关系

(1) 专心听取客人的要求。总是认真对待每一位客人提出的要求并给予书面确认。

(2) 及时回复所有的函件。

(3) 如果客人能够以某种方式记得你，一定要向他们表示感谢。只要有可能，就要寄送感谢信。

(4) 永远与客人保持工作关系，以职业方式称呼客人。

(5) 机敏地拒绝客人不合法的、不道德的要求。

(6) 除非确信能够办到，否则不要向客人承诺结果。

(7) 预先告知客人在票务或其他要求方面的额外收费或服务费用。

(8) 在为客人订票时，总是向客人提供座位位置的详细信息，包括障碍物等。

(9) 告知客人餐馆的着装要求。

(10) 学会根据客人的言谈举止、着装和爱好来判断客人身份，适合这位客人的服务未必适合另一位客人。

(11) 总是尊重并保护所有客人的身份和隐私。

3. 供应商关系

(1) 避免在餐馆为客人做双重预订。

(2) 禁止因谋取个人私利而接受来自供应商的任何物品或服务。

(3) 美国金钥匙组织成员从不接受来自餐馆的佣金，也不参与奖励性的竞赛。

(4) 总是与声誉良好的企业和服务机构合作。

(5) 在评估物品或服务时，进行客观和独立的判断。

(6) 所有发票，一旦收到就要付讫。

(7) 餐馆邀请你免费用餐时不要占对方的便宜，比如点菜单上最昂贵的菜品，或携没有受到邀请的人同往。根据账单提供的金额支付给服务员 20% 的小费。

(8) 记住，当你应邀前往剧院、餐馆或其他场所时，你是你所在酒店和美国金钥匙组织的形象大使。

(9) 对待供应商要尊重、礼貌和专业，措辞恰当得体。

(10) 告别时要礼貌地向男主人或者女主人表示感谢，之后记得寄上一封感谢信。

4. 社交媒体的使用

(1) 当通过任何形式的电子媒体，对你的公司及其附属或分支机构进行个人陈述时，需知晓并遵从你公司的政策。这些电子媒体包括但不限于 Twitter、Facebook、YouTube、My Space。

(2) 在进行电子沟通的过程中，如果你接到了来自新闻界或媒体的关于美国金钥匙组织的任何询问，你应该将他们提交给美国金钥匙组织的主席或副主席处理。

(3) 对于那些你不愿意再次看到的信息或者你不想公开的照片，不要与人分享。一旦用电子手段发布任何信息，它们将进入公共领域。

(4) 无论是在你的工作时间还是个人时间，禁止随意与人分享被美国金钥匙组织视为机密的信息，包括客人的个人信息或你雇主的公司业务信息。

5. 公共关系

(1) 在向新闻界发言之前，总是先与你的公共关系总监沟通，包括对供应商的宣传。

(2) 在你向任何媒体发表个人陈述或评论的过程中，你都不能表现为美国金钥匙组织的代表或发言人，除非你收到了来自董事会的书面授权。

(3) 没有事先得到董事会关于复制相关商标的书面允许，为了公共关系或市场营销目的使用美国金钥匙组织或国际金钥匙组织的标志和徽章是被禁止的。

（五）中国金钥匙服务品牌理念

中国酒店金钥匙服务理念的核心是通过实现社会利益和团体利益的最大化，同时使个人利益最大化，追求社会、企业、个人三者利益的统一。中国金钥匙的服务观正是建立在肯定人性作用的基础上，把服务他人作为个人快乐之源，这是服务人员的职业最高境界——有快乐的酒店"金钥匙"才会有惊喜的顾客。而创造快乐的过程就是将服务做到极致，带给客人一个又一个惊喜。

所谓极致的服务，就是指服务已超乎客人的想象和预期的结果，现实的服务超过了宾客的期望值，客人因感受到超值的服务而喜出望外，这是一种高附加值的劳动，其核心是高效＋优质＋个性＋内涵。因而，酒店金钥匙的服务被认为是一种艺术。把一件内容丰富的事情做得有声有色不足为奇，但把一件枯燥无味的工作转换为艺术的创作，就会使工作过程充满魅力，而这就是酒店金钥匙服务。

1. 先利人后利己

金钥匙强调他人利益（社会利益和团体利益）的同时，也强调个人利益的共存性，追求他人（社会、企业）和个人利益的统一。"先利人后利己"是对他人的尊重，是真正以客户为导向，为他人谋福利谋方便。酒店金钥匙要首先具备"先利人后利己"的价值观，这样才能在对客服务中由衷地展现出真诚的服务品质。

2. 用心极致，满意加惊喜

金钥匙提倡的用心极致，就是要将全部的心思和精力放在发现、研究客户需要和如何满足客户需要上。而"满意加惊喜"则是作为金钥匙服务标准和服务效果的指导。用心极致是指人们在服务工作过程中用心的状态。一方面表明了金钥匙对待服务的工作态度；另一方面也是一种解决问题的方法。"世上无难事，只怕有心人"，面对生活和工作中的困难，用心才能够专注于事情，静下心来分析解决问题的规律和方法，从而最终找到解决问题的关键。

作为金钥匙，在日常工作中，要通过观察、交谈和思考，尽量了解顾客心中理想的服务水平。理想的服务水平有时在顾客心里是潜在的、模糊的，甚至觉察不到或者根本没有意识到的，更不用说表达清楚。金钥匙应该学会猜测和判断，精准定位顾客的需要并主动给予启发和满足，这样才能在不经意间使顾客达到"满意加惊喜"的效果。

3. 在客人的惊喜中找到富有的人生

"在客人的惊喜中找到富有的人生"是中国"金钥匙"的理念。金钥匙向客户展示着"用心极致"，展现着"尽管不是无所不能，但一定竭尽所能"，以及强烈的为客服务意识和奉献精神。只要享受过或者了解过金钥匙服务，客户的心目中就会深深地留下金钥匙的品牌服务印象。

从岗位职责与工作要求来看，还无法尽览金钥匙所从事的工作。这个职业还包括了许多无形的东西，如：高度的可见性、声望、个人权威感、各种业务关系和高度的满足感。从表面上看，似乎成为金钥匙的动机是利己的，但其最根本的动机实际上是基于想要去给予他人、滋养他人、服务他人，从而实现自身价值。帮助他人的激情是任何一位金钥匙工作人员不可或缺的必备素质。霍利·斯蒂尔认为"帮助他人解决难题的机会，发挥创造性的自由，这才是真正的回报。除了极少数客人不能被满足的要求以及偶尔不合法或不友善的要求，绝大部分难题都通过冒险精神和坚定的意志得以解决。当金钥匙千方百计为客人带来不同寻常的结果时，他们自我实现的愿望正好得以满足"。正是自我实现的愿望和需要，推动着金钥匙用心极致，追求卓越的理想服务之境界，从而实现客人的满意加惊喜。

第二节　前厅服务工作要求

一、前厅服务的职业能力特征

前厅服务主要为宾客提供咨询、迎送、入住登记、结账等服务。前厅服务要求具备的职业能力特征是具有良好的语言表达能力；能有效地进行交流，能获取、理解外界信息，进行分析判断并快速做出反应；能准确地运用数学运算；有良好的动作协调性；能迅速、准确、灵活地运用眼、手、足等完成各项服务操作。

二、前厅服务基本知识

（一）职业道德

前厅服务应遵循的基本职业守则：热情友好，宾客至上；真诚公道，信誉第一；文明礼貌，优质服务；以客为尊，一视同仁；团结协作，顾全大局；遵纪守法，廉洁奉公；钻研业务，提高技能。

（二）基础知识

前厅服务应具备前厅管理与培训、工前准备、客房预订、住宿登记、问讯服务、行李服务、离店结账、公关与推销、沟通与协调等相关基础知识。

（1）计量知识：法定计量单位及其换算知识；行业用计价单位的使用知识；常用计量器具的使用知识。

（2）安全防范知识：消防常识、卫生防疫常识。

（3）电脑使用知识。

（4）前厅主要设备知识：总台、电脑终端、验钞机、计算器、税务发票打印机、打印机、复印机、扫描仪、账单架、客房状况显示架、预订状况显示架、住客资料显示架、客史档案柜、邮资电子秤、钥匙架、钥匙卡、信用卡压卡机、电话机、传真机、雨伞架、轮椅、电子钥匙机（card reader）、宣传广告资料架、大小行李车、行李寄存架、贵重物品保管箱等。

(5) 相关法律、法规知识：《劳动合同法》《消费者权益保护法》《治安管理处罚条例》《文物保护法》《外汇管理暂行条例》《旅馆业治安管理办法》《外国人入境出境管理法》以及消防条例的相关知识。

三、前厅服务工作要求

前厅服务工作要求包括前厅见习服务要求、前厅基本服务要求、前厅品质服务要求。三类工作要求依次递进，高级别包括低级别的要求。

（一）前厅见习服务要求

前厅见习服务要求如表3-1所示。

表3-1　前厅见习服务要求

职业功能	工作内容	技能要求	相关知识
一、工前准备	（一）仪表仪容	能按酒店要求，保持个人良好的仪表、仪容、仪态	仪表、仪容、仪态的规范
	（二）准备工作	1. 能按标准整理好工作环境 2. 能准备好工作所需的各种报表、表格、收据等 3. 能清洁、调试工作所需的办公用具和设备	1. 工作设施、设备的使用方法 2. 办公用具使用常识
二、客房预订	（一）接受和处理订房要求	1. 能通过电话、信函、电报、传真、当面洽谈及电脑终端的方式了解客人的订房要求 2. 能根据《房情预订总表》给出选择 3. 能判断某项预订房能否接受	1. 接待与电话礼仪 2. 处理信函预订的注意事项 3. 传真机的使用方法 4. 饭店房间的种类和特点 5. 酒店房价的种类和政策 6. 判断某项订房能否接受的因素 7. 我国各民族的习惯习俗 8. 英语基本接待用语
	（二）记录和储存预订资料	1. 能使用电脑终端输入或正确填写《预订单》《房情预订总表》 2. 能正确填写预订记录本 3. 能装订、存放客人的订房资料	1. 相关表格的填写要求 2. 预订资料的记录步骤 3. 订房资料的排列顺序 4. 订房资料的装订顺序
	（三）检查和控制预订过程	1. 能用口头或书面的方式确认宾客预订的内容 2. 能正确记录客人提出预订的更改和取消内容 3. 能根据预订更改和取消的内容修改（或电脑输入）《房情预订总表》 4. 能填写客房预订变更或取消单	1. 客人预订的种类 2. 预订修改的注意事项 3. 酒店客房保留和取消规定

(续表)

职业功能	工作内容	技能要求	相关知识
二、客房预订	(四)客人抵店前准备工作	1. 能核对次日抵店客人的预订内容 2. 能填写(或打印)《次日抵店客人名单》《团队/会议接待单》,并分送给相关部门	相关表(单)的填写、使用要求
三、住宿登记	(一)为散客办理入住登记	1. 能识别客人有无预订 2. 能填写(输入、打印)《入住登记表》,查验证件并核实内容 3. 能根据不同客人的要求安排房间 4. 能确认房价和付款方式 5. 能完成入住登记手续 6. 能建立相关的表格资料	1. 各类散客办理入住登记的接待、登记方式及工作内容 2. 排房的顺序 3. 常用付款方式的使用及处理方式 4. 完成入住登记相关手续的内容 5. 各类相关表格的填写要求、内容,以及分送相关部门的规定 6. 酒店信用政策
	(二)为团队客人办理入住登记	1. 能做好团队抵店前的准备工作 2. 能做好团队抵店时的接待工作	1. 团队抵店前准备工作的内容和工作程序 2. 团队抵店时接待工作的内容和工作程序
	(三)显示和控制客房状况	能正确显示和控制各种客房状况	1. 显示和控制客房状况的目的 2. 需要显示和控制的客房状况的种类
四、问讯服务	(一)留言服务	1. 能处理访客留言 2. 能处理住客留言	1. 处理访客留言的服务程序 2. 处理住客留言的服务程序 3. 须委婉地留言和处理口信的内容
	(二)查询服务	1. 能提供查询住店客人的有关情况 2. 能提供查询尚未抵达店或已离开店客人的情况	1. 使用电话提供查询时的注意事项 2. 提供查询服务的原则 3. 提供查询尚未抵达店或已离店客人的情况的处理办法
	(三)邮件服务	1. 能做好进店邮件的接收、分类工作 2. 能做好客人邮件的分发工作 3. 能处理错投和"死信" 4. 能提供邮件与包裹的转寄和外寄服务	1. 客人邮件的处理程序 2. 错投和"死信"的处理办法 3. 邮寄服务操作程序
	(四)客人物品的转交服务	1. 能处理他人转交给住客的物品 2. 能处理住客转交给他人的物品	处理转交物品的操作要求
五、行李服务	(一)店外应接服务	1. 能代表酒店到机场、车站、码头迎接客人 2. 能为客人安排去酒店的交通工具 3. 能帮助客人提拿行李 4. 能争取未预定客人入住本酒店 5. 能向酒店提供贵宾到达及交通方面的信息	店外迎客的要求

(续表)

职业功能	工作内容	技能要求	相关知识
五、行李服务	（二）门厅迎送服务	1. 能为步行、坐车到达的散客提供迎送服务 2. 能为团队客人提供迎送服务 3. 能做好其他日常服务	1. 步行到达的散客迎送服务的程序及要求 2. 坐车到达的散客迎送服务的程序及要求 3. 团队客人的迎送服务程序及要求 4. 其他日常服务的内容和要求
	（三）行李服务	1. 能为散客提供行李服务 2. 能为团队客人提供行李服务 3. 能提供饭店内寻人服务 4. 能及时、准确地递送邮件、报表 5. 能提供出租自行车服务 6. 能提供出租汽车的预订服务 7. 能提供雨具和订票服务 8. 能提供电梯服务	1. 散客行李服务程序及要求 2. 团体客人行李服务程序及要求 3. 寻人服务程序及要求 4. 递送服务的注意事项 5. 提供自行车出租服务以及注意事项 6. 提供出租汽车预约服务的要求 7. 提供订票服务的程序及要求 8. 提供雨具服务的程序及要求 9. 提供电梯服务的程序及要求
六、离店结账	（一）处理客账、办理离店手续	1. 能为散客建立与核收客账 2. 能为团队客人建立与核收客账 3. 能做好客账的累计 4. 能为住客办理离店结账手续	1. 建立与核收散客客账的程序及要求 2. 建立与核收团体客人客账的程序与要求 3. 客账累计的办法 4. 办理离店结账手续的程序与要求 5. 使用现金、信用卡及转账支票的服务程序及要求
	（二）贵重物品的寄存、保管服务	能提供贵重物品的寄存、保管服务	1. 贵重物品的寄存、保管服务的程序及要求 2. 贵重物品保管箱的使用方法
七、公关与推销	（一）把握客人的特点	能采用形象记忆法记住客人的姓名、特征	形象记忆法
	（二）介绍产品	1. 能介绍酒店的服务设施、服务项目、营业点的营业时间 2. 能介绍酒店客房的种类、设施、位置	酒店的服务设施、服务项目及营业点的营业时间
	（三）洽谈价格	1. 能报出各种类型客房的房价 2. 能报出各服务项目的收费标准	1. 各服务项目的收费标准 2. 饭店客房商品的特点
	（四）展示产品	能将饭店宣传册、广告宣传资料及图片按要求陈列、摆放好	酒店相关资料陈列、摆放要求
	（五）促成交易	能准确无误地确认客人最终的选择	适时成交的技巧

(续表)

职业功能	工作内容	技能要求	相关知识
八、沟通与协调	（一）部门内的沟通、协调	能准确填写（或输入、打印）本岗位的各类报表，并分送到本部门各相关岗位	沟通协调的重要性及方法
	（二）与客人的沟通、协调	能主动征求客人意见，并做好记录	处理客人投诉的重要性

（二）前厅基本服务要求

前厅基本服务要求如表 3-2 所示。

表 3-2　前厅基本服务要求

职业功能	工作内容	技能要求	相关知识
一、客房预订	（一）接受和处理订房要求	1. 善于使用语言表达技巧与客人交流 2. 能根据《客情预订总表》给出选择，并帮助客人做出选择 3. 能妥善婉拒订房要求	1. 婉拒订房的处理方法 2. 语言表达技巧常识 3. 客人购物心理常识
	（二）记录和储存预订资料	能选择适合本酒店运作的预订资料储存方式	两种不同的预订资料储存方式及其特点
	（三）检查和控制预订	1. 能核查、处理、纠正《房情预订总表》中的错误 2. 能及时处理"等候名单"上的客人的订房	1.《预订单》的作用 2.《房情预订总表》的作用
	（四）客人抵店前的准备工作	能提前一周填写（或打印）《一周客情预报表》《贵宾接待规格审批表》《派车通知单》《房价折扣申请表》及《鲜花、水果篮通知单》，并分送给相关部门	1. 折扣房价的审批制度 2. 各类贵宾的接待规格及要求
	（五）报表制作	能正确填写或输入预订处的其他各类报表	相关的报表填写要求及统计计算公式
二、住宿登记	（一）显示和控制客房状况	1. 能处理客人的换房要求 2. 能查找和更正客房状况的差错	1. 服务工作程序 2. 查找和更正客房状况差错的方法
	（二）违约行为的处理	1. 能处理客人声称已办了订房手续，但酒店无法找到其订房资料的情况 2. 能处理客人抵店时（超过规定的保留时间）酒店为其保留的客房已出租给他人的情况	1. 为客人做转店处理的注意事项 2. 各类客人违约时的处理方法

（续表）

职业功能	工作内容	技能要求	相关知识
三、问讯服务	（一）客用钥匙的控制	1. 规范摆放、管理好客用钥匙 2. 能做好客用钥匙的分发和回收工作	1. 钥匙摆放的要求 2. 管理钥匙的注意事项 3. 保管、控制客用钥匙的重要性
	（二）提供旅游和交通信息	1. 能回答客人对交通信息的问讯 2. 能回答客人对酒店所在地景点方面的问讯 3. 能回答客人对酒店所在地主要康乐、购物、医疗等方面的问讯	1. 国内、国际民航，铁路，长短途汽车，轮船的最新时刻表和票价，市内公交车的主要路线 2. 交通部门关于购票，退票，行李大小、重量的详细规定 3. 饭店所在地各主要景点的简介、地址、开放时间 4. 时差计算方法 5. 饭店所在地著名土特产、商品及风味餐馆的简介 6. 常用紧急电话号码
四、行李服务	（一）店外应接服务	能为客人在沿途适当介绍景观及酒店简况	1. 沿途景观的简介内容 2. 饭店简况
	（二）行李服务	1. 能为客人办理行李寄存服务 2. 能处理破损、错送、丢失的行李	1. 办理行李寄存服务的程序及要求 2. 交通部门有关行李破损、丢失的处理规定 3. 行李破损、错送、丢失的处理方法 4. 饭店不负责赔偿的前提
五、离店结账	（一）处理客账，办理离店手续	能做好夜间审计工作	1. 夜间审计的目的和内容 2. 夜间审计的步骤
	（二）外币兑换	1. 能处理外币现钞的兑换 2. 能处理旅行支票的兑换 3. 能识别中国银行可兑现的外币现钞	1. 可兑换的外币、现钞的种类及兑换率 2. 外币兑换服务程序及要求 3. 旅行支票兑换服务程序及要求
六、公关与推销	（一）把握客人的特点	能自然地与客人沟通，了解客人的愿望与要求	客我关系沟通技巧
	（二）介绍产品	1. 能描述酒店各种类型客房的优点 2. 能引导顾客的购买兴趣	各种类型客房的优点
	（三）洽谈价格	能根据客人特点正确使用报价方法	1. 高码讨价法 2. 利益引诱法 3. 三明治式报价法
	（四）展示产品	1. 能主动将饭店宣传册、广告宣传资料和图片展示给客人 2. 能带客人实地参观，展现饭店优势	1. 产品介绍知识 2. 相关讲解知识及技巧

(续表)

职业功能	工作内容	技能要求	相关知识
六、公关与推销	（五）促进交易	1. 能采用正面的说法称赞对方的选择 2. 能揣摩客人心理，适时抓住成交机会	客人购买行为常识
七、沟通与协调	（一）部门内的沟通、协调	能做到前厅部内部信息渠道的畅通	前厅部内部沟通、协调的内容
	（二）部门间的沟通、协调	1. 能与客房部做好沟通协调 2. 能与餐饮部做好沟通协调 3. 能与营销部做好沟通协调 4. 能与总经理做好沟通协调 5. 能与其他部门做好沟通协调	与客房部、餐饮部、营销部、总经理室及其他部门沟通协调的内容
	（三）与客人的沟通协调	能妥善处理常见的客人投诉	1. 处理客人投诉的原则 2. 处理客人投诉的程序
	（四）英语服务	能使用常用岗位英语会话	常用岗位英语

（三）前厅品质服务要求

前厅品质服务要求如表 3-3 所示。

表 3-3 前厅品质服务要求

职业功能	工作内容	技能要求	相关知识
一、客房预订	（一）接受和处理订房要求	1. 能用英语通过电话或当面洽谈的方式了解和处理客人的订房要求 2. 能接受和处理"超额预订"	1. 常用旅游接待英语 2. "超额预订"的目的及处理方式
	（二）记录和储存预订资料	1. 能设计制作《预订单》 2. 能设计制作适用于不同种类饭店的《房情预订表》	1.《预订单》的内容 2. 各种《房情预订总表》的适用范围及内容、形式
	（三）检查和控制预订过程	1. 能设计制作《预订确认书》 2. 能控制"超额预订"的数量 3. 能调整预留房的数量 4. 能处理有特殊要求的订房事宜	1.《预订确认书》内容 2. 预订未抵店、提前离店、延期离店、未预订直接抵店客人用房百分比的计算公式
	（四）客人抵店前准备工作	能审核《一周客情预报表》《贵宾接待规格审批表》《鲜花、水果篮通知单》和《团队/会议接待单》	1. 相关表、单的内容及应用知识 2. 各类折扣房价的政策 3. 客情通知可采用的方式
	（五）报表制作	能设计预订处使用的各类报表	预订处使用的各类报表的形式

（续表）

职业功能	工作内容	技能要求	相关知识
二、住宿登记	（一）为散客办理入住登记	能处理散客入住登记中常见的疑难问题	1. 外事接待礼仪 2. 住宿登记表的内容和形式 3. 前厅服务心理学
	（二）违约行为处理	能处理客人已获得饭店书面确认或保证为其预订，但现在无法提供客房的情况	饭店违约时国际惯例的处理方法
	（三）显示和控制客房状况	1. 能分析未出租客房造成损失的原因 2. 能提供营业潜力方面的建议	影响客房状况的原因及分析方法
三、问讯服务	（一）查询服务	能为有保密要求的住客做好保密工作	提供住客保密服务的程序
	（二）客用钥匙的控制	1. 能了解住客钥匙的丢失原因，并做好住客钥匙丢失后的工作 2. 能选择适用于本酒店的客用钥匙分发模式	1. 住客钥匙丢失后的处理方法 2. 各种客用钥匙分发模式的特点及利弊 3. 新型客房钥匙系统 4. 饭店钥匙管理体系
四、行李服务	礼宾服务	1. 能随时为客人办理委托代办的服务 2. 善于倾听客人的意见，能应变和处理各种事件 3. 能与相关服务行业建立工作关系 4. 能为VIP客人（贵宾）提供迎送服务 5. 能为残疾客人提供迎送服务	1. 各服务性行业的有关规章 2. 国际礼仪规范
五、公关与推销	（一）把握客人特点	能主动与客人沟通，判断客人身份、地位	消除客人心理紧张的方法
	（二）介绍产品	1. 能描述给予客人的便利条件 2. 能正确引导客人购买	顾客消费需求常识
	（三）洽谈价格	1. 能营造和谐的销售气氛 2. 能判断住客的支付能力，使客人接受较高价格的客房	影响客人购买行为的各种因素
	（四）展示产品	能陈列和布置饭店产品宣传册、广告宣传资料架、图片	室内装饰美学常识
	（五）促进交易	1. 能在客人交易犹豫时多提建议 2. 能掌握客人的购买决策过程，准确把握成交时机	客人购买决策过程常识

(续表)

职业功能	工作内容	技能要求	相关知识
六、沟通与协调	（一）部门内的沟通、协调	能制订前厅部内部需要沟通协调的内容及方式	
	（二）部门间的沟通、协调	能制订前厅部与饭店其他各部门需要沟通协调的内容及方式	
	（三）与客人沟通、协商	1. 能主动征求客人意见，并做好记录 2. 能正确处理客人的疑难投诉 3. 能定期对客人投诉意见进行统计、分析、归类 4. 能针对客人反映的问题提出（采取）改进措施	1. 投诉的类型 2. 处理涉及客人个人利益和影响面巨大的投诉的方法 3. 国际上和主要客源地常用的投诉处理方法 4. 主要客源地的风土人情习俗
	（四）英语服务	1. 能用英语了解和处理客人的订房要求 2. 能用英语与客人沟通，办理散客入住 3. 能用英语提供查询服务 4. 能用英语提供旅游交通、康乐、购物、医疗等方面的信息 5. 能用英语办理客人离店结账手续	旅游接待英语
七、管理与培训	（一）制定工作职责	1. 能制订前厅部各岗位的工作职责 2. 能检查、评估下属员工的工作表现	1. 前厅部组织机构设计原则 2. 大、中、小型饭店前厅部的组织机构图 3. 前厅部各岗位的工作职责 4. 检查、评估员工工作表现的方法
	（二）业务指导	能够对前厅服务员进行业务指导培训	业务培训知识

第三节　前厅部组织机构和岗位职责

一、组织机构设计

前厅部的组织机构的主要依据是酒店的功能、类型、体制、规模、星级、管理方式、客源特点等方面因素。

(一) 机构组成

前厅部组织机构一般由以下部分组成：

(1) 部室；

(2) 预订；

(3) 问询；

(4) 接待；

(5) 礼宾；

(6) 结账；

(7) 大堂副理；

(8) 行政楼层；

(9) 电话总机；

(10) 商务中心。

相关非酒店服务机构，如旅行社、银行、邮政、民航等通常在前厅还设有驻店机构，以作为完善酒店不同服务功能需求的必要补充。

(二) 机构设置特点

前厅的机构设置要符合酒店管理方式的要求。图3-1至图3-3为不同规模酒店前厅组织机构示意图。

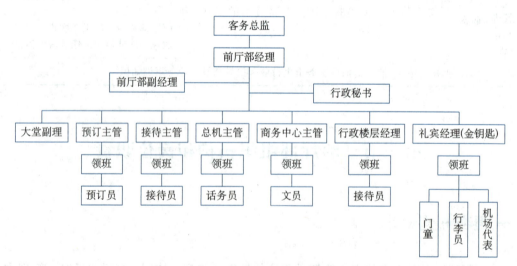

图3-1　大型酒店前厅组织机构设置示意图

二、岗位职责

根据"大前厅服务"理念，前厅接待服务岗位的作业区可以划分为两个方面，即店外区域和店内区域。

店外区域：机场、车站接待服务的驻店机构以及车队、行李服务等。

店内区域：设置在酒店前厅或大堂内的接待服务及相应管理的专业岗位。

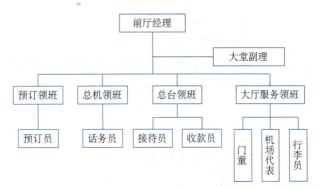

图 3-2　中型酒店前厅组织机构设置示意图

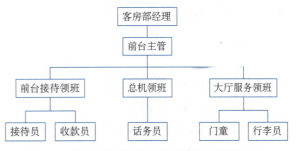

图 3-3　小型酒店前厅组织机构设置示意图

（一）前厅部经理

（1）直接上级：总经理或主管副总经理、客务总监。

（2）直接下级：前厅部副经理、秘书、预订主管、接待主管、礼宾主任、总机主管、大堂副理（客务经理）。

（3）岗位职责：主持前厅部工作，贯彻酒店经营方针、各项规章制度及领导决策，完成酒店下达的各项经营和管理指标。主持前厅部的日常管理工作，对经营计划的完成和服务质量、卫生、安全、费用及成本控制等方面工作承担责任。

（二）前厅部副经理

（1）直接上级：前厅部经理。

（2）直接下级：秘书、预订主管、接待主管、礼宾主任、大堂副理、总机主管。

（3）岗位职责：协助前厅部经理做好本部日常工作，保持前厅部各工作环节的畅通与正常运转。

（三）秘书

（1）直接上级：前厅部经理。

（2）直接下级：无。

(3) 岗位职责：负责前厅部文书和内务工作，处理部门日常行政事务。

（四）大堂副理

(1) 直接上级：前厅部经理。
(2) 直接下级：无。
(3) 岗位职责：受总经理委托协助前厅部经理工作，受理客人投诉，接待 VIP 贵宾，妥善处理客务关系，并承担责任。

（五）客务经理

(1) 直接上级：前厅部经理。
(2) 直接下级：无。
(3) 岗位职责：接待和迎送 VIP 贵宾，保持与客人的良好关系，维护大堂良好的秩序，并承担责任。

（六）预订主管

(1) 直接上级：前厅部经理。
(2) 直接下级：预订员。
(3) 岗位职责：按照本部门各项业务指标要求，对预订的各项管理工作承担责任。
(4) 工作任务：
① 检查设备的使用情况。
② 复核当日 VIP 客人预订及安排事项。
③ 核查典型散客、团队预订及安排事项。
④ 建立新客户或旅行社档案。
⑤ 每月末整理客史档案。
⑥ 掌握酒店的信用担保预订的相关政策。
⑦ 掌握客房促销活动的有关政策。
⑧ 安排、调整预订员工作。
⑨ 加强预订控制与协调。
⑩ 检查次日 VIP 客人预订信息。

（七）预订员

(1) 直接上级：预订主管。
(2) 直接下级：无。
(3) 岗位职责：为客人提供客房预定咨询、办理预订并承担责任。

(4) 工作任务：

① 电话铃响三声内按标准接听咨询、预订电话等。

② 受理电话、传真等不同形式的客房预订。

③ 处理销售部或其他部门发来的预订单。

④ 掌握预订的信用、担保、未到失约处理及其他相关政策和规定。

⑤ 及时、准确地发出变更单、确认书、婉拒信等。

⑥ 按工作标准及程序进行录入、变更、取消等数据处理。

⑦ 客史建档、更新整理及保管。

⑧ 爱护使用各种设备，发现故障及时联系维修。

⑨ 做好与下一班次的交接工作。

（八）前台接待主管

(1) 直接上级：前厅部经理。

(2) 直接下级：总台领班。

(3) 岗位职责：按照本部门各项业务指标要求，对散客预订、房务安排、总台问讯、入住接待和结账、留言、户籍管理等有关服务及工作承担责任。

(4) 工作任务：

① 负责总台班次调整及安排。

② 检查下属员工仪表及出勤情况。

③ 协调前厅服务及工作秩序。

④ 审核当日、次日的房况、房务、客务安排。

⑤ 审核户籍发送、录入和客史档案记录、补充、存档等项工作。

⑥ 掌握 VIP 客人抵离店动态。

⑦ 调查和处理客人对总台的投诉。

⑧ 及时申领添加总台各种办公用品、宣传品等。

⑨ 按规定制作户籍统计报表。

⑩ 对总台电脑、传真机、复印机等专用设备安排维护和保养工作。

⑪ 检查并督导下属保持管辖区域内卫生清洁。

⑫ 按计划实施对员工的岗位培训。

⑬ 按部门要求对下属员工出勤及工作表现进行考核评估。

（九）总台领班

(1) 直接上级：前台接待主管。

(2) 直接下级：接待员。

(3) 岗位职责：协助前台接待主管做好问讯、接待、结账工作，确保接待服务质量，并承担责任。

(4) 工作任务：

① 当日房务安排。

② 核对客房房况。

③ 检查下属员工出勤及仪表。

④ 与预订、行李及客房服务中心保持业务联系，协调合作。

⑤ 按管理要求为提前、延期抵、离店客人（团队）办理相关手续。

⑥ 对客人要求协助等特殊要求，立即安排或及时汇报。

⑦ 发生意外事件时，应立即向大堂副理和前台主管汇报。

⑧ 按规定录入和统计境外和境内客人户籍资料。

⑨ 检查并确保总台各种用品、宣传品齐全，电脑、复印机等设备使用正常。

（十）接待员

(1) 直接上级：总台领班。

(2) 直接下级：无。

(3) 岗位职责：办理客人的入住登记及离店结账，为客人提供问讯、留言服务，并承担责任。

(4) 工作任务：

① 为客人办理入住登记和开房操作。

② 按规程向宾客提供问讯、留言等服务。

③ 办理换房、加床、续租等手续。

④ 制作、发放客房钥匙、磁卡。

⑤ 为客人办理离店结账手续。

⑥ 办理客人贵重物品的寄存。

⑦ 填写录入并统计入住散客及团队客人登记单。

⑧ 按查控要求，发现可疑情况立即采取措施。

⑨ 保持接待柜台干净整洁、宣传品齐全。

（十一）礼宾经理

(1) 直接上级：前厅部副经理。

(2) 直接下级：行李领班。

(3) 岗位职责：协助前厅部经理和副经理工作，保证前厅服务的正常秩序和接待服务质量。对迎送、行李接运、委托代办、取送传真、分发、收存、转寄报刊信函等服务的安排和管理承担责任。

(4) 工作任务：

① 掌握当日、次日客房出租状况，以及餐饮宴集会、VIP客人、团队抵离店等客务信息。

② 根据任务情况合理安排班次，保证各岗位工作正常运转。

③ 检查下属的仪表、着装、行为举止及出勤情况。

④ 办理委托代办服务，满足客人提出的特殊要求。

⑤ 与前台接待、销售代表协调合作，及时为团队客人取送行李。

⑥ 督导检查客人寄存的行李物品符合规定。

⑦ 检查行李车、秤、物品存放货架、轮椅、行李网、客用雨伞等设备用品的完好。

⑧ 按部门要求对下属员工出勤及工作表现进行考核评估。

⑨ 按计划对所辖员工进行培训。

（十二）行李领班

(1) 直接上级：礼宾经理。

(2) 直接下级：行李员、门童。

(3) 岗位职责：组织下属员工为客人提供门厅行李运送、机场迎送、委托代办、收发报刊信函等项服务。

(4) 工作任务：

① 掌握当日、次日团队和VIP客人预期抵离情况。

② 检查行李员与门童的仪表、举止及出勤情况。

③ 检查行李接送记录、寄存记录，填写值班日记，做好交接班工作。

④ 安排人员及时、准确分发报刊信函。

⑤ 当礼宾经理不在时，受理委托代办事宜。

⑥ 协助管理和疏导门口车辆，确保通道畅通。

（十三）门童

(1) 直接上级：行李领班。

(2) 直接下级：无。

(3) 岗位职责：热情迎送客人，提供礼宾服务，并承担责任。

(4) 工作任务：

① 为客人提供拉门（车门）服务。

② 协助行李员装卸行李物品。

③ 提供查询服务。

④ 召唤出租车，协助疏导车辆。

⑤ 对衣冠不整者，予以礼貌劝阻。

（十四）行李员

（1）直接上级：行李领班。

（2）直接下级：无。

（3）岗位职责：为客人提供接运和寄存行李、收发报刊信件、留言找人和传真的送达及办理小件维修等项服务，并承担责任。

（4）工作任务：

① 为客人抵、离店提供行李接运服务。

② 引领入住客人进房间，主动介绍酒店及客房设施设备和服务项目。

③ 代客寄存行李物品。

④ 收发并分送报刊、信件及留言。

⑤ 为住店客人取送商务中心传真。

⑥ 公共区域寻人服务。

⑦ 召唤和预订出租车。

（十五）机场代表

（1）直接上级：礼宾经理。

（2）直接下级：行李员。

（3）岗位职责：在机场或车站接送客人及办理客房预订，积极推销饭店产品，提供信息服务，并承担责任。

（4）工作任务：

① 预订车辆，并跟随车辆提供接送服务。

② 协助办理入住手续。

③ 随时注意机场车辆交通变化情况，与饭店前台保持联系。

④ 负责接送抵店和离店的客人及行李物品。

（十六）总机主管

（1）直接上级：前厅部副经理。

(2）直接下级：总机话务领班。

(3）岗位职责：负责总机室的日常管理工作，确保为客人提供电话通信、寻呼等服务，保证设施设备运转正常，并承担责任。

(4）工作任务：

① 根据业务忙闲情况合理调整班次。

② 按计划对下属员工进行业务培训。

③ 检查和监督话务员正确操作为客人提供电话接、转及查询服务。

④ 定期对下属员工工作表现进行考核评估。

⑤ 安排话机维修及购置计划。

⑥ 检查并维护电话、计费机、寻呼系统等设备。

⑦ 保持总机室的卫生清洁。

⑧ 安排并检查收费，记账、转账等工作，使之符合酒店及邮电部门规定。

（十七）总机话务领班

(1）直接上级：总机主管。

(2）直接下级：话务员。

(3）岗位职责：督导话务员按规程为客人提供电话接、转、寻呼等项服务，确保店内外电话通信联络畅通，并承担责任。

(4）工作任务：

① 带领并监督话务员按规程接、转电话。

② 解答客人提出的各种疑难问题。

③ 检查叫醒、留言服务及记录。

④ 协助主管做好话务岗位培训。

⑤ 指导话务员正确使用和维护通信设备。

⑥ 保持总机室卫生整洁。

（十八）总机话务员

(1）直接上级：总机话务领班。

(2）直接下级：无。

(3）岗位职责：及时为客人接转电话，提供相关服务，保持话务通信畅通，使客人满意，并承担责任。

(4）工作任务：

① 接转内外线电话，提供查询服务。

② 提供店内寻呼、电话留言、叫醒服务。
③ 受理长途、直拨电话业务。
④ 向其他部门或岗位转达客人要求。
⑤ 正确使用和维护各种通信设备。
⑥ 维护工作区域卫生整洁。

(十九) 商务中心领班

(1) 直接上级：前台接待主管。

(2) 直接下级：商务中心文员。

(3) 岗位职责：负责商务中心的日常管理，确保提供现代、快捷、高效的商务服务，并承担责任。

(4) 工作任务：

① 检查文员仪容仪表和出勤。
② 安排调整文员班次。
③ 指导文员正确使用电脑传真机、复印机等设备，按规程和标准为客人提供服务。
④ 保持工作区域和谈判间的卫生整洁。
⑤ 按规定申领办公用品，并负责保管。
⑥ 维护和保养各种设备。
⑦ 按计划对文员培训及考核评估。

(二十) 商务中心文员

(1) 直接上级：商务中心领班。

(2) 直接下级：无。

(3) 岗位职责：提供热情、周到、快捷、高效的商务文秘服务，满足客人要求，并承担责任。

(4) 工作任务：

① 收发传真。
② 文件复印及装订。
③ 打印、编辑文件及处理电脑文件。
④ 提供国际、国内长途电话服务。
⑤ 提供常用办公小文具。
⑥ 提供商务服务咨询业务。
⑦ 提供谈判间的服务。

三、服务流程

服务流程是由相互衔接的五个工作阶段构成,即客人抵店前准备—到达时服务—住店期间服务—离店时服务—离店后服务。

(1) 客人抵店前准备:接待准备、接机接站。

(2) 客人到达时服务:到店迎接、行李服务;确认预订、入住登记;定价排房、建立客账。

(3) 客人住店期间服务:电话商务、餐饮娱乐、委托代办;延期续租或提前离店。

(4) 客人离店时服务:离店结账、征询意见;送客离店、送机送站。

(5) 客人离店后服务:客史建档,未尽事宜。

前厅综合服务标准流程见图 3-4。

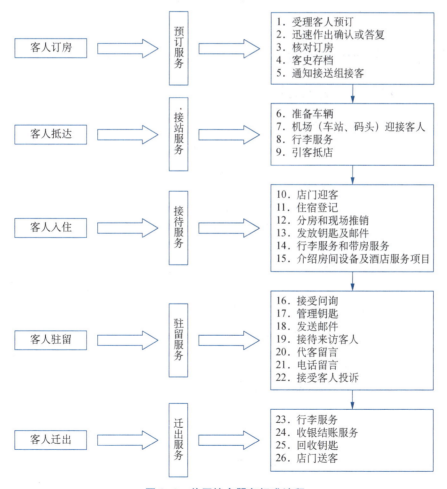

图 3-4 前厅综合服务标准流程

第四节　客房预订服务

一、客房预订基本工作程序

客房预订基本工作程序见图 3-5。

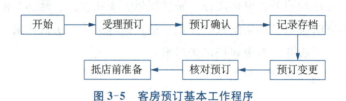

图 3-5　客房预订基本工作程序

二、受理预订工作标准流程

（一）受理预订工作标准流程

受理预订工作标准流程见图 3-6。

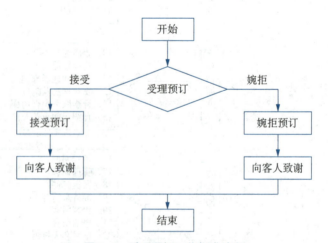

图 3-6　受理预订工作标准流程

（二）接受预订工作标准流程

接受预订工作标准流程见图3-7。

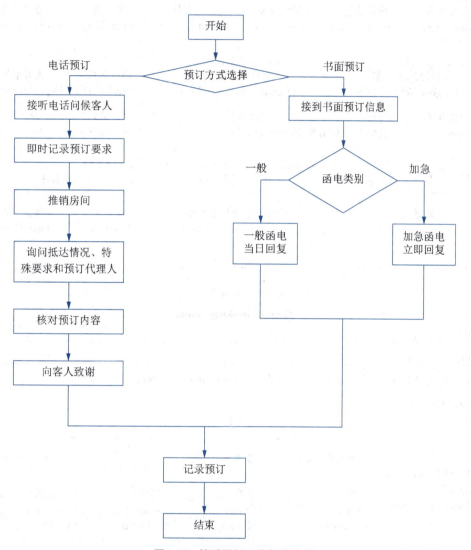

图3-7 接受预订工作标准流程

主要相关表格有：

（1）散客预订单（表3-4）；

（2）团队预订单（表3-5）；

（3）预订汇总表（表3-6）；

（4）分类密度表（表3-7）；

（5）预订截止表（表3-8）。

表 3-4 散客预订单　　　　　　　　　　　　　　　　预订号：
Reservation　Form　　　　　　　　　　　　　　　　　NO.

□New Booking 新预订□Amendments 更改□On Waiting List 等候□Cancellation 取消

客人姓名 Guest Name	房间数量 No. of Rooms	房间种类 Room Type	客人人数 No. of Guests	房　价 Room Rate	公司名称 Company Name
预订到店日期 Original Arrival Date		预订离店日期 Original Departure Date		到达航班 Arrival Flight	离开航班 Departure Flight
付款方式 Payment	□公付　　□含中早　　□含西早 □自付 15%服务费 Surcharge15%			是否确认 Confirmation	□是　　□否 Yes　　No
备 注 特殊要求 Remarks	□预付款或支票 Deposit　　□信用卡 Credit Card　　□走付 COD □加床 Extra　　　　　　□婴儿床 Cot　　　　　□双人床 Double bed				
联系人姓名 Contact　Name		联系电话或传真号码 Tel. No. & Fax No.		预订人 Taken By	预订日期 Date Taken

表 3-5 团队预订单

Group　Booking　Form

预订人 Taken By：_____

预订日期 Date Taken：_____

□新预订/暂停 Booking/Tentative　　□更改 Amendments　　□确认 Confirmation

□取消 Cancellation

团队名称 Name of group _____国籍 Nationality _____

入店日期 Arrival Date	离店日期 Departure Date	单人间 Single		双人间 Twin		陪同间 Guide Room		套间 Suite	
		房数 Number of Rooms	房价 Rate	房数 Number of Rooms	房价 Rate	房数 Number of Rooms	房价 Rate	房数 Number Of Rooms	房价 Rate

免费房 Complimentary Rooms：　　　　　　　　定金 Deposit：
房价不含 15%服务费　　　　　　　　　　　　　房价包含 15%服务费
Room rates subject to 15% surcharge□　　　　Room rates inclusive of 15% surcharge□

（续表）

用餐情况 MEAL REQUESTS	日期 Date					
	时间 Time					
中式早餐 Oriental Breakfast 欧陆式早餐 Continental Breakfast 美式早餐 American Breakfast	地点 Outlet					
	价格 Rate					
	人数 PAX					

餐费不含15%服务费□　　　　　　　　　　餐费含15%服务费□
Meal rates subject to 15% surcharge　　　Meal rates inclusive of 15% surcharge

付款人
Charge to

备注
Remarks

日期
Date

表3-6　预订汇总表
The Conventional Chart

			1	2	3	4	5	6	7	8	9	10
11月1日—10日 符号说明 Signs 标准间 STD 单人间 SGL 大床房间 DBL 套间 SUITE										预订部 Reservation 18楼 18th Floor		
房号 Room NO.	房型 Room Types	房价 Room Rates	星期一	星期二	星期三	星期四	星期五	星期六	星期日	星期一	星期二	星期三
1801	STD	80.00		×××公司								
1802	STD	80.00		××旅行社								
1803	STD	80.00										
1804	STD	80.00				×××旅行社						
1805	SGL	60.00					×××公司张先生					
1806	SGL	60.00		××公司王先生								
1807	SGL	60.00				Mr.Smith						
1808	DBL	240.00		MS.J.Mary								
1809	SUITE	480.00					×××公司					

这种预订汇总表适宜平均停留天数长的客人预订状况。

表 3-7　分类密度表
The Density Chart

7月1日—7月15日 符号说明 Sign / Reserved																	
房型	楼	日期 星期	1 日	2 一	3 二	4 三	5 四	6 五	7 六	8 日	9 一	10 二	11 三	12 四	13 五	14 六	15 日
标准间 STD	1																
STD	2																
STD	3																
STD	4																
STD	5																
STD	6																
单人床 SGL	1																
	2																
双人床 DBL	1																
	2																
套房 SUITE	1																
	2																

预订部 Reservation

预订分类密度按房型分类，分别表示各种类型客房在同一期限内（周、月）已预订或待租、维修等状况。比较适合客人平均停留天数短的商务型酒店。

表 3-8　预订截止表
The Stop-go Chart

4 月 30 日　　　　　　　　　　　　　　　　　　　　　　　　　　　　预订部
　　　　　　　　　　　　　　　　　　　　　　　　　　　　　　　　Reservation

符号说明　Signs
　　△无标准间 NO Standards
　　×无特大床 NO Kings
　　□无大床　 NO Queens
　　★会议（团队）用房 Conferences（Tour groups）

星期 Day	日 Sun	一 Mon	二 Tues	三 Wed	四 Thurs	五 Fri	六 Sat
日期 Date	1	2	3	4	5	6	7
五月 May		△×□	△×□	□	□★	×★	×★
六月 June	△×	△×□	×□★	★	△×★	△□	△×

预订员可以边看图表边迅速回答客人的预订咨询，从而提高预订服务工作的准确性。

（三）变更预订工作标准流程

变更预订（Changes in Reservations）工作标准流程见图 3-8。

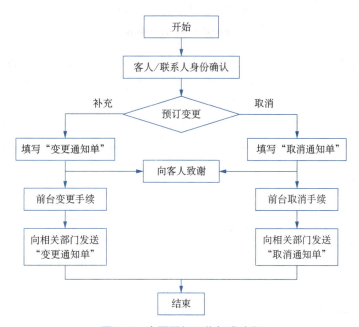

图 3-8　变更预订工作标准流程

主要相关表格有：

（1）预订变更单（表3-9）；

（2）取消预订登记表（表3-10）。

表3-9　预订变更单

Amendments　　　　　　　　　　　　　　　年　月　日

姓名：	预订号：
地址：	电话：
公司：	联系人：
更改日期：年　月　日	到店时间：年　月　日
	离店时间：年　月　日
人数：	
	人民币
预订客房类型及数量：	日房价：美　元
需付定金：	
应付日期：	收到日期：
结账方式：	
备注：	人民币
原预订号：　　　　　原抵达日期：	原房价：美　元
原离店日期：	

　　　　　　　　　　　　　　　　　　　　　　　　　经手人：

表3-10　取消预订登记本

Cancelling Reservations

通知取消的日期	预订种类	原定抵店日期	客人姓名	国　籍	取消号	预订员

（四）超额预订处理标准流程

超额预订处理标准流程见图3-9。

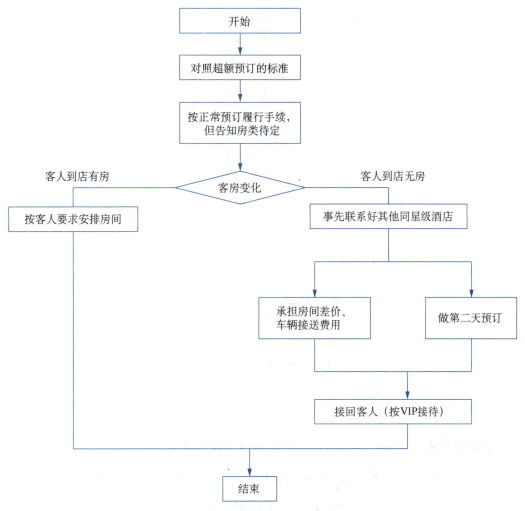

图3-9 超额预订处理标准流程

超额预订指在客房预订已满的情况下，再适当增加订房数量以弥补客人不到或临时取消的空房。超额预订要事先掌握周边同星级饭店的情况，以便做好预案。

一般情况下超额预订标准控制在超额预订率的5%左右，其计算公式为

$$超额预订率 = 超订量 / 可订量 \times 100\%$$

$$超订量 = 预订房量 \times 临时取消率 - 预期离店房量 \times 延期住房率$$

$$可订量 = 房间总数 - 续住房量$$

(五) 核对预订工作标准流程

核对预订工作 (Reconfirm) 标准流程见图 3-10。

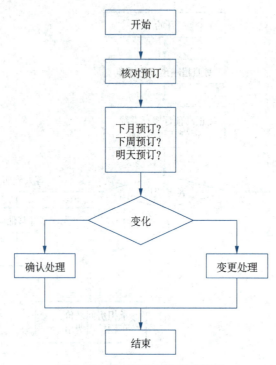

图 3-10 核对预订工作标准流程

(六) 抵店前准备的标准流程

抵店前准备 (Prior to the Arrivals) 的标准流程见图 3-11。

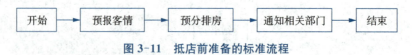

图 3-11 抵店前准备的标准流程

相关表格有:
(1) ××天客房预订预测表 (表 3-11);
(2) 客情预报表 (表 3-12);
(3) 预抵店贵宾呈报表 (表 3-13);
(4) 预期抵店客人名单 (表 3-14);
(5) 贵宾接待规格审批单 (表 3-15);
(6) 派车通知单 (表 3-16)。

表 3-11 _____ 天客房预订预测表

Reservations Forecast

日期	星期	预抵散客	预抵团队	预离散客	预离团队	散客住店	团队住店	饭店用房	维修房	已订房间数	预测平均房价	预计出租房间	预计出租率	预计空房间数

总房数 _____

表 3-12 客情预报表

Reservation Forecast Report

预报周期：从__月__日至__月__日

日期	星期	抵店	离店	住店	空房	维修房	出租率	人数

送：总经理□　客房部□　礼宾□　　　　　　　　本期平均出租率：_____
　　副总经理□　财务部□　问讯□
　　销售部□　人事部□　接待□
　　安全部□　工程部□
　　餐饮部□　预订部□　　　　　　　　　　　　制表人：_____

表 3-13 预抵店贵宾呈报表

Expected VIP Report　　　　　　　　　　　　　　　月　　日

房号	客人姓名	接待单位	身份	房间种类			房价			抵店时间	离店时间	备注
				T	D	S	T	D	S			
小计												

送：总经理□副总经理□值班经理□销售部□餐饮部□客房部□收款部□问讯部□
　　接待部□礼宾部□总机□
注：房间种类　T 双人床　　D 大床　　S 套间　　　　　预订部制表人：_____

表 3-14 预期抵店客人名单 日期：
Expected Arrival List DATE：

顺序号 NO.	姓名 NAME	房号 ROOM NO.	人数 NO. OF PERS	房数 NO. OF ROOMS	交通工具/时间 FLT. NO. /TIME	离店 DEP.	订房人 BOOKED BY
预计抵达总数 TOTAL EXPECTED ARRIVALS							

总经理　　　　　　　接待部　　　　　　销售经理　　　　　客房部经理　　　　存档
□GENERAL MANAGER　□REGISTRATION　□SALESMGR　□EXEC HOUSEKEEPER　□FILE

表 3-15 贵宾接待规格审批单

客人姓名：_____　　到达日期：_____　　航班/时间 _____
职务：_____　　　　离店日期：_____　　航班/时间 _____
公司：_____　　　　房间类型：_____　　房间号码 _____
国籍：_____　　　　贵宾规格 A□　B□　C□

□机场迎接　　　　　□机场送行
□甜点心盘　　　　　□行李牌
□迎宾蛋糕　　　　　□香槟酒
□中国茶　　　　　　□长城白葡萄酒
□红葡萄酒　　　　　□茅台酒

表 3-16 派车通知单
Pick up Arrangments NO：

××酒店 日期 年 月 日

客人姓名：	车号：
车类：	
去向：	
去时：	返时：
公里：	等候：
预付金额：	
应收金额：	
宾客签名：	房号：
收银员：	接待员：

第五节 前厅接待服务流程

一、客人入住工作标准流程

客人入住工作标准流程见图 3-12。

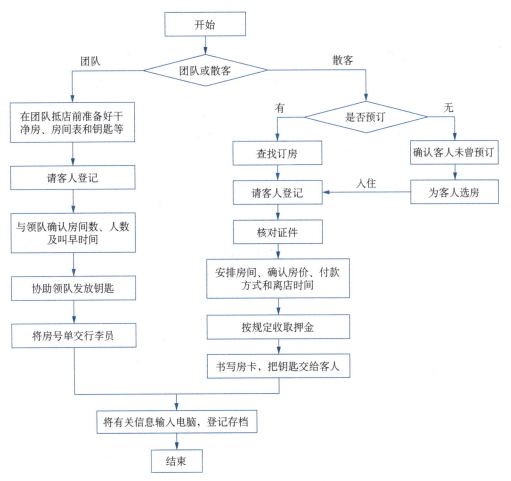

图 3-12 客人入住工作标准流程

二、房间分配工作标准流程

房间分配工作标准流程见图 3-13。

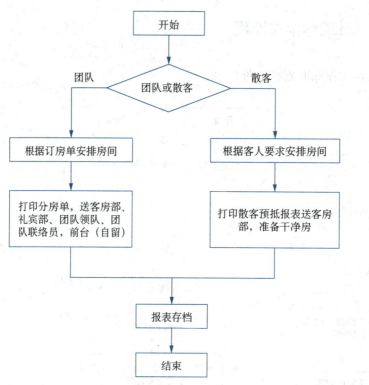

图 3-13 房间分配工作标准流程

三、住店客人换房标准流程

住店客人换房标准流程见图 3-14。

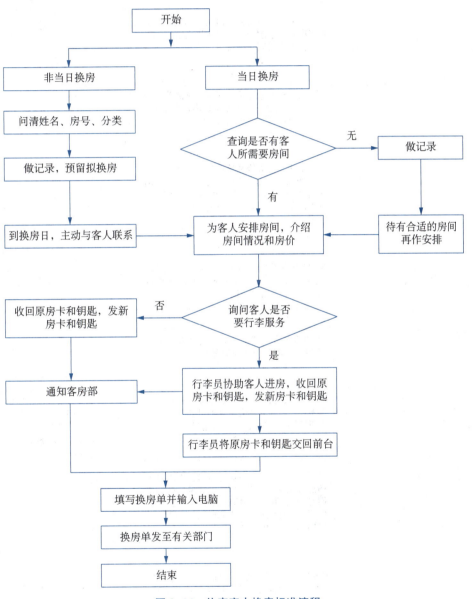

图 3-14　住店客人换房标准流程

四、VIP接待标准流程

VIP接待标准流程见图3-15。

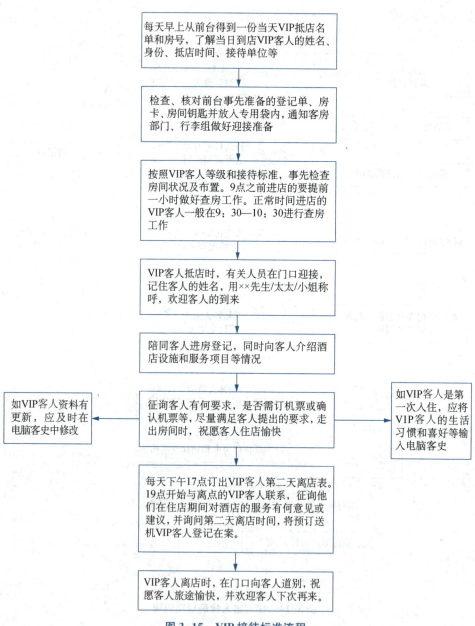

图3-15　VIP接待标准流程

 **案例分析**

一　优质服务从交谈开始

夏日，南京某饭店大堂，两位外国客人向大堂副理值班台走来。大堂倪副理立即起身，面带微笑地以敬语问候，让座后两位客人忧虑地讲述起他们心中的苦闷："我们从英国来，在这儿负责一项工程，大约要三个月，可是离开了翻译我们就成了睁眼瞎，有什么方法能让我们尽快解除这种陌生感？"小倪微笑地用英语答道："感谢两位先生光临指导我店，使大厅蓬荜生辉，这座历史悠久的都市同样欢迎两位先生的光临，你们在街头散步的英国绅士风度也一定会博得市民的赞赏。"熟练的英语所表达的亲切情谊，一下子拉近了彼此间的距离，气氛变得活跃起来。于是外宾更加广泛地询问了当地的生活环境、城市景观和风土人情。从长江大桥到六朝古迹，从秦淮风情到地方风味，小倪无不一一细说。外宾中一位马斯先生还兴致勃勃地谈道："早就听说中国的生肖十分有趣，我是1918年8月4日出生的，参加过二次大战，大难不死，一定是命中属相助佑。"

说者无心，听者有意，两天之后就是8月4日，谈话结束之后，倪副理立即在备忘录上做记录。8月4日那天一早，小倪就买了鲜花，并代表酒店在早就预备好的生日卡上填好英语贺词，请服务员将鲜花和生日贺卡送到马斯先生的房间。马斯先生从珍贵的生日贺礼中获得了意外的惊喜，激动不已，连声答道："谢谢，谢谢贵店对我的关心，我深深体会到这贺卡和鲜花之中隐含着许多难以用语言表达的情意。我们在南京逗留期间再也不会感到寂寞了。"

本案例中大堂倪副理有较强的服务意识，及时主动地与客人交流沟通，并捕捉重要讯息，从而为客人提供了满意加惊喜的服务。

在服务过程中，首先，倪副理设身处地为客人着想，仔细揣摩客人的心理状态。两位英国客人由于在异国他乡逗留时间较长，语言不通，深感寂寞。小倪深入体察，准确抓住了外国客人对乡音的心理需求，充分发挥他的英语专长，热情欢迎外国客人的光临，还特别称赞了他们的英国绅士风度，进而自然而然向客人介绍了当地风土人情等，使身居异乡的外国客人获得了一份浓浓的乡情。其次，倪副理富有职业敏感，善于抓住客人的有关信息。客人在交谈中无意中流露生日时间，倪副理便及时敏锐地抓住了这条重要信息，从而成功地策划了一次为外国客人赠送生日贺卡和鲜花的优质服务和公关活动，把与外国客人的感情交流推向了更深的层次。因此，善于捕捉客人有关信息的职业敏感，也是酒店从业人员应该具备的可贵素质。

（案例来源：https://wenku.baidu.com/view/7108f5ff700abb68a982fb0b.html）

案例思考题：怎样提高前厅服务水平和质量？

三 处理投诉 Complaint

C=Front Office Clerk   G=Guest

C: Good evening, Front Office. Can I help you?

G: This is Ms. Stevenson, Room 1827. I've just checked in and I'm not satisfied with my room.

C: May I know what's the matter?

G: The room is too noisy and my husband was woken up several times by the noise of the baggage! I didn't expect such things would happen in your hotel.

C: I'm sorry to hear that, Ms. Stevenson. I'll try to arrange another quiet room for you. Please wait a moment. (after a while) We do apologize for the inconvenience.

G: That fine. Thank you.

C: You're welcome, Ms. Stevenson. Your new room number is 1728 and here is your room key. My name's Simon, and if there is anything else I can do for you, please don't hesitate to call me.

这个案例体现了前台接待人员礼貌高效处理客人投诉的工作程序。他十分礼貌地主动与客人打招呼，得知客人对房间不满意后，及时了解客人的诉求，迅速在系统里匹配适合客人需要的客房，缩短客人的等候时间，并为给客人带来的不便及时道歉。为客人办理好换房手续后，礼貌地为客人介绍自己的姓名，并表明很乐意为客人服务。所以，当我们在遇到客人投诉时，首先，耐心倾听以明晰客人的诉求；其次，表示感同身受，并致以歉意；再次，尽快就投诉问题给出解决方案；最后，积极主动持续为客人服务，采取补救措施，使客人感受到酒店的诚意，变不满意为满意。

（案例来源：http://www.24en.com/p/197767.html）

案例思考题：如何处理客人的投诉？

 **实训题**

一 信息服务

为客人提供当地旅游、交通、康乐、购物、医疗等方面的信息服务。

三　散客接待服务

考核项目	考核标准
问候客人，确认客人有无预订	1. 在客人走近柜台约 1 米处，考生微笑迎宾，身体不得靠拢柜台内侧 2. 热情问候客人是否有预订（模拟客人的答案一律为无预订）
推销客房	1. 定位：请问您喜欢什么样（档次、类型）的房间？ 2. 报价：通常先高价房后低价房（客人选定最低价房例外）（限定模拟客人一律提出打折要求） 3. 妥善回答
填写入住登记表	应注意礼貌地请客人出示护照或身份证，填写入住登记表，向客人了解相关信息，得知客人姓名后，应用姓名尊敬地称呼客人
验证签名	1. 核对姓名、照片、性别、出生日期、身份证号码、身份证有效期、护照签证有效期限 2. 请客人签名并提醒贵重物品寄存 3. 核对入住登记表准确无误后，接待员签名
确定付款方式	1. 现金收取预住天数 2 倍左右的房费现金并开预付金收据，把第二联交给客人，或在入住登记表上注明预付金××元整 2. 也可根据酒店规定免收客人预付金或允许客人挂账
填写欢迎卡	欢迎卡上应写上客人姓名、房价、房号、抵离时期，并且要有客人和接待员的签名
发（制）钥匙	把制作好的磁卡（IC 卡）插入欢迎卡内，把欢迎卡交给客人，欢迎卡应打开，下面朝向客人，钥匙上如有店名店徽应把店名的一面朝上，下面朝向宾客
说明、通知	1. 应说明房费内是否含有早餐，早餐的时间地点 2. 通知行李员帮助提取行李，并祝愿客人入住愉快
把客人的入住信息输入电脑并更改房态	将客人信息准确地输入电脑并更改房态

评分表

考核项目	标准分	应得分
问候客人，确认客人有无预订		
推销客房		
填写入住登记表		
验证签名		
确定付款方式		

(续表)

考核项目	标准分	应得分
填写欢迎卡		
发（制）钥匙		
说明、通知		
把客人的入住信息输入电脑并更改房态		
总分		

本章思考题

请简述前厅部与酒店其他各部门的关系。

第四章 客房服务标准实务

 学习目标

1. 熟悉酒店客房部主要岗位职责
2. 熟悉客房服务工作要求
3. 熟练掌握客房服务项目的主要内容
4. 掌握客房清洁保养工作的基本知识和专门技能
5. 掌握客房用品成本核算方法

本章学习资料

 基本概念

客房部　客房服务工作要求　客房服务模式　客房用品控制　清洁保养

第一节　客房部组织机构和岗位职责

一、客房基本概念

（一）房间状态

（1）住客房（occupied，OCC），即客人正在住用的房间。

（2）走客房（check out，CO），表示客人已结账并已离开的房间。

（3）空房（vacant，V），表示暂时无人租用的房间。

（4）未清扫房（vacant dirty，VD），表示该客房为没有经过打扫的空房。

（5）外宿房（sleep out，SO），表示该客房已被租用，但住客昨夜未归的客房（为了防止逃账等意外情况的发生，客房部应将此种客房状况尽早通知总服务台）。

（6）维修房（out of order，OOO），亦称"病房"，表示该客房因设施设备发生故障，暂不能出租。

（7）已清扫房间（vacant clean，VC），表示该客房已清扫完毕，可以重新出租，亦称OK房。

（8）请勿打扰房（do not disturb，DND），表示该客房的住客因睡眠或其他原因而不愿被服务人员打扰。

（9）贵宾房（very important person，VIP），表示该客房住的是酒店的重要客人。

（10）常住房（long staying guest，LSG），即长期由客人包租的房间。

（11）请即打扫房（make up room，MUR），表示客人因会客或其他原因需要服务员立即打扫的房间。

（12）轻便行李房（light baggage，L/B），表示住客行李很少的房间，应及时通知总服务台。

（13）无行李房（no baggage，N/B），表示该房间的住客无行李，应及时通知总服务台。

（14）准备退房（expected departure，E/D），表示该客房住客应在当天中午12：00以前退房，但现在还未退房的房间。

（15）加床（extra bed，E 或 E/B），表示该客房有加床。

（二）客房床具（different beds）

1. 床具种类

（1）单人床（single bed）。这种床一般放置在单人间或标准间，其规格一般为120厘米×200厘米。

（2）双人床（double-size bed）。

① 大双人床（queen-size bed）：其规格一般为150厘米×200厘米。

② 加宽双人床（king-size bed）：其规格一般为180厘米×206厘米。

（3）沙发床（studio bed）：客人不使用时，将其折叠为沙发状，可增大活动空间。

（4）隐蔽床（murphy bed）：客人不使用时，可将其翻起并收藏在房间墙壁内。

（5）婴儿床（cot）：供婴儿使用，四周有护栏的专用床。

（6）加床（extra bed）：一种可折叠简易床，作为增加临时床铺放在房间内。

（7）水床（water bed）：该床配置的特殊床垫坚韧、柔软、密封性良好，内充有大量可温控的水，它可以使人体重量分布均匀，并填充人体空隙部分，增加舒适感，提高睡眠质量。

(三)客房类型(room types)

1. 按房间床具种类设置划分

(1)单床间(single room):该房间面积最小,房内设置1张单人床,适合愿独自1人使用以及经济支付能力较低的客人;

(2)双床间(two bed room):此房间设置2张单人床,比较适合安排团队或会议客人。这种房间的床型又可以分为:

① 床头柜设置在2张单人床中间(twin apart);

② 床头柜分别设置在2张单人床外侧(holly wood twin);

③ 设置2张双人床(double-double)。

(3)大床间(double room):该房间设置1张双人床,适合夫妇或商务客人使用;

(4)三床间(triple room):该房间放置3张单人床。

2. 按房间等级划分

(1)标准间(standard):根据标准间装饰布置的不同特点,又可以分为高级(superior twin)、豪华(deluxe twin)、普通(twin room)等类型。

(2)套间(suite room):套间通常由两间或两间以上的房间组成,按照不同的使用功能及室内装饰、配备用品标准等又可细分为:

① 普通套间(junior suite):这种套间格局比较典型,一间布置为起居室,另一间布置成卧室,配置1张大床;

② 商务套间(business suite):这类客房装饰设计迎合商务客人的特点,配备写字台,室内光线明亮,有的还设置小型谈判间;

③ 双层套间(duplex suite):该房间设计布置特点为起居室在下,卧室在上,设有小楼梯相连接,亦称"复式客房";

④ 豪华套间(deluxe suite):豪华套间注重客房的装饰艺术、布置氛围、用品配备,功能完善、齐全,呈现豪华气派。这种套间可分为两间套套间、三间套套间。卧室一般配置大双人床或特大双人床;

⑤ 总统套间(presidential suite):装饰布置极其讲究、豪华,一般由5间以上的房间组成(包括男、女主人卧室、起居室、会议厅、餐厅、书房、随从房等),通常高档饭店才设置这种套间。

3. 按房间所处位置划分

(1)内景房(inside room);

(2)外景房(outside room);

(3)角房(corner room);

(4)连接房(connecting room);

(5)相邻房(adjoining room)。

二、客房组织机构

酒店客房部(housekeeping department)组织机构设置要综合考虑酒店的性质、档次、规模、客源结构和层次、服务模式、建筑设计、内部功能布局等各方面因素。

(一)大中型酒店客房部组织机构

大中型酒店客房部的业务范围较广,其组织机构的规模也较大,其基本特点是分支机构多、工种岗位全、职责分工细、用工数量大。大中型酒店客房部组织机构设置示意图见图4-1。

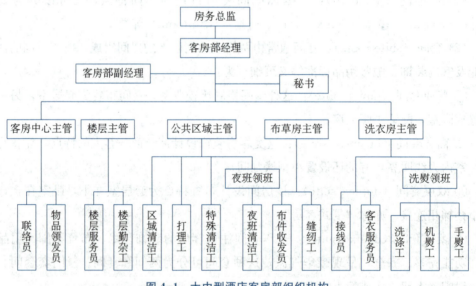

图4-1 大中型酒店客房部组织机构

(二)小型酒店客房部组织机构

规模较小的酒店,设施较少,客房部的管理范围也较小,因此,客房部组织机构的层次和分支也相应较少,各岗位工种之间往往是分工不分家,大多数岗位的职责要求都是一专多能。其中某些业务,如专项清洁保养工作、布件洗烫等,都外包给其他专业公司。小型酒店客房部的组织机构设置示意图见图4-2。

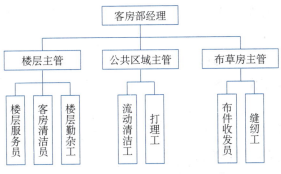

图 4-2　小型酒店客房部组织机构

三、客房部岗位职责

由于酒店客房规模、管理体制不同，岗位设置略有不同。一般酒店主要岗位的基本职责如下：

（一）客房部经理

（1）直接上级：总经理或主管副总经理、房务总监。

（2）直接下级：客房部副经理、秘书、客房中心主管、楼层主管、公共区域主管、布草房主管、洗衣房主管。

（3）岗位职责与工作任务：

① 主持客房部工作，向总经理或房务总监负责。

② 负责计划、组织、指挥及控制所有房务事宜，确保客房部的正常运转和各项计划指标的完成。

③ 制订客房部员工的岗位职责和工作程序，确定用人标准和培训计划，并监督执行。

④ 同有关部门沟通协作，保证客房部工作顺利完成。

⑤ 巡视客房部管辖范围，检查卫生绿化、服务质量和设备设施运行情况，及时发现问题并研究改进方法。

⑥ 提出客房更新改造计划和陈设布置方案，确定客房物品、劳动用品用具的配备选购，提出采购方案。

⑦ 制订房务预算，控制支出，降低客房成本，提高获利水平。

⑧ 处理投诉，收集客人的要求及建议，改进工作。

⑨ 建立合理的客房劳动组织，制定劳动定额和定员。

⑩ 对员工进行考核奖惩，选拔培养，调动员工的积极性。

⑪ 抽查客房，检查 VIP 房。
⑫ 探访病客和常住客。
⑬ 监督客人遗留物品的处理。
⑭ 检查各项安全工作。

（二）楼层主管

（1）直接上级：客房部经理。
（2）直接下级：楼层领班。
（3）岗位职责与工作任务：
① 接受客房部经理指挥，主持所分管楼层的房务工作。
② 督导楼层领班和服务员的工作。
③ 巡视楼层，抽查客房卫生，查看 VIP 房和走客房。
④ 处理夜间突发事件及投诉。
⑤ 与前厅接待处密切合作，提供准确的客房状况。

（三）楼层领班

（1）直接上级：楼层主管。
（2）直接下级：楼层服务员。
（3）岗位职责与工作任务：
① 安排、指导所分管楼层的服务员和杂役工作，并督促、检查其按时、按质完成任务。
② 负责楼层物品存储消耗的统计与管理，维持适当的存货，避免缺短和丢失，提出各种用品需要量并申领。
③ 掌握客情，核准房间状态。做好 VIP 各项服务接待工作。
④ 巡视楼层，全面检查客房卫生、设备维修保养、安全设施和服务质量，确保达到规定标准。查看房间维修保养事宜，严格控制维修房的数量。发现有需要维修或大清洁的房间和特殊情况的房间及时报告上司。维护楼层安全，做好消防工作。
⑤ 填写领班报告，向主管报告房况、住客特殊动向，处理和报告客人物品遗留、遗失、损坏等情况。
⑥ 安排管区客房计划卫生。
⑦ 督促服务人员正确使用和保养劳动工具，指导员工正确使用清洁剂，以防浪费。

(四)客房服务员

(1) 直接上级：楼层领班。

(2) 直接下级：无。

(3) 岗位职责与工作任务：

① 清洁整理客房，补充客用消耗品。

② 填写住房报告，登记房态。

③ 为住客提供日常接待服务和委托代办服务。

④ 提供客房小酒吧的消耗情况并按规定补充。

⑤ 熟悉住客姓名、相貌特征，留心观察并报告特殊情况。

⑥ 检查及报告客房设备、物品遗失及损坏情况。

⑦ 当有关部门员工进客房工作时，为其开门并在旁边照看。

(五)公共区域领班

(1) 直接上级：公共区域主管。

(2) 直接下级：公共区域服务员。

(3) 岗位职责与工作任务：

① 每日班前看交接簿及留意当日公共区域的主管提示。

② 检查员工签到记录，合理安排下属员工工作。

③ 检查管区的清洁保养效果。

④ 随时检查员工的工作情况，检查清洁用品及器具，并及时进行调整，发现异常情况及时汇报。

⑤ 指导下属工作，评估下属的工作质量。

⑥ 负责员工的业务培训，提高他们的清洁保养技术。

第二节　客房服务工作要求

一、客房服务的职业能力特征

客房服务是指酒店、旅游邮轮等场所提供清洁、整理客房，并迎送客人的服务。客房服务要求具有良好的语言表达能力；能获取、理解外界信息，进行分析、判断并快速做出反应；有一定的计算能力；有良好的动作协调性，能迅速、准确、灵活地完成各项服务操作。

二、客房服务基本知识

（一）职业道德

客房服务应遵循的基本职业守则是：热情友好，宾客至上；真诚公道，信誉第一；文明礼貌，优质服务；以客为尊，一视同仁；团结协作，顾全大局；遵纪守法，廉洁奉公；钻研业务，提高技能。

（二）基础知识

客房服务应具备客房管理、迎客准备、应接服务、对客服务、送客服务、会议服务、沟通与协调、客房用品管理等相关基础知识。

1. 计量知识

法定计量单位及其换算知识；行业用计价单位的使用知识；清洁用化学剂（百分比配制、分数比配制）的知识。

2. 清洁设备知识

一般清洁器具的使用知识；清洁设备的使用知识（吸尘器、洗地毯机、吸水机、洗地机、高压喷水机、打蜡机）；常用清洁剂的种类和使用知识（酸性清洁剂、中性清洁剂、碱性清洁剂、上光剂、溶剂）。

3. 客房知识

客房种类（单人间、大床间、双人间、三人间、套间、特殊客房），床种类（基本类型、特殊类型），功能空间的设备使用和维护知识（睡眠空间设备、盥洗空间设备、起居空间设备、书写和梳妆空间设备、贮存空间设备），客房用品知识（房间用品、卫生间用品），地面种类（硬质地面、地毯、胶地面、树脂地面、其他地面），墙面材料知识（花岗岩、大理石、贴墙纸、软墙面、木质墙面、涂料墙面）。

4. 相关法律、法规知识

《劳动合同法》《消费者权益保护法》《治安管理处罚条例》《旅馆业治安管理办法》《旅游安全管理暂行办法》《旅游涉外人员守则》，消防条例的相关知识以及有关旅馆安全的地方法规。

三、客房服务工作要求

客房服务工作要求包括客房见习服务要求、客房基本服务要求、客房品质服务要求。三类工作要求依次递进，高级别的要求包括低级别的要求。

（一）客房见习服务要求

客房见习服务要求如表 4-1 所示。

表 4-1　客房见习服务要求

职业功能	工作内容	技能要求	相关知识
一、迎客准备	（一）了解客情	1. 能掌握客人的基本情况 2. 能了解客人的基本要求	1. 我国各民族的习惯、民俗 2. 主要客源国的概况 3. 旅游心理常识
	（二）检查客房	1. 能检查客房的清洁情况 2. 能检查客房的电器与设备的运转情况 3. 能检查客房用品的配备及摆放要求	1. 客房清洁程序及标准 2. 电器与设备操作知识 3. 客房用品配备及摆放标准
二、应接服务	（一）迎候宾客	1. 能做好个人仪表、仪容准备 2. 能热情主动地接待客人 3. 能正确使用接待礼貌用语	1. 仪表、仪容常识 2. 语言运用基本知识 3. 英语基本接待用语 4. 普通话基础
	（二）引领宾客	1. 能简单地做自我介绍 2. 能征询客人是否需帮提行李	接待服务常识及相应的礼节礼貌
	（三）茶水服务	1. 能根据客人的爱好习惯，提供相应饮料 2. 能掌握茶叶和咖啡的泡、沏方法	1. 饮料服务规范 2. 常用饮料常识
	（四）介绍情况	1. 能向客人介绍饭店服务项目 2. 能介绍客房设备的使用方法（会做示范）	1. 中、西餐风味特色 2. 客房、娱乐等服务项目的内容 3. 客房设备使用常识
三、对客服务	（一）清洁客房与卫生间	1. 能做好清洁客房的准备工作 2. 能检查客房设备是否完好 3. 能按标准整理床铺，并除尘 4. 能清洁卫生间并进行消毒 5. 能进行茶具消毒 6. 能按要求进行地毯吸尘 7. 能按标准补充客房用品 8. 能正确使用清洁设备	1. 清洁工具、清洁剂的名称、作用和特性 2. 电器及清洁设备的使用保养常识 3. 家具保养常识 4. "做床"标准及操作程序 5. 吸尘程序与地毯保养常识 6. 卫生间的清洁、消毒要点 7. 茶具消毒要点 8. 一次性用品管理常识 9. 用品摆放标准 10. 卫生防疫常识

（续表）

职业功能	工作内容	技能要求	相关知识
三、对客服务	（二）晚间整理	1. 能按要求进行"开床"整理 2. 能按顺序清理垃圾 3. 能按标准进行卫生间的清洁 4. 能正确铺放防滑垫 5. 能按要求拉上窗帘	1. "夜床"的规格要求 2. "夜间服务"程序 3. 卫生间小清洁标准
	（三）楼层安全	1. 能检查并发现客房内各种不安全因素 2. 能按规定做好钥匙管理 3. 能做好访客的接待工作 4. 能做好客人的保密工作 5. 能正确地使用手动灭火器 6. 当火灾发生时，能及时报警，并协助疏散客人 7. 能按规定处理"DND"（请勿打扰）牌 8. 能按规定处理宾客的失物	1. 客房安全规定 2. 客房钥匙管理规章制度 3. 楼层消防常识 4. 访客接待须知 5. 失物处理规定
	（四）提供饮料服务	1. 能适时补充饮料 2. 能正确核对"饮料签单" 3. 能配合餐饮部门做好客人用餐工作 4. 能核对饮品有效期	1. 饮料补充规定 2. 饮料结账方式 3. 客人用餐服务规程
	（五）借用物品服务	1. 能向客人介绍租借物品的使用方法 2. 能向客人介绍租借物品的管理规定	1. 出借物品的名称、用途、性能及出借程序 2. 赔偿规定
四、送客服务	（一）客人行前准备	1. 能及时掌握离店客人的情况 2. 能明确并落实客人嘱咐的代办事项 3. 能正确进行"叫醒服务" 4. 能了解客人是否结账	1. 客人行前准备工作的内容 2. 代办事项须知
	（二）送别客人	1. 能协助行李员搬运行李 2. 能用合适的敬语向客人告别 3. 能礼貌地征询客人意见	服务告别用语
	（三）善后工作	1. 客人离店后能对房内物品及时进行检查与清点 2. 能正确处理设备及物品被损事项 3. 能按规定处理客人遗留物品 4. 能及时将查房情况通告相关部门	1. 失物招领程序 2. 饭店对客人损坏客房用品的赔偿规定

（二）客房基本服务要求

客房基本服务要求如表 4-2 所示。

表4-2 客房基本服务要求

职业功能	工作内容	技能要求	相关知识
一、迎客准备	(一)了解客情	1. 能用计算机查询客房信息 2. 能按客人的等级安排接待规格	饭店计算机管理系统一般操作方法
	(二)检查客房	1. 能向客人正确介绍客房设备的各项性能 2. 能布置各种类型的客房	1. 报修程序 2. 客房类型及布置要求
二、应接服务	(一)迎候宾客	能用英语介绍客房服务的内容	1. 饭店常用接待用语 2. 中外礼仪、习俗常识
	(二)介绍情况	1. 能向客人介绍客房所有设备的使用方法 2. 能向客人介绍饭店各项服务以及特点	饭店各部门的服务设施与功能
三、对客服务	(一)清洁客房与卫生间	1. 能发现见习客房服务在工作中存在的问题,并给予指导 2. 能清洁贵宾房	贵宾房清洁要求
	(二)清洁楼层公共区域和进行计划卫生	1. 能实施"大清洁"计划 2. 能正确使用清洁剂 3. 能定期对清洁设备进行保养	1. 清洁设备的维护保养常识 2. 各类清洁剂的成分、性能 3. "大清洁"计划的范围、内容及程序
	(三)特殊情况处理	能掌握住店生病客人及醉酒客人的基本情况,并给予适当的照顾、帮助	1. 基本护理常识 2. 客人个人资料
	(四)代办客人洗衣及擦鞋服务	1. 能介绍洗衣服务项目、收费事项 2. 能正确核对《洗衣单》 3. 能根据客人需要提供擦鞋服务	1.《洗衣单》填写要求 2. 皮草保养常识
四、会议服务	会议布置与服务	1. 能根据客人要求,布置、安排不同类型的会议室,安排服务人员 2. 能准备所需文具、用品 3. 能提供饮品服务 4. 能使用视听设备	1. 会议室布置规范 2. 会议礼仪常识 3. 会议服务常识 4. 视听设备使用基础知识
五、客房用品管理	(一)楼层库房的管理	1. 能进行楼层库房物品的保管 2. 能正确掌握客房的储备量 3. 能正确使用登记表	1. 一次性用品的名称与数量配备 2. 一次性用品的收发制度 3. 有关表格填写常识
	(二)控制客用品	1. 按客房等级发放一次性用品 2. 按饭店规定,计算客房每日、每月、每季客用品的使用量 3. 能进行盘点	盘点知识
	(三)布草管理	1. 能掌握楼层布草间的基本储存量 2. 能进行布草的盘点工作 3. 能根据使用情况,适时提出更换处理旧布草的意见 4. 能正确填写《报损单》	1. 布草质量的要素与规格 2. 楼层布草房管理基本要求 3. 楼层布草配备标准 4. 布草的收发制度

(三) 客房品质服务要求

客房品质服务要求如表 4-3 所示。

表 4-3 客房品质服务要求

职业功能	工作内容	技能要求	相关知识
一、迎客服务	制定服务方案	1. 能正确制订人员计划及物品准备计划 2. 能根据需要对各种用品的配置及摆放提出设计意见 3. 能协调客房服务员工作	1. 楼层（或公共区域）设备的使用、保养知识 2. 成本控制基础知识 3. 工作定额标准
二、对客服务	（一）清洁客房	1. 能控制并实施清洁、整理客房的程序与标准 2. 能正确实施检查客房清洁的程序与标准 3. 能设计各类客房的布置方案 4. 能制订客房清洁与检查的各种表格 5. 能掌握客房清洁设备的性能与使用方法	1. 饭店星级划分常识 2. 本饭店客房类型 3. 常见地面、墙面材料的性能与保养方法
	（二）接待贵宾	1. 能根据贵宾的级别制订接待方案 2. 能协调员工为贵宾服务 3. 能独立处理贵宾接待中存在的问题，并采取相应的解决方法	1. 对客服务的两种模式 2. 贵宾等级与服务共性的要求 3. 贵宾服务接待标准 4. 贵宾服务礼仪规范
三、沟通与协调	（一）协调与其他部门的关系	1. 能正确协调与其他部门的关系 2. 能妥善处理客人的疑难问题	1. 各部门的运转程序 2. 部门间的协调原则
	（二）协调与宾客的关系		
四、客房管理	（一）客房用品管理	1. 能根据客房用品运转情况确定储存量 2. 能及时提供客房用品申购要求 3. 能检查客房用品的质量，保证客房标准	1. 客用品成本与计算方法 2. 对一般客用品的品质要求和对星级饭店的客用品品质要求 3. 动态控制能力
	（二）员工培训	1. 能承担专业理论培训 2. 能承担专业技能培训	客房部员工业务培训知识

第三节 客房服务基本模式

酒店客房的对客服务模式一般有两种：楼层服务台模式和客房服务中心模式。

一、楼层服务台模式

楼层服务台受客房主管的直接领导，业务上受总台的指挥，一般设在客房区域每一楼层靠近电梯的位置，服务台后设有供服务员使用的工作间。楼面配有专门服务值台，分早、中、晚三班制，提供24小时的对客服务。

（一）楼层服务台的主要职能

1. 本楼层客人的服务中心

安排本楼层的接待服务和清洁工作。楼层服务员要随时满足客人的服务要求，做到"一清二准三及时"，即代客办事收费要清楚；收交洗衣的房号和件数要准，叫醒服务的房号和时间要准；代办事项要及时，送传真、信件要及时，有问题反映汇报要及时。若遇本楼层无法解决的服务项目，可报告主管联系解决，不得擅自离开楼层。

2. 客房部与酒店其他部门的联络中心

楼层服务台必须与总服务台、工程维修部、洗衣房、餐饮部及保安部等部门保持联系，保证信息畅通，满足客人住店期间的各种需求。

3. 本楼层的安全中心

随时掌握客人的动态，密切关注楼层动静，做好来访客人的接待和登记工作，及时发现、汇报和处理楼层的各种不安全因素。

（二）值台服务员的主要工作内容

（1）上班签到，认真阅读交接班记录，与上一个班次的值台员做好各种交接工作。

（2）清洁整理服务台，检查楼层的存放物品，负责本班次房间酒水填报，清点酒水，核实单据，保证楼层物品及酒水的存放安全、数量充足；并负责本楼层设施设备的报修工作。

（3）将当日客情和房态填写在卫生班报表上，负责调配员工，安排好房间的清扫次序。中班值台员应保证清扫员对小整房间的完成及向卫生班提供准确的开夜床房态。

（4）做好迎送服务。熟记客人姓名，为新入住客人做好茶水、香巾服务。

（5）接受并处理客人的各种委托代办事项。做好客人待洗衣物的收、发工作和交接记录，协助餐饮部和总机房为客人提供送餐服务和叫醒服务。到所属楼层检查走客房并及时查房。做好本楼层客房状况的登记工作，并能及时通报总台客人入住、退房等客房租用情况。散客结账一般要求五分钟内把酒水消耗报给结账处，如发现客人带走或损坏房间物品，应及时通知总台。

（6）密切注意楼层及客房动态，非本楼层住客及工作人员应礼貌劝其离开。做好来访客人的服务，中、晚班值台员如发现楼层住客换人、增人等情况应及时报告主管，对于超时访客（一般超过晚上23：00）应礼貌地劝其离店。若访客要求住下，则负责通知前厅办理入住手续。

(7) 做好值班记录和下班前的准备工作，将工作情况及重要问题向楼层主管或领班汇报。

二、客房服务中心模式

客房服务中心（guest service center）是将客房部各楼层的对客服务工作集中在一起，并与楼层工作间共同构建一个完善的对客服务网络系统。客房服务中心一般与客房办公室相邻，室内设置物品架，分类整齐地摆放客人需要的各种物品，它具有能同时接听四个以上电话的能力。为了保证对内联络的快速、灵活、方便，许多大中型酒店还同时建有独立的对讲机呼叫系统。客房服务中心设主管一名，工作人员若干，实行24小时对客服务，住店客人可通过内线电话将需求告知客房服务中心，由它通过呼叫系统通知离客人房间最近的工作间的服务员，迅速为客人提供服务。

（一）客房服务中心的主要职能

1. 信息处理

凡与客房部工作有关的信息都要经过客房服务中心的初步处理，以保证有关问题能及时得以解决、分拣和传递。

2. 对客服务

客房服务中心统一接收服务信息，通过电话机、对讲系统、微信群等方式，向客房服务员发出工作指令。即使客房服务中心不能直接为客人提供有关服务，也可以协调酒店其他部门共同完成。

3. 出勤控制

客房部员工上下班都必须到客房服务中心签到或打卡，从而保证酒店对员工的考核和工作安排。

4. 钥匙保管

客房部所使用的工作钥匙都统一归客房服务中心管理，包括各班次的钥匙发放、收回、登记、丢失、检查等工作。

5. 失物处理

整个酒店捡拾物品的登记造册、储存保管、招领送还等工作都由客房服务中心负责。如果超过规定时间无人认领，则按酒店规定处理。

6. 档案管理

有关客房部所有的档案资料都由客房服务中心分类保管，并对其及时补充、更新和整理。

(二)客房服务中心的主要工作内容

(1)接听住客电话,做好记录,答复咨询和要求,及时将相关服务信息通知有关部门,一起做好对客服务。对外线打入的私人电话只作记录,不能转接。

(2)接受楼层服务员对房间客人耗用酒水情况的报账,并与前厅部和财务部保持密切联系,转报登记入账。协助财管班对楼层酒水耗用的统计,转交每日楼层酒水的销售记录。

(3)负责部门之间和部门与有关方面之间的信息传递,与其他部门保持信息畅通。

(4)认真做好员工每天上下班的考勤工作。

(5)严格执行钥匙管理制度,负责做好每天楼层钥匙的发放、点收、控制与保管工作,同时负责传呼机的派发、登记和保管工作。

(6)严格执行物品借还制度,做好客人借用物品(熨斗、熨衣板、电吹风、特殊插座、变压器等)的保管、回收及保养工作,物品借出、收回要有完整记录。

(7)负责客人遗留物品的登记、保管、寄发和上缴等工作。

(8)分发楼层报纸、抹布和有关清洁用品等,并做好记录。

(9)根据楼层服务员的报告,及时通知保养班做好楼层中墙纸、地毯、家具、电器的维修、保养工作,并做好记录。

(10)接受、安排客人要求的其他特别服务,如婴儿看护等。

(11)有关问题要及时向部门反映。

第四节 客房服务基本内容

客房服务的基本内容包括客人抵店前的准备和抵店时的迎接工作、客人入住期间的服务工作、客人离店时的送别和离店后的善后工作三个部分。

一、迎客准备和迎接服务

(一)迎客服务标准

迎客服务标准流程详见图 4-3 所示。

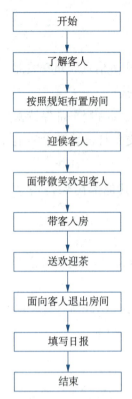

图 4-3 迎客服务标准流程

（二）客人抵店前的准备工作

1. 了解客情

在客人抵店前，根据总台提供的接待通知单，详细了解本楼层客人的情况，知道客人的入住时间、入住天数和离店的时间、人数、国籍、身份、接待单位、支付方法；了解客人的宗教信仰和民族风俗习惯、客人的生活特点、活动日程和特殊要求。

2. 布置整理房间

根据客情，按接待规格和标准有针对性地布置和整理客房。布置房间时要尊重客人的宗教信仰和民族风俗习惯。仔细检查客房的设施设备和清洁卫生状况；并在客人抵达之前，调节好房间的温度。如果客人在夜间到达，须提前做好开夜床服务。

3. 准备迎接客人

根据客人的类别和酒店的服务标准和规范，确定并实施迎接方式。如整理仪容仪表，调节情绪和心理，准备好托盘、茶水、香巾，在贵宾入住的房间内放置总经理签名的欢迎信及欢迎水果。

（三）客人到达时的迎接

1. 电梯迎宾

当客人步出电梯时，服务员应微笑问候。无行李员引领时，服务员应询问房号，请客人出示房卡，视需要帮助客人提拿行李并引领入房。

2. 引领入房

服务员走在客人的侧前方、距离客人二至三步引导前行。转弯或上下楼梯时要侧转身体，面向客人，并伸手示意行进方向。严格按照进房程序，到达房间门口应打开房门，礼让客人先进房。如果客人夜间到达，应先进房打开廊灯后，再请客人进房。

3. 介绍说明

进房后应征询客人意见摆放行李，简明扼要介绍客房设施设备的使用方法及酒店特殊的服务项目，礼貌询问客人是否需要其他服务。介绍时注意避免过多地打扰客人或使客人误会。向客人道别后，应面向客人后退三步再转身走出房间，面朝房内将门轻轻关上。

4. 值班记录

服务员回到服务台或工作间后，要填好值班日志。

二、客人住店期间的客房服务

客人住店期间的客房服务是酒店客房服务的主要内容。

(一) 做床

做床工作标准流程如图 4-4 所示。

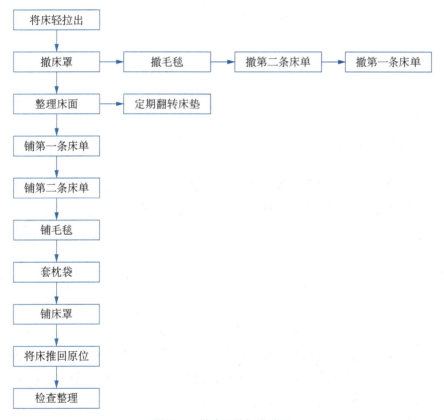

图 4-4 做床工作标准流程

(二) 开夜床

开夜床工作标准流程见图 4-5 所示。

1. 叫醒服务

叫醒服务 (wake-up call service) 分为电话叫醒和人工叫醒。电话叫醒一般由酒店总机室负责提供,客人既可将叫醒要求通过电话告知总机房,也可由客房服务员负责记录并通知总机室。如果叫醒时间到,电话振铃无法叫醒熟睡中的客人,客房服务员

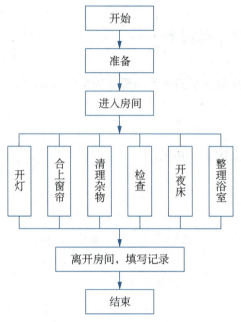

图 4-5　开夜床工作标准流程

应前去敲门，直到客人有回音。为了提供更为细致的服务，客房服务员还会应客人要求按时提醒客人相关事项，如外出会客、开会、与客户电话联系等，从而扩大了叫醒服务的范围。

2. 物品租借服务

客房内提供的物品只能满足客人的基本需要，为满足客人的特殊要求，客房部还应备有熨斗、熨衣架、婴儿床等物品以供客人租借，并在《服务指南》中明示。

租借物品应请客人在《租借物品登记表》上签名，登记表上要注明有关租借物品的注意事项。服务员在交接班时，租借物品服务情况也是交接班的内容。注意收回租借物品，对于过了租借时间仍未归还的物品，服务员要主动询问，但要注意表达方式。如客人因使用不当而造成损坏，应根据物品的损坏程度进行赔偿。

3. 洗衣服务

洗衣服务（laundry service）分干洗（dry-clean）、湿洗、熨烫（iron）三种。时间上分为普洗（regular service）和快洗（express service）。普通洗衣服务一般为上午交洗，晚上送回；下午交洗，次日送回。快洗一般不超过 4 小时，但要加收 50% 的加急费。

客人将要洗的衣物和填好的洗衣单放进洗衣袋（laundry bag）。《洗衣单》一式三联，一联作为记账凭证，一联在结账时交给客人，第三联供洗衣房留底。《洗衣单》必须由客人填写，如客人要求服务员代填，代填后的《洗衣单》须由客人签名。客房服务员一般在早上 10：30 以前，查看辖区房间有无送洗的客衣。收到客人的送洗衣物后，核对洗衣单上的项目，如客人的姓名及房号、收洗日期及时间、送洗的数量及种类、客人的特别要求等；检查送洗衣物，如衣物口袋是否留有物品、纽扣有无脱落、衣物有无污点和破损或褪色现象等，若有此类情形，务必请客人在洗衣单上注明并签字；填写收洗客衣登记表。

衣物洗熨后按照客人选择的衣物送回方式（折叠或吊挂）送进客房。若为折叠的衣物，送回的衣物应用塑料袋或篮子装好，放在床上。若为衣架吊挂的衣物，则挂进衣柜内，衣柜门打开，使客人回来一看便知。对于挂有"请勿打扰"标志的客房，可将洗衣通知单从门缝塞进房内，通知客人衣物已洗熨好，并请客人在洗衣账单上签字。

住店客人洗衣工作标准流程见图 4-6。

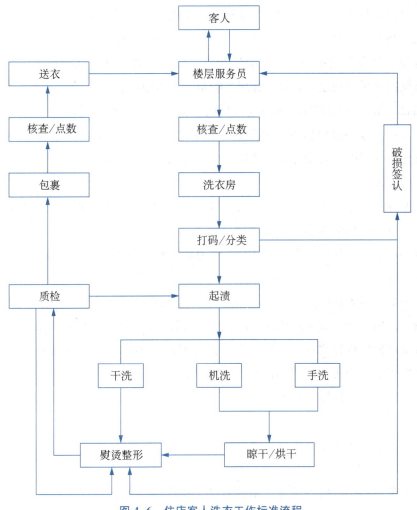

图 4-6　住店客人洗衣工作标准流程

4. 饮料服务

客房小酒吧（mini-bar）是一项方便客人的服务设施，柜面上按规定的品种和数量配备硬酒、软饮料和果仁、巧克力等送酒食品，以及配套的酒杯、调酒棒、开瓶器等用品。通常硬酒摆放于酒吧柜内，软饮料放置于冰箱内。柜面上放有酒单，列出了各项酒水食品储存品种、数量、单价及小酒吧的管理说明，请客人食用后如实填写并签名。

每天上午打扫房间和晚间做夜床服务时，服务员必须清点小酒吧内酒水食品的消耗量，并与客人填写的酒单进行认真的核对。如客人未填写，则由清点的服务员依消费内容为客人登记入账。酒单一式四联，第一联与补充酒水一起派入房间，二联和三联交结账处作为发票和记账凭证，四联作为楼层补充酒水、食品的凭证。服务员清查完酒水后，必须及时按标准配额补齐并做好有关酒水的补充记录。

夜班服务员须填写每日全部楼层的饮料消耗账目。夜间24：00，夜班服务员从前台收银处取回当天所有饮料账目的回单，与早、晚领班填写的"饮料消耗表"核对，并按楼层分类装订。若回单与"消耗表"相符，则将此数据登记在"饮料消耗总账簿"上；若有疑问则另做记录和核对，楼层主管负责查清原因。

每周日，由领班对楼层饮料柜进行盘点，填写一周饮料消耗表，交由楼层主管核对。每月月底由服务员对房内小酒吧、领班对楼层饮料柜内的饮料和食品进行检查，如有接近保质期限的，立即与仓库调换。

5. 送餐服务

送餐服务（room service）主要由酒店餐饮部设立的客房餐饮服务部负责提供，客房服务只是做一些辅助性的工作，如楼层服务台需对日常送餐做好记录，及时通知送餐部门收回用过的餐具；夜班服务员需及时通知送餐部门收取客人挂出的餐牌。

6. 擦鞋服务

有的酒店为客人提供免费人工擦鞋服务。客房内均配有鞋篮，客人可将要擦的鞋放进鞋篮，用电话通知或晚间放在客房门口，由服务员取回工作间擦拭。

服务员在擦拭皮鞋之前，应用字条写好房号放入鞋内。在地上铺上废报纸，备好鞋油及擦鞋工具，分辨皮鞋的颜色并规范擦鞋。尽量在客人回来之前把鞋放于房间适当的位置。对于打电话要求擦鞋的客人，要及时提供服务，切忌在服务台附近帮客人擦皮鞋。

还有的酒店为客人提供机器自动擦鞋服务。

7. 访客接待服务

楼层服务员的访客接待服务，不仅有助于提高客人的满意程度，还可以加强楼层的安全工作，防止不法分子混入酒店伺机作案。访客服务应做好以下几个方面：

(1) 有来访客人时，要征得被访客人的同意，方可引见给客人。

(2) 主动询问住客是否需要提供服务，如提供茶水、增加座椅等。

(3) 会客后根据情况主动询问客人是否需要清洁服务。

(4) 如果住客不在房间，不能擅自打开房门让访客在客人房间等候。应请来访客人留言或到饭店公共区域等候。

(5) 对于超过饭店规定时间的访客（一般为23：00），可先用电话提醒客人。

(6) 在访客来访期间，服务员应对楼层多加关注并做好访客进离店的时间记录。

8. 行李服务

在旅行团抵达或离店时，楼层服务员必须保证行李在楼层的摆放安全。若遇行李员不在，应主动帮助客人提取行李，送至客房。遇有散客走房，应主动向前征询客人是否需要行李服务并及时通知行李组。

9. 加床服务

客人要求在房间加床，必须到前台办理有关手续。客房服务员接到前台提供加床服务的通知后，将所需物品送至客房，按客人要求摆放加床，并按规范铺床，摆放其他增加的用品。服务员完成加床服务后应立即做好记录。

10. 客房设备报修服务

服务员在清扫、整理、检查房间时，如发现设施设备损坏或运行不正常，须在工作单上填写维修项目、房号及报修时间，速报客房服务中心。客房服务中心接报后，填写一式四联报修单送交工程部。一联由工程部留底备查；二联由工程部填签收时间，盖章交回客房服务中心存查；三联为维修人员领料凭证；维修人员持四联进房维修。维修后由客房服务员填写维修完成时间、认可维修效果并签字，报客房服务中心盖章后送回工程部。

维修人员进房维修，客房服务员要在场。维修期间，房门应打开。维修的设施设备如不属正常损坏，应填写事故单。无法维修时，由工程部经理和客房部经理签字更换。房间不能在短时间内修理完毕时，由工程部证明，客房部填写"房间暂停使用通知单"报前厅部作维修房处理，待维修好后，再通知前厅部出租。

11. 托婴服务

托婴服务（baby-sitting service）是指住店客人因事外出要求照看婴幼儿童的一种有偿服务。托婴服务一般以3小时为收费起点，超过3小时的，按小时增收费用。提供托婴服务要告知客人酒店有关收费标准及注意事项。

要求此项服务的客人必须提前3小时和客房服务中心联系，填写《托婴服务申请表》，以便保育员了解小孩的特点及家长的要求。托婴服务责任重大，对保育人员有严格的要求。保育员一般上岗前15分钟由当值主管、领班陪同前往客房，并向客人介绍。在看护小孩时保育员务必小心谨慎，要注意小孩的安全及饮食起居，不得把小孩带离规定的地方，切忌随意给小孩吃东西。照看工作完成后，保育员一定要通知当值主管。长期住宿和度假型酒店都特别设有保育人员，对于大多数酒店而言，酒店并不配备专职人员从事此项服务，保育员一般由店内员工临时来担任。

12. 私人管家服务

私人管家服务（butler service）又称贴身侍从服务，所担当的角色既是服务员又是私人秘书，对客人的一切需求给予 24 小时关注。客人可以根据自己的需要定制管家服务项目及所须服务的时间，包括客房的整理、订送餐服务、代订飞机票、车船票，安排车辆接送，商务文秘服务，导游服务，翻译服务等项目。有些高档酒店挑选一批形象好、业务工作能力强、综合素质高的员工，担任"管家"以满足酒店部分高档客源的需求。当客人需要私人管家服务时，可以从中挑选自己喜欢的服务员为己服务。酒店则根据客人定制的服务项目多少及服务时间长短收取相应的额外服务费。

三、客人离店时的送客服务

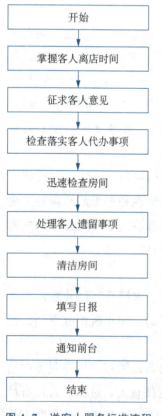

图 4-7 送客人服务标准流程

送客人服务标准流程见图 4-7 所示。

客人离店时的服务是楼层对客服务的最后一个环节，这一环节能否做好，直接关系到客人对酒店的整体印象。

1. 离店前的准备工作

服务员要掌握客人离店的准确时间；检查委托代办事项；核对客人在楼层的消费账单；询问客人离店时还需要的服务项目；提醒客人检查自己的行李物品；主动征求客人意见。

2. 送别客人

客房服务员要协助行李员搬运客人行李，将客人送到电梯口，代为按下电梯按钮并以敬语向客人道别，待电梯门关后方可离开。对老、弱、病、残客人，要专人专送。

3. 迅速检查客房内物品

待客人离开楼层后，服务员要进房检查。如有遗留物品，要立即通知总台转交客人。如发现小酒吧的食品饮料有新耗损、客房设备用品有损坏和丢失，要立即通知总台收银处请客人付款或赔偿。酒店都存在酒水走单这类问题，服务员应在客人退房的第一时间查房，如是团队客人，应提前半小时将该团队所有客房内的小酒吧查核一遍，开好酒水账单送到前台。尽量把酒水走单率降至 3% 以下，因工作过失造成的走单则由该服务员负责。

4. 及时做好房态记录

做好客人离房记录，组织人员整理清洁房间，并将更新后的房态及时告知前厅部。

5. 认真处理客人遗留事项

有些客人因急事需提前离开酒店，会委托服务员代替处理一些遗留事项，如收发信件、留言、转寄物品等，服务员一定要认真地为客人服务。

6. 妥善处理客人遗留物品

员工在酒店内无论是在任何地方捡到遗失物品，都必须尽快交到保安部或客房服务中心。若员工捡到物品不上交，一律严肃处理。

（1）客房部的员工在处理客人遗留的文件、资料时应特别慎重，凡未被放进垃圾桶的都被视为遗留物品，不可将其随意扔掉。

（2）接到捡获物品后，客房服务中心必须填写一式两份遗留物品登记表，一份交捡获者，一份连同遗留物品一起放入透明塑料袋内封口存放。遗留物品要汇总记录在遗留物品登记簿（lost and found log books）上，填写日期、捡获地点、物品名称、捡获人姓名及所属部门等详细情况。

（3）遗留物品存放时，贵重物品和一般物品要分开存放。贵重物品交客房部经理保存，一般物品由服务中心按月分类锁进储存柜内。

（4）贵重物品由客房部经理通过入住登记表根据客人单位或住址，写信通知客人认领。客人认领时，须重复一次物品报失信息，由客房部核准后如数交还客人，并请客人在遗留物品登记簿上签名。在有的酒店，除非客人前来认领或来函来电寻找遗失物品，一般不通知物主或邮寄物品。这样做一是因工作流程中认定客人不前来认领的物品是丢弃的物品；二是为了替客人的住店情况保密。

（5）贵重物品保存期为半年，一般物品保存期为 3 个月。如无人认领，由客房部经理上报有关部门处理。按国际惯例，贵重物品和现金须上交给酒店，一般的遗留物品应归物品的拾获者，但整瓶酒须上交酒店供餐饮部门使用，开封过的酒应抛弃。有的酒店在找不到失主的情况下，会将贵重物品拍卖并将所得捐给慈善机构。

四、客房部 VIP 接待标准流程

客房部 VIP 接待标准流程见图 4-8 所示。

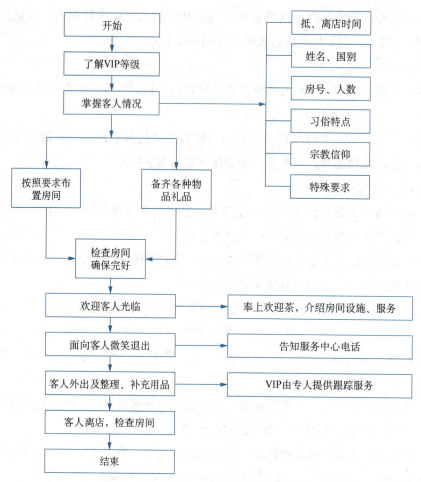

图 4-8　客房部接待 VIP 标准流程

第五节　客房用品的控制

一、客房用品的分类和配置

（一）客房客用物品的分类

客房客用物品（guestroom supplies amenities）一般包括客用消耗物品与客用固定物品。

客用消耗物品主要是指供客人在住店期间使用消耗，也可在离店时带走的物品。例如：茶叶、信封、信笺、肥皂、火柴、洗发水等。这类物品价格相对较低、易消耗、客用固定物品指的是客房内配置的可连续供客人使用、正常情况下短期内不会损坏或消耗的物品。例如：衣架、文具类、杯具类、布草类等。这类物品仅供客人在住店期间使用，不可消耗，也不能在离店时带走。

（二）客用物品的配置

根据不同等级的酒店和不同档次的客房对客用物品的不同要求，以及有关部门行业标准，如《中国旅游行业标准星级酒店客房客用品质量与配备要求》（LB/T 003—1996），合理配置客房客用物品。

1. 客用物品配置的原则

（1）方便客人。能满足客人日常起居生活的需要，实用美观，方便使用。如配备针线盒时，在针线盒中加上一根小别针，可供客人应急时使用，将不同颜色的线穿好在针眼里。

（2）价廉物美。降低客房的运营费用，选择价廉物美的产品。

（3）环保节约。选用有利于环保、节约和可再生利用的客用物品。如配置固定的可添加液体洗手液和沐浴液的容器，将容器分别安装在洗脸台上方和浴缸上方墙面。

2. 客用物品的配置

以客房的类别和所属档次为依据配备客房内的客用物品。酒店应在品种、数量、规格、质量以及摆放要求等各方面建立统一的标准且在制订这些标准时，参照行业标准、竞争对手标准以及相关国际标准等，符合惯例，突破创新，注重实效。表4-4、表4-5以普通标准客房为例，介绍了客房客用物品的参考配置标准。

表 4-4　普通标准客房卧室内客用物品

放置位置	物品名称	数量	摆放要求	备注
床上 （一张床）	床罩 毛毯或被子 枕芯 枕套 床单（衬、垫） 褥垫（保护垫） 床裙	1条 1条 2只（大床4只） 2条（大床4条） 2条 1条 1条	床上用品须按做床的整理和铺设要求布置	
床头柜	电话立卡 便笺 铅笔 "请勿卧床吸烟"卡 纸巾盒	1个 5张 1支 1个 1个		非禁烟房的 床头柜也可放烟灰缸

（续表）

放置位置	物品名称	数量	摆放要求	备注
写字台上	台灯 服务夹 烟灰缸 火柴盒	1盏 1本 1只 1盒	台灯放在左上方，服务夹可用架子立着放，烟灰缸在左边，火柴盒放在烟灰缸上；台面要整洁	服务夹也可以放在抽屉内
写字台抽屉内	洗衣袋 洗衣单 购物袋	2只 2份 2只		
服务夹内	酒店介绍 服务指南 电话指南 房内用餐菜单 航空信封、普通信封 大信纸、中信纸 明信片 电报、传真纸 箱贴 行李牌 宾客意见书 针线包 安全须知 圆珠笔	2份 1份 1份 1份 各5只 各5张 2张（或4张） 各2张 2张 2~4张 2份 2只 1本 1支	各种用品的摆放要整齐有序，要让客人容易找到，通常要将大的放在下面，小的放在上面；各种用品分类摆好	为了摆放整齐，可以将一些文具放在服务夹内
电视机	电视节目单 遥控器	1份 1只		晚间可将遥控器放在床头柜上
茶几	保温瓶 茶盘 茶杯 茶叶盅 茶叶（红茶、绿茶） 烟灰缸 火柴盒	1个 1只 2只 1只 4袋 1只 1盒	茶杯、水瓶、茶叶放在茶盘内，火柴盒在烟灰缸上，正面朝上；台面整洁	如果房内配电水壶，就可以不配热水瓶；高档客房还可配袋装咖啡
小吧台	酒杯 开瓶器 调酒棒 酒篮或酒盘 小酒吧立卡 小酒吧账单 酒水 杯垫 餐巾纸	若干 1只 2根 1只 1张 2份 若干种 每杯一张 若干张	较高的用品放在里面，较低的用品放在外面，摆放整齐，布置美观	酒水可放在酒篮内或酒架上

（续表）

放置位置	物品名称	数量	摆放要求	备注
冰箱	冰水瓶 水杯 饮料、食品	1只 2只 若干种		食品主要是佐酒食品和方便食品
壁橱内	衣架 鞋篮 拖鞋 擦鞋纸	12个 1个 2双 2张	各种用品摆放要整齐有序	
	鞋拔 衣刷 备用被子 备用枕头	1只 1把 2条 1对		
衣物柜旁	垃圾桶	1只		

表4-5 普通标准客房卫生间内客用物品

放置位置	物品名称	数量	摆放要求	备注
洗脸台上	漱口杯 肥皂碟 小方巾 烟灰缸 牙刷、牙膏 肥皂 浴液 洗发液 浴帽 梳子 指甲刀（锉） 化妆棉签 面巾纸 剃须刀	2只 1个 2条 1只 2套 4块（大小各2块） 2瓶 2瓶 2顶 2把 2把 2盒 1盒 1把	用品摆放要整齐有序，摆放的位置要照顾大多数人的习惯，保证使用方便	为了避免用品占据台面过多的位置，最好用专用的盘子盛放用品；牙刷、梳子最好要有明显的区别，避免客人之间的混用
洗脸台下	体重秤 垃圾桶 吹风机	1台 1只 1只	垃圾桶最好靠近便器	
洗脸台旁墙上的毛巾架	脸巾	2条	脸巾悬挂端正，正面朝外	
坐便器旁手纸架	手纸 卫生袋	1卷 2只		可多配1卷备用手纸
浴缸口沿	脚巾	1条	折叠好摆放	

(续表)

放置位置	物品名称	数量	摆放要求	备注
毛巾架	大浴巾 小浴巾	2条 2条	大浴巾叠好摆放，小浴巾悬挂	
浴帘杆	浴帘	1条		
门后	挂衣钩	2只		

二、客房用品的日常控制

客房客用物品的日常控制，要抓好选购、保管、领发、消耗控制等四个环节，从而有效降低客用物品的消耗，创造良好的经济效益。

（一）客用物品的选购

选购是做好客房客用物品管理的第一个环节。客房部提出采购计划及要求，由采购部负责采购。酒店应合理设计物品采购程序，加强采购控制，避免采购中可能出现的漏洞，以保证购进的物品质优价廉。

1. 采购程序的规范

客房部每年都要编制客房客用物品的年度预算。客房部应按预算的经费及项目制定出采购计划。计划中要明确写明物品的种类、质量、规格、数量等采购要求。采购部接到采购计划后，通过广泛的市场调研，对各供应商提供产品的质量和价格进行比较，经过初步筛选后，至少选出三家供货商，并要求其分别提供样品。经客房部试用、比较后，再从中选定供货商。酒店还可采用公开招标的方式，经过充分的市场调研后设计招标书，明确每种物品的标准，向社会公开招标。经投标单位竞标比较，最后选定供货商，签订供货协议。如果是连锁经营的酒店，应统一采购，以降低费用。

2. 采购质量的控制

客房部在采购计划中要对物品的种类、规格、质量等提出具体而明确的要求。客用固定物品的采购要求是牢固、实用，既方便客人使用，又便于清洁保养；客用消耗物品则要求实用美观，方便使用，利于环保。采购前，应要求供应商提供试用品，如床单，可将供应商提供的样品反复洗涤，看其是否能够达到供应商所承诺的耐洗次数，如决定购买此产品，应将样品封存。采购的商品进货时必须严格验收，查验品名、规格、质量、数量、价格，并与封存样品核对，若不符合质量要求，应做退货处理，并追究供应商责任。

3. 采购数量的控制

各类客房客用物品应有一定的存货量，存货量过多，会占用资金和库房，并增加保管费用和物品损耗量；存货量太少，也会影响客房正常运转。酒店应在保证客用物品正常周转使用，并考虑到各种意外因素的基础上，科学合理地决定各类客用物品的存货量。一般酒店总库房应备足三个月的存量，客房部应备足一个月的存量。

（二）客用物品的保管

做好客房客用物品的保管，可以减少物品的损耗，保证周转。做好这项保管工作要具备良好的库存条件和合理的物流管理程序。

1. 良好的库存条件

（1）库房保持清洁、整齐、干燥。

（2）采用开放式货架，货架与货架之间要有一定的间距，以利通风。

（3）进库物品要按性质、特点、类别分别堆放，及时码垛。

（4）加强库房安全管理，做到"四防"，即防火、防盗、防鼠窃虫蛀、防霉烂变质。

2. 合理的物流管理程序

（1）严格验收。

（2）分类上架摆放。

（3）进出货物及时填写货卡，做到"有货必有卡，卡货必相符"。

（4）遵循"先进先出"的原则，应经常检查在库物品，发现霉变、破损应及时填写报损单，报请有关部门审批处理。

（5）定期盘点，主动上报长期积压滞存的物品。

（6）严格掌握在库物品的保质期。

（三）客用物品的领发

为满足客房运转需要，客房客用物品须定期领用发放。一般根据楼层小仓库的配备标准和楼层消耗量等，规定领发的周期和时间，一般是一周领发一次。在领发之前，楼层服务员应统计本楼层小仓库的现存情况，按楼层小仓库的规定配备标准提出申领计划，填好客房物品申领表，由领班签字。中心库房在规定时间根据申领表发放物品，并凭申领表做账。这样不仅使领发工作具有计划性，方便中心库房人员的工作，还能促使楼层工作有条不紊，减少领发环节的损耗。

（四）客房用品消耗定额的制定

1. 客用消耗物品的消耗定额

按客房物品的配备标准配置和补充客用消耗物品。由于客房的客用消耗物品并非每天都会消耗完,因此,对这些用品的实际消耗情况要进行具体的统计分析,从中找出规律,加强成本核算和管理。

(1) 单项客用消耗品的消耗定额。

单项客用消耗品的消耗定额可以用下列公式计算:

$$\text{单项客用消耗品的消耗定额} = \text{出租客房的间数} / \text{天数} \times \text{每间} / \text{天客房的配置数} \times \text{平均消耗率}$$

$$\text{平均消耗率} = \text{消耗量} \div \text{配置数量}$$

例如:每间客房每天供应 4 包茶叶,平均每间客房每天消耗量为 3 包,其平均消耗率为 75%。如果某一楼层本月的客房出租率为 480 间/天,那么该楼层本月茶叶的消耗为 480 间/天×4 包×75%＝1 440 包。

(2) 全部消耗物品的消耗定额。

全部消耗物品的消耗定额可用下列公式计算:

$$\text{全部客用消耗品的消耗定额} = \text{出租客房的间数} / \text{天数} \times \text{平均消耗率} \times \text{每间客房的配置的客用消耗品的总金额}$$

例如:客房全部客用消耗物品的总金额是 8 元,平均消耗率为 70%,某楼层某月出租客房的总数为 480 间/天,那么该楼层本月客房客用消耗物品的消耗总金额应为 480 间/天×8 元×70%＝2 688 元。

2. 客用固定物品的消耗定额

客用固定物品的消耗定额是指可多次重复使用的客房客用物品的消耗定额。这应根据各种物品的使用寿命、合理的损耗率以及年度更新率来确定。这类物品的品种很多,而各种物品的使用寿命、损耗率及更新率等各有不同,因此要分别单独制订其消耗定额。

例如:客房的玻璃杯每间每天的损耗率为 1%,每间客房所配置的玻璃杯平均为 2 只,如果某楼层某月出租的客房总数为 480 间/天,那么该楼层本月玻璃杯的消耗额为 480 间/天×2 只×1%＝9.6 只。

三、布草的质量与规格

(一) 布草房和布草概述

布草房通常分为棉织品房和制服房。布草房工作有一定的规律性及阶段性,要加强计划安排。不仅要做好设备、安全管理及日常工作的安排,而且要对不同部门、不同岗位员工制服的换洗频率、换洗时间作出统一安排,要做好布草盘点、大批更换的控制。

布草房规章制度主要有：①员工劳动纪律；②交接班制度；③清洁卫生规定；④布草存放规定；⑤安全管理制度。

一般酒店的布草配备量为四套：一套在用，一套在洗，一套在周转，一套备用。其中，前三套称为在用布草，在客房餐厅、洗衣房、布草房之间周转；第四套称为备用布草，放在布草库房内，以备更新和补充。

（二）布草房运行流程

布草房运行流程见图4-9。

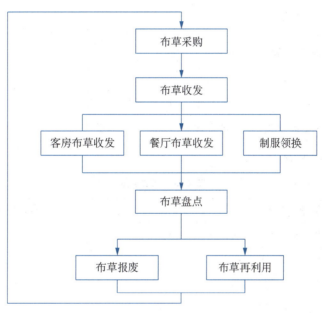

图4-9 布草房运行流程

（三）客房布草收发流程

客房布草收发流程见图4-10。

（四）布草的质量

(1) 纤维质地。有全棉、棉麻混纺、化纤、棉纤混纺。

(2) 纤维长度。纤维长，纺出的纱均匀、光滑、强度好，织物细腻、平滑。一级棉的纤维长度为29～31毫米。

(3) 纱支数。全棉床单与枕套，其纱支数一般为20～24支，混纺的为30～40支。

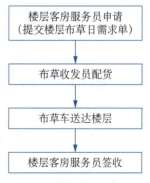

图4-10 客房布草收发流程

（4）织物密度。床单与枕套的织物密度一般为 288×244～400×400 根每 10 平方厘米。

（5）毛圈数量与长度。毛圈的数量与长度和毛巾的重量成正比。毛圈有圈绒和割绒两种，割绒档次高，柔软度好，制作成本高。

（6）制作工艺。床单、枕套和餐巾要求卷边宽窄均匀，尺寸统一，缝线平直，针脚等距且密度合适；毛巾类要求巾边牢固平整，每根纬纱都能包住边部的经纱等。

（7）耐洗次数。酒店一般有自己的洗衣房，全棉床单耐洗次数约为 500 次、枕套约为 400 次、毛巾类约为 300 次、餐巾约为 130 次、台布约为 450 次（混纺织物要高于此数）。

（五）布草的规格

各种布草的规格见表 4-6 至表 4-10。

1. 床单

$$床单长度 = 床垫长度 + 床垫厚度 \times 2 + 20 \text{ 厘米} \times 2$$
$$床单宽度 = 床垫宽度 + 床垫厚度 \times 2 + 20 \text{ 厘米} \times 2$$

床单的规格详见表 4-6。

表 4-6 床单规格

类型（厘米）	参考尺寸（厘米）
单人床单（床：120×200）	200×280
双人床单（床：150×200）	230×280
大号床单（床：165×205）	245×285
特大号床单（床：180×210）	260×290

2. 枕套

$$枕套长度 = 枕芯长度 + 20 \text{ 厘米}$$
$$枕套宽度 = 枕芯宽度 + 4 \text{ 厘米}$$

枕套的规格详见表 4-7。

表 4-7 枕套规格

类型（厘米）	参考尺寸（厘米）
普通枕套（枕：45×65）	50×85
大号枕套（枕：50×75）	55×95

3. 毛巾类

毛巾类的规格包括尺寸和重量两部分。卫生间毛巾规格详见表 4-8。

表 4-8 卫生间毛巾规格

类别 等级 规格	浴巾		面巾		方巾		地巾	
	尺寸（厘米）	重量（克）	尺寸（厘米）	重量（克）	尺寸（厘米）	重量（克）	尺寸（厘米）	重量（克）
一星级酒店	120×60	400	50×30	100	25×25	35	60×30	200
二星级酒店	120×60	400	55×30	110	25×25	40	60×30	200
三星级酒店	130×70	450	60×30	120	30×30	45	70×35	250
四星级酒店	140×80	600	70×35	140	30×30	50	75×40	300
五星级酒店	150×85	700	75×40	145	32×32	60	80×45	350

4. 餐巾

餐巾的规格详见表 4-9。

表 4-9 餐巾规格

类别	参考尺寸（厘米）
大餐巾	54×54
中餐巾	51×51

5. 台布

台布的规格详见表 4-10。

表 4-10 台布规格

类别	参考尺寸（厘米）
大台布	235×235
中台布	180×180
小台布	137×137

第六节　客房与公共区域的清洁整理

一、客房清洁保养的标准

客房清洁保养的标准主要有三个方面的内容：一是过程控制；二是进程控制；三

是结果控制。

（一）过程控制

1. 进房次数

一般有全面清扫整理、午后小整理、晚间做夜床的"一天三进房"，和全面清扫整理、做夜床的"一天两进房"，也有"一天数次进房"。

2. 操作程序

通过明确的操作步骤、方法、技巧和工作用品等，保证工作质量和工作效率。

3. 布置规格

同类客房标准一致，规格统一。

4. 费用控制

根据客房档次与房价，确定客房费用标准，以取得良好的经济效益。

（二）进程控制

1. 定额管理

如规定铺一张西式床、清扫一间住客房的时间，客房服务员每天应完成的工作量。

2. 质量标准

客房清洁保养质量标准。

（三）结果控制

1. 感观标准

客房看起来要清洁整齐；用手擦拭要一尘不染；嗅起来气味要清新；听起来要无噪声污染，即"十无"和"六净"。

（1）"十无"。清扫后的房间要做到：四壁无灰尘、蜘蛛网；地面无杂物、纸屑、果皮；床单、被套、枕套表面无污迹和破损；卫生间清洁，无异味、毛发、水迹和皂迹；金属把手无污锈；家具无污渍；灯具无灰尘、破损；茶具、冷水具无污痕；露面整洁，无"六害"（老鼠、蚊子、苍蝇、蟑螂、臭虫、蚂蚁）；房间卫生无死角。

（2）"六净"。清扫后的房间要做到：四壁净；地面净；家具净；床上净；卫生洁具净；物品净。

2. 生化标准

客房内的微生物指标不得超过规定的标准。

(1) 茶水具、卫生间洗涤标准。主要包括：①茶水具——每平方厘米的细菌总数不得超过 5 个；②脸盆、浴缸、拖鞋——每平方厘米的细菌总数不得超过 500 个；③卫生间不得查出有大肠杆菌。

(2) 空气卫生质量标准。主要包括：①一氧化碳含量每立方米不得超过 5.5 毫克；②二氧化碳含量每立方米不得超过 0.07%；③细菌总数每立方米不得超过 2 000 个；④可吸入尘每立方米不得超过 0.15 毫克；⑤氧气含量应不低于 21%，新风量不低于 18 立方米/人·小时，空气清新，无异味。

3. 采光照明标准

房间室内照明度为 50~100 勒克斯，楼梯楼道照明度为 25 勒克斯以上。

二、清扫客房工作标准流程

客房清扫前的准备工作有：服务员换上工作服；接受工作安排；领取房间钥匙；了解房态，决定清扫房间的顺序。

客房清扫的基本方法是：从上到下；从里到外；环行清理；抹布干、湿分开；先卧室后卫生间，即对于住客房应先做卧室再做卫生间的清扫，在整理走客房时则可先做卫生间清扫后再做卧室的清扫。

清扫客房工作标准流程见图 4-11。

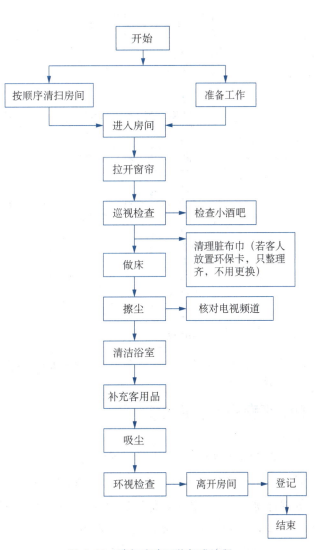

图 4-11 清扫客房工作标准流程

三、房间擦尘工作标准流程

房间擦尘工作标准流程见图 4-12。

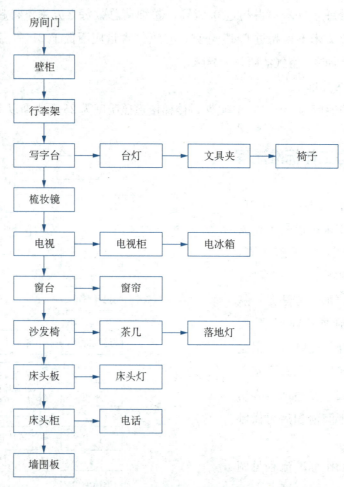

图 4-12　房间擦尘工作标准流程

四、客房的计划卫生

客房的计划卫生,是指在日常客房清洁基础上的周期性清洁计划,针对客房中平时不易或不必进行清洁的项目,如通风口、排气扇、天花板、门窗玻璃、窗帘、床罩等进行彻底的清扫整理以保证客房内外环境的卫生质量。

客房的计划卫生一般有如下三种方式:

(1) 要求客房清洁工每天扫除一间客房。

(2) 规定每天对客房的某一部位或区域进行彻底的大扫除。

(3) 季节性大扫除或年度大扫除。

客房计划卫生的组织要注意以下四个方面的工作：

(1) 计划卫生的安排。

(2) 计划卫生的检查。

(3) 计划卫生的安全问题。

(4) 选择合适的清洁剂和清洁工具。

五、酒店公共区域的范围

根据酒店公共区域（public area，PA）的功能和使用者的类别来划分，可分为客用部分和员工使用部分；根据其所处的位置来划分，可分为室外部分和室内部分。客用部分主要包括停车场、营业场所及客人临时休息处、客用洗手间等。员工使用部分主要包括员工更衣室、员工食堂、倒班宿舍、培训教室、阅览室、活动室等。酒店外部称为外围，它包括广场、停车场、车道、绿化地带、屋顶、外墙、橱窗、阅报栏、广告牌等。酒店内部又分为前台区域和后台区域。前台区域是指专供客人活动而设计的场所，例如：大堂、门厅、休息室、康乐中心、舞厅、餐厅、卡拉OK和客用洗手间等。后台区域通常指为酒店员工设计的活动区域，包括员工走道、电梯、更衣室、员工卫生间、员工食堂、办公室、倒班宿舍等。

酒店公共区域清洁保养的安排要从以下六个方面来进行：

(1) 制定出工作计划，列出工作内容。

(2) 明确岗位、班次工作内容。

(3) 合理配置人力、设备资源。

(4) 制定出质量标准，规定工作流程。

(5) 制定出操作规范。

(6) 加强检查督导。

第七节 面层材料的清洁保养

面层材料主要是指地面和墙面装饰材料。地面、墙面的清洁保养，既可美化环境，又能延长地面、墙面装饰材料的使用寿命。

一、地毯

地毯美观、舒适、安全、保温、吸音,被酒店广泛用于客房、餐厅、酒吧、会议室、舞厅等重要的场所。

(一) 地毯的种类及特征

地毯的分类方法主要有两种:一是根据地毯的纤维种类分类;二是根据地毯的构造分类。不同种类的地毯各有其特征。

(1) 羊毛地毯。羊毛地毯的优点是华贵、柔软、装饰性强、保温效果好,不易产生静电;缺点是吸潮、易缩水变形、易霉烂、易生虫、易被虫蛀,价格昂贵,难以保养。

(2) 聚酯纤维地毯。聚酯纤维又称涤纶,聚酯纤维地毯的优点是具有优良的抗皱性和保形性,耐热性好(优于锦纶),耐磨性强(仅次于锦纶),并具有良好的绝缘性和耐碱性,不燃烧;缺点是染色性能差,织物易起毛球,遇到火星易被烧坏。

(3) 聚酰胺纤维地毯。聚酰胺纤维又叫锦纶。这种纤维的优点是不蛀不霉,强度优异,特别是耐磨度好,遇火熔化但不燃烧,耐碱不耐酸。其缺点是不抗静电,耐热性差,织成地毯后会有蜡状手感(发涩)等。

(4) 聚丙烯纤维(丙纶)地毯。聚丙烯纤维是目前所有化纤中密度最小的一种。它强度高,回复性好,耐磨性仅次于锦纶,有良好的耐腐蚀性;几乎不吸水,不沾染脏物,不燃烧;耐光性和染色性差,耐热性不强,易收缩。

(5) 聚丙烯腈纤维(腈纶)地毯。聚丙烯腈纤维的手感、外观都很像羊毛,故有"合成羊毛"之称,被广泛地用来代替羊毛,或用于羊毛混纺,弹性和保形性较好,易洗易干,不霉不蛀,易染色。其缺点是不耐碱,耐磨性较差。

(二) 地毯的清洁保养

1. 采取必要的预防性措施

地毯清洁保养最积极、最经济、最有效的办法是采取适当的预防性措施,避免和减轻地毯的污染。具体的做法有:

(1) 喷洒防污剂。在地毯启用前,可以喷洒专用的防污剂,在纤维外表面上覆盖一层保护层,起到隔绝污物的作用,即使有脏物,也很难渗透到纤维之中,而且很容易清除。

(2) 阻隔污染源。酒店要在各入口处铺上长毯或擦鞋垫,用以减少或清除客人鞋底的尘土污物,避免客人将污物带进店内,从而减轻对包括地毯在内的地面的污染。

(3) 加强服务。通过周到的服务也可以达到防止污染地毯的目的。例如,有些客人有时会在客房内吃一些瓜果,发现这种情况时,服务员应为客人提供专门的用具用品,并给予适当的帮助,从而避免将瓜果壳及汁水弄在地毯上。

2. 经常吸尘

清洁保养地毯最基本、最方便的方法是吸尘。吸尘可以清除地毯表层及藏匿在纤维里面的尘土、沙砾。加强平时的清洁保养,不能等到地毯已经很脏时再对地毯进行吸尘。当肉眼能够看出地毯上有灰尘时,地毯已经很脏了,纤维组织已经积聚了大量的灰土,仅靠吸尘已经不能解决问题。可交替使用筒式吸尘器和滚擦式吸尘器吸尘。筒式吸尘器一般只能吸除在地毯表面的尘土,而滚擦式吸尘器既可吸除地毯表面的尘土,又可以通过滚刷的方式,将藏匿在纤维里面的尘土、沙砾清除,同时,还能将粘结、倒伏的纤维梳理开,使之直立,恢复地毯的弹性及外观。

3. 局部除迹

地毯上经常会有局部的小块斑迹,如饮料迹、食物斑迹、化妆品迹等。对于这些小块斑迹不可轻视,应及时清除。这些污迹降低了清洁保养的水准,影响地毯的外观;而且这些污迹可能会渗透扩散;另外,污迹滞留时间过长往往会变成顽迹而难以清除,即使最终清除掉,也会给地毯造成损害。

常见的地毯污迹的种类及清除方法见表 4-11。

对地毯进行局部除迹的注意事项:

(1) 先用清水湿润污迹周边地毯,以防止污迹潮湿后向周边扩散。

(2) 用刷子擦刷时,采用湿刷的办法,以减轻对纤维的损伤。

(3) 在清洗污迹时必须先采用有效的方法清除污物。

(4) 根据污迹的种类和性质选用合适的清洁剂。

(5) 使用清洁剂后,必须用清水过清,以减轻清洁剂对地毯的损伤。

(6) 避免清洁方法不当而留下新的痕迹,如褪色等。

表 4-11 常见的地毯污迹的种类及清除方法

污迹的种类	清除方法	备 注
酒精、尿液、烟灰、铁锈、血液、啤酒、果酒、果汁、盐水、芥末、漂白剂、墨水	1. 将溶液①浸在清洁的抹布上 2. 轻轻抹去污迹 3. 用纸巾或干布吸干 4. 用吸尘器吸尘	溶液①:以 30 毫升的地毯清洁剂加一匙白醋,溶于 120 毫升水中
巧克力、鸡蛋、口香糖、冰激凌、牛奶、汽水、呕吐物	1. 将溶液①浸在清洁的抹布上 2. 轻轻抹去污迹 3. 用干布或纸巾吸去液体 4. 施用溶液② 5. 施用溶液① 6. 用干布或纸巾吸去液体 7. 干后用吸尘器吸尘	溶液②:将 7% 的硼砂溶于 300 毫升水中

(续表)

污迹的种类	清除方法	备注
牛油、水果、果汁、油脂、食油、药膏、油漆、香水、鞋油、油渍、蜡	1. 将溶液①浸在清洁的抹布上 2. 轻轻抹去污迹 3. 用干布或纸巾吸去液体 4. 等待变干 5. 用溶液①浸湿脏处 6. 轻轻擦拭 7. 用干布或纸巾吸干 8. 干后用吸尘器吸尘	
地毯烧伤	1. 用软刷轻刷 2. 或者用剪刀将烧焦的部分剪掉 3. 用吸尘器吸一遍	必要时用清洁剂溶液清洁
地毯严重烧伤	1. 用利刃去掉烧焦部分 2. 用同样的地毯胶贴或织补 3. 清除痕迹	
地毯上有压痕	1. 用蒸气熨斗熨烫 2. 用软刷轻刷或用吸尘器吸,清除痕迹	

4. 适时清洗

当地毯使用了一段时间,脏到一定程度时,应对地毯进行全面彻底的清洗,以保持应有的清洁水准。但是,清洗地毯往往具有成本费用高、影响使用、对地毯有损伤等问题。清洗地毯的损伤主要有以下几点:机器设备对地毯的磨损;化学清洁剂对地毯的腐蚀;地毯受潮后缩水、变形、霉烂、褪色、加速老化;洗过的地毯难以恢复原有的弹性和外观。因此,这种清洗的频率必须适度,不宜频繁清洗,清洁的方法必须得当,地毯在清洗时要选择好设备工具和清洁剂,采用正确有效的方法。目前,酒店常用的清洗地毯的方法主要有干泡擦洗法、喷吸法、干粉除污法等。

(1) 干泡擦洗法。干泡擦洗法是酒店比较常用的清洗地毯的方法。其操作过程和除污方法是将清洁剂压缩打泡后喷涂在地毯上,同时以机器底部的擦盘擦洗地毯,使泡沫渗入到地毯中,靠擦盘的摩擦力和清洁剂的去污力将污物和纤维分离。分离后的污物与泡沫结成晶体,约半小时以后,用吸尘器将其吸除。这种清洗方法不会使地毯很潮湿,而且对地毯使用时间的影响较小,故适用范围较广,但如果地毯较脏,则难以一次性清洁干净。

(2) 喷吸法。喷吸法就是用高压将清洁剂溶液喷射到地毯中,在高压冲击和清洁剂的双重作用下,将污垢与纤维分离,同时用强力吸嘴将溶液及污物从地毯中吸除。这种方法快捷方便,对地毯的直接伤害较小,但清洁后,地毯湿度较大,干燥时间较长。一般适用于化纤地毯。

(3) 干粉除污法。干粉除污法就是将专用干粉撒在地毯上，用机器碾压，使之渗透到地毯中。让干粉在地毯中滞留一段时间后，再用吸尘器吸除。这种方法基本不损伤地毯，但只适用于轻微污染的地毯。

清洗地毯时的注意事项：

① 要有齐全适用的设备、工具。

② 清洁剂要合理配置。

③ 水温不能过高。

④ 清洁前要先移开家具和其他障碍物。

⑤ 边角部位要用手工处理。

⑥ 如果地毯很脏，不要指望一次就能清洗干净。

⑦ 必须待完全干燥后才能使用。

⑧ 对局部的严重污染，可先用手工清除。

⑨ 安全操作。

二、大理石地面

(一) 大理石地面的种类

1. 天然大理石

天然大理石是石灰岩经过地壳的高温高压作用而形成的变质岩，属中硬材料，主要由分解石和白云石组成，其主要成分有 50% 以上的碳酸钙。天然大理石颜色有白、黑、红、灰、黄、绿等几种基本色。天然大理石表面的加工主要有粗磨、细磨、半细磨、精磨、抛光等五道工序。抛光是最后一道工序，通过抛光，可使其表面具有最大的反射光线能力，达到较高的光泽度，最大限度地显现其表面的花纹和色彩。大理石主要用于大厅地面和高档客房卫生间地面的铺设。由于大理石含有杂质，碳酸钙在大气中受二氧化碳、硫化物、水气的作用容易被风化、腐蚀，使其表面失去光泽，故不宜在室外使用。

2. 人造大理石

人造大理石表面光洁度很高，其花色模仿天然大理石、花岗岩，富有装饰性，具有良好的耐久性和可加工性，表面抗油污性好，不易染色，价格较天然大理石低，是比较理想的地面装饰材料。按照人造大理石生产所用材料，一般可分为聚酯型人造大理石、水泥型人造大理石、复合型人造大理石、烧结型人造大理石等几种。

(1) 聚酯型人造大理石。这种人造大理石多是以不饱和聚酯树脂为黏结剂，与石英砂、大理石、方解石粉等搅拌混合，浇铸成型，在固化剂作用下产生固化作用，经脱模、烘干、抛光等工序而制成。聚酯型人造大理石最常用,其产品的物理和化学性能最好,花纹容易设计,适应多种用途,但价格相对较高。

(2) 水泥型人造大理石。这种大理石是以各种水泥或石灰磨细为黏结剂,沙为细骨料,碎大理石、花岗岩、工业废渣等为粗骨料。经配料、搅拌、成型、加压蒸养、磨光、抛光而制成。水泥型人造大理石价格最低廉,但耐腐蚀性能较差,容易出现微龟裂,适用于作板材,而不适用于做卫生洁具。

(3) 复合型人造大理石。这种人造大理石的黏结剂中既有无机材料,又有有机高分子材料。用无机材料将填料黏接成型后,再将坯体浸渍于有机单体中,使其在一定条件下聚合。对板材而言,底层用低廉而性能稳定的无机材料,面层则用聚酯和大理石粉制作。复合型人造大理石则综合了前两种的优点,既有良好的物化性能,成本也较低。

(4) 烧结型人造大理石。将斜长石、石英、辉石、方解石粉和赤铁矿粉及部分高岭土等混合,一般配比为黏土40%、石粉60%,用泥浆法制备坯料,用半干压法成型,在窑炉中以100℃左右的高温焙烧。耗能大,造价高,产品破损率高。

(二) 大理石地面的清洁保养

为保持其清洁美观,延长其使用寿命,需对大理石地面进行有效的清洁保养。对大理石地面进行清洁保养时,一定要方法得当,否则,会对大理石地面造成损伤,既影响其外观,又会缩短其使用寿命。

为了减轻污染,在周围的出入口处要铺放踏脚垫,但不能直接在大理石上放置踏脚垫或有橡胶底的地毯,因为它们会与蜡粘连,形成难以清除的脏痕。大理石地面还要防止被坚硬物体擦伤。

在清洁保养工作中,要避免使用酸性清洁剂。因为酸性清洁剂会与大理石产生化学反应,使大理石表面变得粗糙,失去光泽和韧性。对碱性清洁剂也需选择使用。因为部分碱性清洁剂,如碳酸钠、碳酸氢钠、磷酸钠等也会对大理石造成损伤。在清洁时,不能使用肥皂水,因为用后会留下黏性沉淀物而不易清除,使大理石地面变滑,影响行人安全。在清洁时,不要将清洁剂直接泼洒在地面上,而应将地面预湿,以防止清洁剂中的盐分被大理石表面的细孔吸收,从而使清洁更加容易。

新铺的大理石地面在启用前必须先清洗打蜡,以防止污物渗透,使其表面光洁明亮。第一次打蜡可打两层底蜡和两层面蜡。启用后,在日常清洁保养中,要及时除尘,通常用尘推干推。必要时,用中性清洁剂湿拖或清洗。平时,只要用高速抛光即可保持光泽。大理石表面污迹积聚较多时,需用低速洗地机清洗,清除逐渐积累的上光剂和污物,然后重新涂上上光剂。打蜡抛光常见的问题及原因见表4-12。

表 4-12　打蜡抛光常见的问题及原因

问　题	原　因
全部涂层很差	1. 对碱性清洁剂消除不彻底，有残留 2. 上光剂太少 3. 前一层未干就涂后一层 4. 上光剂质量太差
地面过滑	1. 上光剂太多 2. 上光剂是从另一处移过来的 3. 地面未在打蜡抛光前清洁干净
涂层成粉状	3. 地面已受过污染 2. 封蜡时湿度过高或高低 3. 地面下有热度 4. 定期保养打蜡用刷垫
耐久性差	1. 交通负荷超过地面承受能力 2. 蜡用清洁剂 3. 日常保养打蜡用刷垫 4. 上光剂太少 5. 上光剂涂在受污染的地面上 6. 清洁剂碱性不够

三、木质地面

酒店的会议室、酒吧、舞厅、健身房、篮球馆、羽毛球场、客房等，常用木质材料作为地面装饰。木质地面装饰板多用软木树材（松树、杉树等）和硬木树材（杨木、柳木、榆木等）加工制成，可做成切口板或拼花板等。木质地面的特点是自重轻，导热性能低，有弹性，舒适度好，美观大方；但木质地面最容易随空气温度、湿度的变化或长时间水清洁而导致裂缝、翘曲、破损、腐朽等问题，同时，因木材纤维易破裂，故木质地面易磨损，而且其耐火性很差。

木质地面的清洁保养注意事项：

（1）木地板在启用前要用油性蜡密封上光，以隔热防潮、防渗透、防磨损。

（2）日常清洁保养中，可用抹布或经牵尘剂浸泡过的拖把除尘除迹。

（3）特殊污迹要采用合理的方法清除，不能蛮干。

（4）一般污垢用经稀释过的中性清洁剂清洗。

（5）定期清除陈蜡并重新打蜡。清除陈醋时，要使用磨砂机干磨，边角部位用钢丝绒手工处理。

四、水磨石地面

水磨石地面造价相对较低,而且美观耐用,通常铺在出入口、服务员走道、楼梯等场所。水磨石地面对碱敏感,使用碱性清洁剂会使其质地粉化。在清洁保养时,通常选用含碘硅酸盐、磷酸盐等清洁剂和合成清洁剂。

水磨石地面的清洁保养方法:

(1) 水磨石地面表层孔隙多,需用水基蜡密封。
(2) 常除尘除迹。
(3) 免沾染油脂类污物。
(4) 适时清洗。清洗前先用清洁的温水预湿地面,然后用合适的清洁剂清洗,最后用清水冲洗干净并擦干。

五、瓷砖地面

瓷砖通常不上釉,因为上釉会增加表面的滑度。瓷砖用耐火土烧成,一般为红、黑或奶白色。瓷砖有不可渗透的特性,表面光滑。瓷砖可抗酸、油脂和水,但可被强碱侵蚀。在湿水或使用不正确的清洁剂时,瓷砖地面会很滑。但其日常清洁保养一般无特别要求。

(1) 所选用的蜡应为油性蜡。
(2) 防止碰撞或擦伤,防火、忌水。

六、混凝土地面

混凝土地面强度好,吸水性强,比较耐久,若加工精细,其表面也能光洁平整,但色彩单一。如果不做处理,混凝土地面容易起粉尘,而且不耐酸碱及油脂的腐蚀污染。其多用于停车场、楼梯、运输通道等处。

混凝土地面启用前,需用聚酯、环氧树脂、水基蜡或酚醛做清洁处理。在日常清洁保养中,可用扫帚、湿拖把清洁,必要时用中性清洁剂清洗。

七、硬质墙面

酒店常见的硬质墙面材料有瓷砖和大理石等,其特征与相同的地面材料基本相同,但清洁保养的方法和要求有所不同。作为墙面，很少受到摩擦，主要是尘土、水和其他污物，日常清洁保养一般只是对其进行除尘除迹。定期清洁保养大多是全面清洗，光滑面层可用蜡水清洁保养。厨房卫生间的墙面用碱性清洁剂清洗，但洗后要用清水洗净，否则时间一长，表面会失去光泽。

八、墙纸、墙布

酒店使用最广的墙面材料是墙纸、墙布，主要用于客房、办公室、会议室、餐厅酒吧等。墙纸、墙布的清洁保养主要是除尘除迹。除尘时，可使用干布、鸡毛掸、吸尘器等。除迹时，需按规范操作。对耐水的墙纸、墙布，可用中性、弱碱性清洁剂和毛巾、软刷擦洗，擦洗后再用纸巾或干布吸干。对不耐水的墙纸、墙布，只能用干擦的方法，或用橡皮擦拭，或用毛巾蘸少许清洁剂溶液轻擦。

九、木质墙面

木质墙面主要有微薄木贴面和人造木纹板等几种，常用于大厅、餐厅、办公室、客房等。微薄木贴板是一种新型的高级装饰材料，它是用珍贵树种如柚木、水曲柳、榉木等，经过精细的刨切，制成厚度为 0.2~0.5 毫米的微薄木，以胶合板为基础，采用先进的黏胶工艺制成的，特点是花纹美丽，真切感和立体感强，容易清洁，但易损坏。人造木纹板也是一种新型的装饰面板，它是人造板表面用凹版花纹胶辊套色印刷机印刷出各种花纹而制成的。人造木纹板的种类主要有印刷木纹胶合板、印刷木纹纤维板、印刷木纹刨花板等，其特点是花纹美观逼真，色彩鲜艳协调，层次丰富清晰，表面耐磨，有光泽，耐温，抗水，耐污染，易清洁，但不阻燃。

木质墙面的清洁保养主要是除尘除垢，定期打蜡上光，防碰撞或擦伤。除尘除垢可用湿抹布，打蜡上光需选用家具蜡，如有破损则需专业人员维修。

十、软墙面

软墙面装饰格调高雅，吸音保温，质感和触感独特，立体感强。软墙面主要是由棉缎等织品浮造墙面，内衬海绵等材料。

软墙面的清洁保养主要是除尘除迹。除尘时可用干布或吸尘器，如有污迹，可选用合适的方法消除。一般不宜水洗，以防褪色或形成色斑。用溶剂除迹时，要注意防火。

十一、涂料墙面

涂料可分为溶剂型涂料、水溶性涂料和乳胶漆涂料等几种。溶剂型涂料生成的涂膜细而坚韧，有一定的耐水性，但易燃，挥发后对人体健康有害。水溶性涂料是以水溶性合成树脂为主要成膜物质，会脱粉。乳胶漆是将合成树脂以极细微粒分散于水中构成乳液（加适量乳化剂），以乳液为主要成膜物质，其效果介于溶剂型涂料和水溶性涂料之间。色泽变化多，不易燃，无毒无怪味，有一定的透气性，但过分潮湿时会发霉。

涂料墙面的保养主要是除尘除迹。灰尘可用干布或鸡毛掸清除，污迹可用干擦等方法消除。另外，要定期重新粉刷墙面。

十二、油漆墙面

油漆墙面色彩丰富多样，易与家具等的色彩搭配，使得整体协调，易清洗，寿命长，但空气湿度大时容易脱落，故适用于干燥的场所。在清洁保养时，可用湿抹布擦拭，以清除灰尘污垢，但忌用溶剂。

第八节　清 洁 器 具

一、清洁器具的分类

客房部在清洁保养工作中所使用的清洁器具主要包括两类，即一般器具和机械设备。

（一）一般器具

一般器具是指不需要电动机驱动而可以直接用手工操作的清洁工具，如抹布、扫帚、拖把、手推车、玻璃清洁器等。

（二）机器设备

机器设备通常是指由电动机驱动的清洁器具，如吸尘器、吸水机、洗地机、打蜡机等。

二、清洁器具的种类和用途

（一）一般器具的用途、使用及保养

1. 抹布

抹布用途很多，如除尘、除渍、吸水等。不同用途，需用不同质地、不同规格的抹布。抹布要有明显的区别标志，以免抹布混淆和交叉使用。特别是由原来的客用布件改制而成的抹布，更要防止与在用的客用布件混淆，避免引起客人的误会。在使用抹布时，通常要将抹布折叠起来，多面使用。用过的抹布要洗涤、消毒和晾干，并进行妥善保管。抹布的数量要充足。

2. 扫帚

扫帚的基本用途是扫除灰尘杂物。由于使用用途和场所不同，扫帚也有很多不同的种类：长柄扫帚、单手扫帚、小扫帚。

使用扫帚时，清扫幅度不宜过大，避免尘土飞扬、泥水四溅。使用后，要对其进行清洁，使其保持干燥。

3. 畚箕

畚箕主要用于收集和转移垃圾。畚箕的规格、种类很多，有敞口畚箕和提合式畚箕等。

4. 拖把

拖把的用途比较多，最基本的用途是清洁光滑地面。常见的有干拖把、湿拖把和油拖把。拖把的材料有天然纤维和化纤两种。天然纤维吸水性强，化纤材料除尘性好。拖把头有圆头形和扁平形等。干拖把和油拖把以扁平形为佳，而湿拖把以圆头形为宜。在使用拖把时，要讲究移动线路，常用的方式是直线或"∞"形移动，要避免遗漏。在移动中不能将拖把离开地面。拖把要及时清洗或清洁。在使用湿拖把时，不仅要清洗干净，而且还要尽量将水拧去，以无水滴为宜。拖把在使用后，要洗净晾干，挂放起来，以防止霉烂、滋生细菌。

5. 拖把拧水器

拖把拧水器是与拖把相配套的器具，其作用是拧去清洗后拖把上的水或浸蜡后拖把上多余的蜡液。拖把拧水器有滚轴式、下压式和边压式等几种。

6. 拖地车

拖地车是可以推动的小型工具车，它由清洁桶、拧水器、车架、车轮组成。可以同时用于盛放清洁剂、放置和清洗拖把等。

7. 尘推

尘推即地面尘推器，主要用于光滑的地面的除尘，它可将地面上的尘土、沙砾等

杂质清除，从而减轻对地面的磨损，保持地面的清洁。尘推由尘推头、尘推架两个部分组成。尘推的种类很多，常用的主要有普通尘推、剪式尘推和折式尘推。

使用和保养尘推时的注意事项：

（1）将已用牵尘剂（尘推处理液）处理过的干尘推平放在地上，用直线或"∞"字形推进，尘推不可离地。

（2）当尘推沾满尘土后，将尘推放在垃圾桶上清洁。

（3）当尘推失去粘尘能力时，要重新用牵尘剂处理，才可再用。

（4）尘推变脏后可用碱水清洗，晾干后用牵尘剂处理，用胶袋封好备用。

8. 地刷

地刷的主要用途是清洗地面。在清洁保养地面时，有些场所和部位难以使用机器进行清洗，地刷要比机器灵敏，使用的场所和部位较多。

9. 玻璃清洁器

玻璃清洁器主要用于清洁玻璃、镜面、其他光滑的面层。一套玻璃清洁器主要包括伸缩杆、擦拭器、刮刀等配件。玻璃清洁器使用时，用水枪或注射器或擦拭器喷涂水或清洁液浸湿玻璃后，用擦拭器擦拭，再用刮刀刮净层面上的水和污渍，用吸水布将刮刀上的污渍擦净。玻璃清洁器在使用后要拆卸下来，清洗擦拭干净，分开存放。

10. 刷子

刷子的用途很多，其种类也很多，如脸盆浴缸刷、便器刷、窗沟刷、地毯刷等。工作中可根据需要配备，并区别使用，用后要洗净放好。

11. 鸡毛掸

用鸡毛做成的掸子，多用于室外清洁工作和高处除尘。

12. 小铲刀

小铲刀主要用于铲除面层上的黏物和难以清除的污垢，如口香糖等。使用时刀口要放平，用力要适中，不能破坏面层。

13. 警示牌

警示牌主要用于提醒警示，防止发生伤害事故。它有多种不同的设计，如"工作区域，小心路滑"等。

14. 接线插盘

在某些区域进行清洁保养时，需要用电器设备。为了解决离电源插座远的问题，就需要使用接线插盘。

15. 工作车

工作车是用于存放工具用品的手推车。工作车的种类很多，有客房服务员工作车、公共区域清洁工作车、物品搬运车等。工作车必须保持清洁，物品摆放要整齐美观，使用时要平稳推动。车轮要适时加油润滑，以利于转动灵活、消除噪音。

（二）清洁设备的种类和用途

1. 擦地机

擦地机具有洗地、起蜡、上蜡、喷磨及洗地毯的功能。

2. 抛光机

对打蜡后的地面进行喷磨和抛光需要抛光机。喷磨可用单擦机或低速抛光机，而抛光则要用高速抛光机。抛光机的主要配件是百洁刷片。百洁刷片因成分不同、硬度不同而有不同的用途，可以通过颜色来加以区别。一般情况下，百洁刷片由浅到深的顺序为白色、米色、红色、蓝色、绿色、褐色、黑色，颜色越浅，硬度越低，研磨性越小，抛光性能越好；颜色越深，硬度越高，研磨性越大，擦洗性能越好。

抛光机一般配置喷蜡嘴。喷蜡嘴安置在机器的前部，可以边喷洁面蜡边抛光。

3. 吸尘器

吸尘器只适用于干燥的环境，在潮湿的环境下吸除脏液，需要使用吸水机。也有吸尘、吸水两用的机器，即吸尘吸水机。

4. 地毯抽洗机

地毯抽洗机俗称为三合一地毯抽洗机，集喷液、刷洗、吸水为一体。

5. 吹干机

吹干机常用于地毯、地面清洁后的吹干。根据地面潮湿的程度不同可调节风速（一般分为三速），促进地毯、地面的水分蒸发，加速地毯、地面的干燥。

6. 高压清洗机

高压清洗机俗称高压水枪，分冷水型和热水型，主要是通过水的压力及温度对游泳池、广场、厨房及冷库等区域进行清洁，特别适用于对地面顽渍的处理。出水温度最高能达到100℃，工作水压最高能达到200帕。

7. 软面家具清洗机

软面家具清洗机俗称沙发机，其工作原理是由主机将兑制的高泡清洁剂制成泡沫，盘刷以泡沫来旋转清洗物面。

第九节　清洁剂的种类与用途

在每天的客房清扫中，服务员只是用湿润抹布对家具进行除尘，家具表面的油迹污垢不能祛除。对此，可用稀释的多功能清洁剂进行彻底除垢。使用清洁剂可以提高工作效率，使被清洁物品干净、美观，延长其使用寿命。但是，清洁剂和被清洁物品都有较复杂的化学成分和性能，清洁剂需妥善管理和使用，使用不当则达不到预期效果，甚至会损伤物体和使用者的皮肤，长期使用会使家具表面失去光泽。

目前酒店常用的清洁剂大致有以下几种：

一、酸性清洁剂（pH 值< 7）

（1）盐酸（pH 值＝1）。主要用于清除建筑施工时留下的水泥、石灰斑垢。

（2）硫酸钠（pH 值＝5）。可与尿碱中和反应，用于清洁卫生间便器，但要量少且不能常用。

（3）草酸（pH 值＝2）。用途同前两种清洁剂，效果更强于硫酸钠。

客房部可少量配备上述三种酸性剂，用于卫生维护或消除尘垢，使用前必须将清洁剂稀释，不可将浓缩液直接倒在瓷器表面。

（4）马桶清洁剂（pH 值＝1～5）。主要用于清洁客厕和卫生间便器，有特殊的洗涤除臭和杀菌功效。呈酸性，但含有合成抗酸性剂，安全系数增加，要稀释后再行使用。在具体操作时，必须在抽水马桶和便池内有清水的前提下倒入数滴，稍等片刻后，用刷子轻轻刷洗，再用清水冲洗。

（5）消毒剂（5＜pH 值＜9）。主要呈酸性，除了作为卫生间的消毒剂外，还可用于消毒杯具，但一定要用水漂净。

二、中性清洁剂（pH 值≈7）

（1）多功能清洁剂。酒店用量最大的一种清洁剂，宜用于日常卫生清洁，但对特殊污垢作用较小。pH 值为7～8，略呈碱性，主要含表面活性剂，可祛除油垢，除不能用来洗涤地毯外，其他地方均可使用。原装均为浓缩液，使用前要根据使用说明进行稀释，再擦拭家具，便可祛除家具表面霉变的污垢、油脂化妆品等，不仅很少损伤物体表面，还具有防止家具生霉的功效。

（2）洗地毯剂。这是一种专用于洗涤地毯的中性清洁剂。因所含泡沫稳定剂的剂量不同，又分为高泡沫和低泡沫两种，高泡沫一般用于干洗地毯，低泡沫一般用于湿洗地毯。低泡沫清洁剂如果用温水加以稀释，去污效果更好。

三、碱性清洁剂（pH 值> 7）

（1）玻璃清洁剂（pH 值＝7～10）。液体的大桶装，类似多功能清洁剂，主要功效是除污斑，在使用时需装在喷壶内，先对准污迹喷一下，然后立即用干布擦拭，可光亮如新。高压的喷装，内含挥发溶剂、芳香剂等，可祛除油垢，使用后留有芳香味，并会在玻璃表面留下透明保护膜，方便以后的清洁工作，价格较高，但省时省力，效果较好。

（2）家具蜡（pH 值＝8～9）。具有清洁和上光双重功能，形态有乳液态、喷雾型、膏状等几种。家具蜡内含蜡（填充物）、溶剂（除污垢）和硅铜（润滑、抗污），可祛除动物性和植物性的油污，并在家具表面形成透明保护膜，防静电、防霉。使用时先将蜡倒一些在干布或家具表面上擦拭一遍，约 15 分钟后再擦拭一遍，进行上光，两次擦拭效果好。

（3）起蜡水（pH 值＝10～14）。起蜡水的强碱性可将陈蜡及脏垢浮起，从而达到去蜡功效。用于需两次打蜡的大理石和木板地面。碱性强，起蜡后一定要反复清洗地面，然后才能再次上蜡。

四、上光剂

（1）省铜剂（擦铜水）。通过氧化掉铜表面的铜锈而使铜制品光亮。省铜剂为糊状，只能用于纯铜制品，镀铜制品不能使用，否则会将镀层氧化掉。

（2）金属上光剂。除锈、除污、上光，含轻微磨蚀剂、脂肪酸、溶剂和水，主要用于铜制品和金属制品，例如：锁把、扶手、水龙头、卷纸架、浴帘杆等。

（3）地面蜡。包括封蜡和面蜡，封蜡和面蜡又分为水基和油基两种，水基蜡主要用于大理石地面，油基蜡主要用于木板地面。蜡的形态有固态、膏态、液态三种，较常用的是膏态、液态两种。封蜡主要用于第一层底蜡，内含填充物，可堵塞地面表层的细孔，起到光滑作用，好的封蜡可维持 2～3 年。面蜡主要是打磨上光，增加地面光洁度和反光强度，使地面更为美观。

五、溶剂

溶剂为挥发性液体，常被用于祛除油污，可使忌水的物体避免水的浸湿。

（1）地毯除渍剂。专门用于清除地毯上的特殊斑渍，适合于忌水的羊毛地毯。地毯除渍剂有两种：一种专门清除果汁色斑；另一种清除油脂类脏斑。清洁时用毛巾（或喷灌装）蘸除迹渍，在脏斑处擦拭。发现脏斑要及时擦除，否则效果较差。

（2）药用酒精。主要用于电话机消毒。

（3）牵尘剂（静电水）。浸泡尘拖，对免水拖地面，像大理石、木板地面进行日常清洁和维护。具体操作时，应先将尘拖头洗干净，然后用牵尘剂浸泡，待全干后再用来拖地，除尘效果明显。

（4）杀虫剂。喷灌装的高效灭虫剂，如"必扑""雷达"等。对房间定时喷射后密闭片刻，可杀死蚊、蝇和蟑螂等爬虫和飞虫。这类杀虫剂由服务员使用，安全方便，但对老鼠等害虫则应请专门卫生机构，或购买专门用于灭鼠的药粉由专人负责灭杀等。

（5）空气清新剂。兼具杀菌、祛除异味、芳香空气的作用。品种很多，不一定都是溶剂型。香型种类很多，香型选择要考虑适合大众的习惯。辨别质量优劣的最简单的方法就是看留香时间长短，留香时间长的为好。

第十节 突发事件处理

一、停电处理

（1）楼层服务员应立即停下手中的工作，保持镇定，清理过道；将走道上的工作车吸尘器推到就近的客房中，如果光线不够无法清理过道，服务员应该站在工作车和吸尘器旁，以防客人碰撞。

（2）将楼层走道窗帘和前后梯道的门打开。

（3）应及时向工程部了解停电原因和停电时间以便做好解释工作。

（4）使用应急灯为客人照明并向客人做好解释工作，告知客人应急电筒位置及使用，劝客人暂时不要离开房间，关好门，楼层领班应加强楼层走道的巡视检查工作。

（5）楼层员工检查客梯内有无人员被困，若有人，应首先安慰客人，并立即通知工程部和部门负责人进行解救，根据客人困在电梯里受惊吓的情况，主动询问是否需要到医院进行检查。

（6）停电结束后，将所有标准恢复正常。注意不可在房间或走道上使用明火；如事先接到停电通知，应准备好停电通知，配入房间；检查每扇房门是否关闭，每层楼要定人负责安全巡视。

二、停水处理

（1）接到停水通知后及时打印停水通知单，配入房间。
（2）停水前楼层应存水备用，准备好热水和热水瓶。
（3）停水时应对客人做好解释工作，为客人提供热水服务。
（4）停水结束后检查房间出水有无黄锈，直至将水质放到清澈为止。注意酒店恢复供水后及时将房间通知撤出，并检查工作间及客房水龙头是否关闭。

三、客房房屋或空调漏水的处理程序

（1）如遇房间漏水应立即移开周围棉织品或家具，以防物品损坏。
（2）用垃圾桶放在漏水点下方接水，用抹布铺在漏水的地毯上以免地毯二次污染。
（3）如住客房漏水及时与总台联系，帮助客人换房。
（4）通知工程部前来维修。
（5）将漏水的房间置为待修房。

四、客人死亡处理

（1）楼层服务员应保持镇定，不可惊慌失措，在走道上奔跑、叫喊，以免引起混乱。
（2）关闭房门，禁止其他员工入内，做好现场保护工作。
（3）向上级汇报。
（4）向有关部门和有关单位提供客人资料，协助处理。
（5）事后对客房进行彻底的处理。

五、醉酒客人处理

（1）员工发现客人醉酒后，应立即向上级汇报。
（2）主管接到通知后，应立即赶至现场，根据客人醉酒的情况进行处理。
（3）如果醉酒住客在楼道上，且醉得不是很厉害，主管应和服务员询问客人住哪间房并将客人扶回房内休息。同时将面巾纸、垃圾桶放至床边。如果醉得很厉害，应立即核实客人身份并将客人送回房间，并请大堂保安等协助。
（4）如果发现客人神志不清，有破坏行为，应及时通知大堂经理及安全部。

(5) 密切注意房间的动静，发现异常情况及时报告。
(6) 做好详细记录。

六、公共区域客人呕吐的处理

(1) 服务人员应有礼貌地问候客人，寻找客人的同伴或家人，并通知大堂前来处理并拍照留证。
(2) 用干抹布将地毯上的呕吐物包起来放在垃圾袋。
(3) 及时用清洁设备对地毯进行清洁。
(4) 喷洒空气清新剂，确保公共区域空气时刻处于清新状态。

七、因酒店方的设备问题致使客人受伤的处理

(1) 服务人员立即安慰客人，然后马上挂电话请医生来为客人治伤，随即向主管经理汇报。
(2) 视客人的伤势到房间问候。
(3) 对所发生的事情向客人表示我们的不安与歉意。
(4) 对该房的客人在服务上给予特殊的照顾，视情况进房间问候、询问客人在服务上是否有其他需要。
(5) 马上通知维修部门，对该房的设备进行检查维修。
(6) 对事情发生的经过做好记录，调查事故发生的原因，从中吸取教训，防止类似的事情再发生。

八、请勿打扰（DND）房的处理程序

(1) 发现挂有"DND"卡的房间需在工作表上做好记录。
(2) 当客人撤去"DND"卡后，就可以打扫房间。
(3) 到中午 12 点前，楼层服务员应重新检查挂有"DND"牌的房间是否取消。
(4) 当客房门口挂着"DND"卡时，未经部门领班（主管）同意，员工不得进入房间，在区域内工作时，注意说话音量以免打扰客人休息。
(5) 到下午 2 点半以前"DND"卡仍未收回的房间，楼层服务员须及时将有关"房间清洁服务"的卡从门缝塞进房间里，服务卡不能露在门外。同时，服务员应把"DND"情况汇报给楼层领班（主管）。

（6）下午2:30时，楼层领班接到通知后，将房号记录并通知文员打电话给客人询问意见，然后根据客人的意愿去做。如果房间没人接听，由文员在"DND"报表注明房号在下午3:00前交与大堂副理。在下午4:30前大堂副理通知文员"DND"房的处理结果，然后根据结果去执行。

（7）随时注意挂"DND"的房间情况，以免发生意外。

九、遗留物品处理程序

（1）酒店应有专用的遗留物品储存室或储存柜，遗留物品由专人负责登记、保管，由客务部经理负责处理。

（2）楼层查房时发现遗留物品，拾获人应立即通知总台告知客人。如果客人已经退房应立即通知服务中心，告知服务中心物品种类和房号。

（3）拾获人妥善保管好遗留物，中午或下班前交至服务中心并详细填写《遗留物品登记单》。

（4）由服务中心联络员核对，并登记在《遗留物品登记簿》上。

（5）遗留物如果是大量现金或其他贵重物品，应第一时间通知大堂经理前来处理。

（6）失主认领遗留物品时，须说明有关失物的详细情况，并交验其有效证件，在《遗留物品登记单》上签字。经签字确认后的登记单应贴附在登记簿原页背面备查。

（7）客人询问有关失物情况，应积极协助查询，并予以答复。

（8）对无人认领的遗留物品保存到规定期限（食品3天；药品1个月；一般物品3个月）按酒店有关规定处理。

十、客人要求"开门"的处理程序

（1）客人要求服务员"开门"，员工应向客人打招呼。

（2）确认客人的身份，查看客人的有效证件（有效房卡、身份证、开门条）。在客人提供的信息与客情单上的信息核对无误后，可以给客人开门。

（3）要求"开门"的客人如果不是住店客人，应婉转地请客人到前台办理"开门条"或委托书。

（4）如果被开的房间是保密房，楼层服务员不得"开门"，应礼貌地请客人到前台办理相关事宜。

（5）如果被开的房间是空房且有可疑人员，楼层服务员应设法拖住客人，并通知安保和值班经理。

十一、客人提出要购买房间的用品作留念的处理流程

（1）客房的用品是配套使用的，通常不出售。
（2）倘若客人的要求特别强烈，可查询房务中心，在用品充裕的情况下，可以满足客人的要求。
（3）若因用品不充裕难以满足客人的要求，应向客人表示歉意。
（4）无论可否将用品出售给客人，均应尽快给客人答复。

十二、访客到楼层的处理

（1）首先向访客问好。
（2）询问访客拜访哪位住客。
（3）核对与被访住客姓名、房号是否一致。
（4）然后再征得住客同意后，请访客办好登记手续。
（5）指引访客到住客房间。
（6）如果住客不愿见访客，礼貌地向访客说明客人需要休息或在办事情，不便接待访客。请访客到前台询问处，为其提供留言服务，如访客不愿离开或有骚扰住客的迹象，应及时通知保安部解决，注意不要对对方直接说明住客不愿接见，同时不能让访客在楼层停留或在楼层等待住客。

十三、火灾预防与处理

起火必须具备三个基本条件：可燃物、热源、氧气。由国际酒店安全协会主办的《世界酒店安全》杂志对近年来世界各地酒店火灾的原因及部位进行了统计分析。酒店火灾原因统计：吸烟占 40.7%；电器着火占 22.8%；纵火占 0.8%；厨房烹饪占 19.2%；机械故障占 6.2%；其他占 10.3%。酒店火灾部位统计：客房占 37.6%；楼层走道占 31.2%；厨房占 17.2%；其他服务场所占 8.1%；电机房占 5.2%；仓库占 0.7%。

（一）火灾种类

1. A级火灾（一般火灾）

纸张、纤维、木材等可燃性物质着火燃烧的火灾为 A 级火灾，其特征是燃尽成灰。适用于这种火灾的灭火器上有白底 A 字标志。

2. B级火灾（油类火灾）

油漆、酒精、汽油、液化气等可燃烧液体或气体着火时的火灾，燃烧后不留灰烬。适用于此类火灾的灭火器上有黄底B字标志。

3. C级火灾（电气火灾）

电动机、开关柜、电缆、电器等着火燃烧时的火灾。适用于此类火灾的灭火器有蓝底C字标志。

（二）酒店火灾特点

（1）功能布局复杂，消防困难。

（2）可燃物多，毒气量大。据统计，在建筑火灾中，因烟雾和有毒气体造成的人员缺氧窒息和中毒死亡的人数占总伤亡人数的70%以上。

（3）高层建筑多，火势蔓延快。根据我国《高层民用建筑设计防范规范》规定，酒店高度在10层及10层以上，或者高度超过24米的为高层酒店。

（4）扑救难度大，疏散人员困难。

（三）火灾预防

火灾的形成是由人的不安全行为、物质的不安全状态和技术的不完善这三个因素相互作用、连锁反应的结果。

（1）适时向客人进行防火宣传。如在客房内醒目位置放置安全须知手册，床头柜上放有"请勿在床上吸烟"告示牌，在通道及电梯口设有烟灰筒等。

（2）注意观察客人所携带的行李物品，如发现有易燃易爆等危险品，要立即向上级报告。

（3）对醉酒客人的房间要多关心注意，防止出现火警和其他伤害事故。

（4）日常清扫时，注意不能将未熄灭的烟头倒入垃圾袋或吸入吸尘器。

（5）房内禁止使用电炉、电暖器等电器，发现客人使用时要立即阻止。对长住客人在房间使用自备的电器设备要做到心中有数，防止超负荷用电。

（6）清扫时要注意检查房间内电器、电线和插头等，如发现有短路、漏电、线头脱落等现象，应及时采取措施并进行保修。

（7）严禁工作人员不按安全操作程序作业。如在客房内明火作业、使用化学涂料等易燃物品时没有采取防火措施、在非指定的区域内吸烟等。

（8）应定期清扫楼梯和电梯底部等地积聚的垃圾。

（9）所有员工都要牢记太平门、灭火器和消防栓的位置，并熟练掌握灭火器的使用方法。

(10)专职消防和群众性的消防组织相结合,对重点部位要定期检查。

(11)当发现火情时,服务人员应做到"两知三会",即知道火警电话、知道着火部位、会报火警、会使用灭火器、会扑救初始火。

(12)保安部定期检查防火、灭火装置及用具;客房部等部门明确各岗位服务人员在防火、灭火中的任务和职责;对员工进行消防培训,掌握各种灭火设备的使用方法和技能。

(四)火灾事故处理

(1)及时扑救:如果燃烧面积不是很大,可用水桶、灭火器等进行扑救。扑救时,应注意关闭所有电器开关、通风排风设备。如果发现客房门有烟冒出,应先用手触摸房门的温度,如果很热,千万不要打开房门,以免火势蔓延。

(2)及时报警:报火警可分二级处理。"一级报警"是指店内员工发现火情后,应尽早向酒店消防中心报火警;"二级报警"是指由酒店消防中心确认火源、火情、火势后向全酒店报火警。

(3)随时答复询问:前厅服务人员应坚守工作岗位,随时答复客人询问,安抚客人,稳定情绪。

(4)及时控制并关闭电梯:靠近电梯的前厅服务人员应将自动电梯落下,并告诫客人不要乘用电梯,不要回房间取物品。

(5)妥善保管财物和资料:结账处员工应把现金、客账、账本等重要财物妥善安置、安排专人保管,随时准备疏散转移。开房处员工要迅速整理客人住宿登记资料,在接到疏散命令并在指定地点集合后,根据客人住宿登记资料尽快清点人数,将清点结果向保卫部门汇报。

(6)妥善安置客人物品:行李服务人员立即将寄存处的客人物品转移到安全地带,并派人严密看守。

(7)协助疏散:门童迅速将所有通向外面的出口打开,协助保安部人员组织客人向外疏散,阻止无关人员进入大厅。

案例分析

一 客人的巾类丢失

上海某四星级酒店,1806房客人致电服务中心,反映她自己带的一条浴巾、两条中巾共三条巾类不见了,客人说她用不惯酒店配备的巾类,所以自己带了几条出门用,现找不到自己的巾类,要求酒店调查此事并给其回复。

房务管家接到此投诉后,马上对此事展开调查,原来该楼层服务员小周当天在整理1806房时,将客人的巾类连同布草一起撤出送洗(客人自带的巾类和酒店客房的巾类颜色是一样的),后将此情况告知1806房客人,客人的意见是,她的巾类混同酒店布草一起洗了她就不要了,酒店决定去外面超市买来对其赔偿,但客人又讲酒店买的她可能也不会满意,坚持要求照价赔偿,浴巾300元一条、中巾100元一条。经过对此事的调查,按照客人的要求给其现金赔偿,督导培训方面也负有连带责任,最后决定服务员小周赔偿100元,酒店房务部赔偿100元。

此事件反映该服务员在日常工作过程中的不细心导致了客人的投诉,首先服务员在撤布草时没有认真查看是否巾类标志有不同的地方,其次没清点数量,客房配备的巾类有固定数,撤出多了应引起察觉;另一方面客人自带巾类体现了客人对清洁卫生的关注,其中最为关注的是与自己身体接触的设备和用品的卫生程度,因此服务员在日常服务过程中应特别注意这类用品的清洁卫生。

此事件中的客人显然是一位经常住酒店而且十分关注卫生状况的客人。因此,当她得知自己的巾类混同其他物品一起洗过时,就自然怀疑自己的巾类不卫生了,她觉得自己的卫生得不到保证,自然要向酒店投诉要求赔偿。因此,酒店应严格执行操作流程,加强对员工业务操作的培训,工作中做到细心、耐心、留心,以防止类似的投诉再次发生而给酒店的服务及经营带来影响。

此外,目前在欧美发达国家,很多酒店都不提供一次性牙膏牙刷等"六小件",现在越来越多消费者入住酒店也会自带牙膏、牙刷、洗发水、沐浴液、润肤露等原本属于"六小件"的物品,不少住客倾向于使用自己选定的品牌。特别是2018年有自媒体博主曝光了十多家五星级酒店服务员在酒店的清洁过程中,混用抹布进行洗手台、坐便器和杯具的清洗,用使用过的毛巾浴巾擦洗杯具、马桶事件所引发的舆论广泛关注,事件持续发酵,更引起酒店客人对酒店卫生情况的忧虑。自带相关卫生用品,尽量减少使用酒店提供相关用品也慢慢成为许多客人的首选,这就更加要求客房服务人员对客人自带的卫生物品务必细心管理。

(案例来源:https://wenku.baidu.com/view/67defaa4b0717fd5360cdc23.html?from=search)

案例思考题:如何加强客房工作流程管理?

二 服务员进客房没敲门

住在行政楼的黄先生投诉服务员进房不敲门,虽然经过道歉,但是客人还是人刚回到房间就很着急地出来找到服务员，说他的东西丢了。值班服务员忙问丢了什么东西，在哪儿丢的。客人说丢了一块石头，早晨出去时放在客房的卫生间，晚上回来时就没有了。服务员听说是一块石头，认为没什么大不了的，就对客人说："您别着急，负责搞卫生的服务员已经下班了，等明天上班我去了解一下。"客人说："等明天可不行，这块石头可不是一般的石头，对于我来说非常重要。"

原来事情是这样的：这位客人是一位台湾老兵的儿子，他的父亲在新中国成立前夕同国民党军队一起到了台湾。在老人心中有一种"落叶归根"的愿望。但是，由于多方面的原因，老人去世后没能安葬在家乡。因此，老人在临终前吩咐自己的子女，让他们在自己的坟上埋上一块故乡的石头，再浇上一桶黄河水。现在住在707房间的这位台湾客人，就是特地回到大陆，在故乡的山坡上取了一块石头、打了一桶黄河水，准备带回台湾，了却老人生前的心愿。

值班的服务员知道了事情的原委后，就向值班经理作了汇报，马上打电话找到白天负责清扫707房间卫生的服务员了解情况。清扫员回忆说：白天清扫卫生的时候，是看到在卫生间的地上放着一块石头，石头上还沾着黄泥，弄得地上都是。当时想：这石头有什么用，脏兮兮的，而且是放在卫生间的垃圾桶旁边，认为是客人不要的。于是就把石头和垃圾一起扔掉了。值班经理决定马上寻找。可是饭店的垃圾是不过夜的，白天倒的垃圾此时已经运到了垃圾场。值班经理带着从家中赶回来的清扫员和其他几名服务员赶到垃圾场，幸好垃圾场还没有进行处理。在垃圾场工作人员的引导下，几个人打着手电筒，在脏臭的垃圾堆中寻找……终于找到了。虽然由于服务员的疏忽给客人带来了麻烦，可是客人对饭店的处理态度和结果还是满意的。台湾客人接过服务员找回的石头，幽默地说："幸亏你们没有把那桶黄河水倒掉，要不你们还得派人去趟黄河边。"客人说完笑了起来。听了客人的话，服务员们心里的"石头"落了地，可却不是滋味。

本案例从表面现象看，客房部值班经理的做法是值得称道的。晚上带着员工、打着手电在脏臭的垃圾堆中为客人找东西。但是仔细想想，这不是在为客人服务，而是对服务员工作过失的补救。本来是不应该发生的事。服务员在清扫客房卫生时，看到了这块石头，认为石头很脏没用。虽然是放在地上，但当时客人并没有退房，房间里的东西是客人的，服务员根本没有权力扔。而且，东西有用还是没用，不能由服务员来认定。就算是"一分不值"，但也是客人的。而且不同的东西对于不同的人，价值是不同的。即使客人退房后，也不能以服务员的主观认定那石头是客人扔掉的还是遗忘的。另外，一般的饭店对于如何判断客人的东西是要还是不要，是有明确规定的：那就是看客人的东西是放在垃圾桶里还是在垃圾桶外。

放在垃圾桶里的东西视为客人不要的,而没有放在垃圾桶里的东西,服务员就不能自作主张扔掉。

由此看来,服务员在工作时要严格执行饭店的各项规定,要明确客人与服务员的位置和职能,事事以客人为中心。当客人发现石头不见了,找到值班服务员的时候,服务员任何情况下都应在第一时间联系上相关人员,而不应还没做就推脱。对服务员来讲,客人的事都是大事。服务员是为客人提供服务的,而不是为客人、为酒店制造麻烦的。也正像客人说的:要是把那桶水也倒掉,就更麻烦了。饭店业有句常说的话:"服务无小事。"但仔细想想,服务中本就没有什么"大事"可言,但每一件"小事",对于客人和饭店的影响可能都是巨大的。

(案例来源:https://wenku.baidu.com/view/67defaa4b0717fd5360cdc23.html?from=search)

案例思考题:怎样提高客房服务技巧?

实训题

一 客房西式铺床

训前准备

一间标准客房,一间豪华套房。

成套客房设施设备和各种备品。

能实际操作的各种清洁工具。

1. 准备清洁车

请按照15间标准客房准备齐一天所需的消耗品,同时备齐垃圾袋、布草袋以及清洁工具。要求按规定标准整齐摆放在车上,要求所需物品、工具齐全完整,摆放有序。

2. 做床

训练前按如下规格准备实训用品。

床:西式标准单人床(120 cm×200 cm×20 cm)

床上用品:床单(200 cm×280 cm)、毛毯(242 cm×200 cm)、枕芯(45 cm×75 cm)、枕套(50 cm×80 cm)、定型床罩(267 cm×110 cm,裙长44 cm)

学生每两人为一组,一名练习做床,另一名站于床尾观摩并负责计时、打分。评分表见表4-13。

表 4-13 客房西式铺床评分表

项目	满分	细节要求	扣分	得分
第一次甩单定位（8分）	2	一次到位		
	4	不偏离中心线，每偏离2厘米扣1分，最多扣4分		
	2	毛边向下		
第一次包角（8分）	2	四个角式一样、角度一致（每角0.5分）		
	2	四个角均匀，紧密（每角0.5分）		
	3	两侧塞进床垫部分不少于15厘米（每侧1.5分）		
	1	床头、床尾塞进床垫部分不少于15厘米（每边0.5分）		
甩毛毯定位（13分）	2	一次到位		
	3	不偏离中心线（每偏2厘米扣1分，最多扣2分）		
	2	毛毯商标在床尾右下方，不倒置、不向下		
	3	床单覆盖毛毯30厘米（每超2厘米扣1分，最多扣3分）		
	3	毛毯与床头距离25厘米（每超过2厘米扣1分，最多扣3分）		
第二次包角（8分）	8	与第一次包角要求相同		
套枕头（4分）	2	四角饱满、外形平整、挺括		
	2	枕芯不外露		
放枕头（4分）	2	两侧距离相等，每差2厘米扣1分，最多扣2分		
	2	枕头开口处与中间应有柜方向相反		
铺床罩（7分）	2	床面平整美观、床罩与床垫边线垂叠		
	3	床罩盖没枕头，不露白边，床罩多余部分要塞入两个枕头中间和底部		
	2	床尾两角垂直、挺括		

说明：

1. 操作要求

（1）标准操作时间为2分30秒。每提前10秒加1分；每超过10秒扣1分。

（2）铺床过程中，学生不能跑动，每违例一次扣2分。

（3）铺床过程中，学生不能跪床，每违例一次扣2分。

（4）操作轻松而有节奏，不忙乱、不重复，可增加总体印象分1～2分。

（5）两次甩单定位，甩毛毯定位偏离中心线扣分，只扣一次，不重复扣分。

2. 实际操作时间_____。
3. 60 分为合格，你的实际得分为_____。
（得分）＝60 分－（扣分）＋（提前分）－（超时分）＋（印象分）－（违例分）

二　开夜床服务

训前准备

一间标准客房。

客房服务员备好工作车。

充足的作业用品及礼品（如鲜花、糖果等）。

实训流程

1. 准备工作

（1）将需要更换的茶具、客用品以及清洁用具等备齐放在工作车上。

（2）检查自己的仪表仪容。

（3）将工作车按规定摆放于客房门口。

2. 进房

（1）严格按进房程序进房

若客房门上显示"请勿打扰"或住客拒绝服务，服务员应填写未开夜床通知单以提醒住客；如果住客在房内，则应经住客同意方可进入，并礼貌地向住客道晚安。

（2）打开房门后，先将工作车停在客房门口；若住客不在房间内，在作业过程中保持房门一直打开。

3. 检查房内设施设备

（1）检视客房内的空调、音响、电视是否正常运行。

（2）打开客房内所有的灯，发现较暗或有坏的灯泡应及时换掉；检查床头灯的调节功能是否正常。

4. 清理垃圾

清理房内及洗手间的垃圾，确定垃圾桶是否干净。

5. 更换房内用品

（1）更换、清洗住客用过的水杯、茶具、餐具及烟灰缸补齐瓶装饮用水；

（2）根据酒店客房服务的标准，看冰箱、小吧台内的饮料有无消费；若有，应开账单，在工作本上记录所消费饮料，并进行相应的补充。

6. 开床

依做床作业规范，视客房所住人数为客人开床，放置相关的服务备品。

(1) 撤掉床罩，整齐放在规定的位置；撤床罩前应先检查表面有无客人的物品，不得将客人物品裹到床罩中。

(2) 将靠近床头一边的毛毯连同衬单（盖单）向外折成45度角，以方便客人就寝。

(3) 拍松枕头并将其摆正。如有睡衣应叠好置于枕头上。

(4) 按饭店规定在床头或枕头上放上鲜花、晚安卡、早晚牌或小礼品等。

(5) 如一人住单床时，则开有电话的床头柜一侧；一人住双床，则一般开临近卫生间那张床的靠床头柜一侧；如二人住大床，则两边都开。

(6) 在开夜床折口处摆好拖鞋。

7. 整理房间

关上窗帘（除客人要求不关外），开床头灯并调至弱光，擦拭桌面、桌边及床头柜等家具，根据客人要求整理衣物。

8. 清理浴室

清洗更换用过的烟灰缸，更换用过的浴巾、面巾、方巾、地巾，补足肥皂、卫生纸，清洗洗手盆及浴缸，拉好浴帘。

9. 离房、登记夜床状态报表

(1) 复检房内物品是否备齐、是否摆放整齐后，离房并及时填写夜床状态报表。

(2) 若客人在房内，应于离开时询问客人是否需要其他服务，并礼貌地与其道别。

清单事项

(1) 客房晚间整理也称"开夜床服务"。为方便客人休息，晚间整理通常利用客人晚上就餐或外出活动时进行，一般在晚上6~8时做为好。

(2) 如发现房门挂着"请勿打扰"牌或双锁，服务员不能去敲门，应将一张留言条从门下塞入，提醒客人如需夜床服务，请通知客房中心或服务台。

(3) 房间如有会客者，待其离店后再开床。

(4) 开床时要注意床上是否有客人的物品。未经客人同意，不要擅自移动。

(5) 住一位客人的房间，每天要开固定的床位。不可同时开两张床，以免引起客人误解。

(6) 更换杯具时，要认真检查杯内有没有客人的假牙及其他物品。

⑩ 清洁工具、设备，妥善收放工具、设备和用品。
⑪ 撤消警示牌。

四　酒店消防器材的使用

灭火的基本方法有以下四种。

(1) 隔离法：即移开可燃物质，由于缺少可燃物质而停止燃烧。

(2) 窒息法：即阻止空气流入燃烧区，使燃烧物得不到足够的氧气而使火熄灭。

(3) 冷却法：即降低燃烧物的燃点，使其不再燃烧。

(4) 抑制法：及时用水、化学灭火器等隔离、降温的手段抑制燃烧，使燃烧终止。

酒店常用手动灭火器材主要有消防栓、二氧化碳灭火器、干粉灭火器、"1211"灭火器、化学泡沫灭火器。一般按50～100平方米配置1个。

(1) 二氧化碳灭火器：用于扑救带电（10千伏以下）设备引起的火灾、重要文件和档案、精密仪器、贵重物品及油类火灾。

(2) 干粉灭火器：用于扑灭燃烧液体、电器着火以及档案资料、纺织品及珍贵仪器着火等。

(3) 泡沫灭火器：主要用于扑灭油类、可燃物体和可燃固定物体的初始着火。

(4) "1211"灭火器：用于扑灭油类、化工原料、易燃液体、精密设备、重要文件档案及电气着火。

在灭火使用过程中要注意以下几点：

(1) 迅速、准确判断风向，站在顺风方向，对准前方火焰根部喷射，不要逆风而上。

(2) 如火势较大，应组织多人对同一焰点进行扑救，不要过于分散。

(3) 如遇液体燃烧起火，应将灭火器对准液体表面，而不要对准火焰扫射。

(4) 将火扑灭后，不要立即离开，要防止死灰复燃，直至确信着火处不再燃烧，方可离开。

五　酒店火灾逃生

酒店通过《住店客人须知》《消防安全注意事项》或其他途径向客人宣传并介

绍发生火灾等突发事件时逃生自救的方法，目的是告诫客人与酒店员工应该临危不慌，采取积极措施，组织施救或自救。火灾逃生方法主要有：

(1) 查看并了解公共区域，熟悉楼层消防疏散通道位置；
(2) 了解警铃和灭火器的位置；
(3) 火势不大时，应全力扑灭；
(4) 火势无法控制时，应立即关闭房门，迅速从消防通道疏散；
(5) 不要顾及个人财物，也不要回房间取衣物；
(6) 千万不要乘用电梯；
(7) 离开房间时，随身带一条浸湿水的毛巾；
(8) 经过烟雾区时，用湿毛巾捂住嘴、鼻；
(9) 穿行浓烟区时，弯腰疾步或爬行前进；
(10) 用纸或胶带粘贴一只眼睛，烟熏着另一只眼睛时，再用这只眼睛看路逃生；
(11) 用浸湿的针织衣套在头上，就可成为简单的防毒面具；
(12) 向塑料袋吹气，套在头上，迅速穿过烟雾区；
(13) 身上着火时，把着火衣服脱掉或撕去，或就地打滚灭火；
(14) 高层人员无法下楼，可往上跑，不要硬往下跑；
(15) 跑到楼顶后，站在逆风方向，等待救援；
(16) 疏散通道不能使用时，立即返回房间自救或等待救援；
(17) 将床单撕成条带，结成绳状，拴在阳台、窗台栏杆处，慢慢地攀行至安全楼层；
(18) 将卫生间脸盆、浴盆放满水，倒入洗发水、浴液效果更好；
(19) 当烟雾进入房间时，立即用浸湿棉织物堵塞门缝；
(20) 触摸门把烫手时，千万不要开门，要不断往门上泼水降温；
(21) 除非房间充满浓烟，否则不要开窗户；
(22) 不要跳楼，不要大声呐喊，避免烧伤呼吸道。

本章思考题

请思考客房部与酒店其他各部门的业务关系。

第五章 餐厅服务标准实务

学习目标

1. 熟悉酒店餐饮部主要岗位职责
2. 熟悉餐厅服务工作要求
3. 掌握酒水、茶艺及食品营养基本知识
4. 掌握中西餐基本知识和基本服务技能

本章学习资料

基本概念

餐饮部　餐厅服务工作要求　酒水服务　茶艺服务　中餐基本服务技能
西餐基本服务技能

第一节　餐饮部的组织机构和岗位职责

一、餐饮部的机构设置

餐饮部（Food and Beverage Department）的组织机构因酒店的功能、规模、接待能力、餐厅类型的不同而形式各异。大、中、小型酒店餐饮部组织机构设置分别见图5-1、图5-2和图5-3。独立餐馆组织机构设置见图5-4。

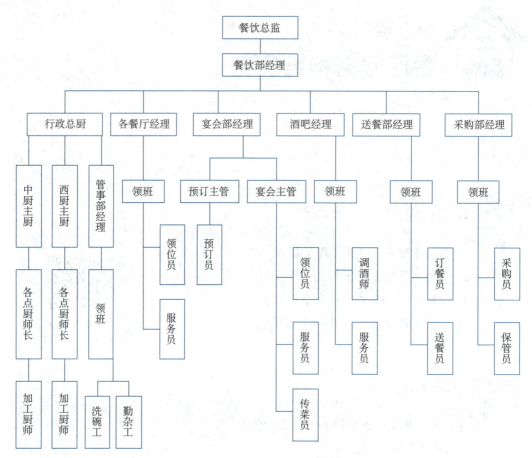

图 5-1　大型酒店餐饮部组织机构图示

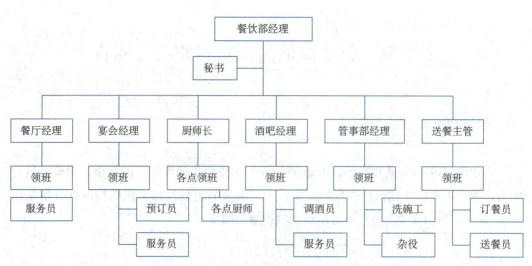

图 5-2　中型酒店餐饮部组织机构图示

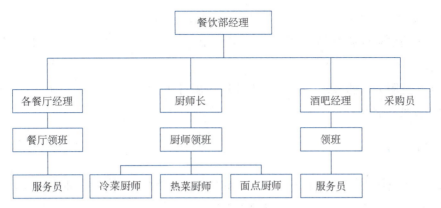

图 5-3 小型酒店餐饮部组织机构图示

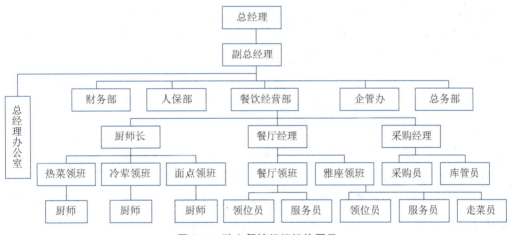

图 5-4 独立餐馆组织机构图示

二、餐饮部主要岗位职责

（一）餐厅主管

（1）编定每日早、中、晚班人员，做好领班、迎宾员的考勤记录。

（2）每日班前检查服务员的仪表、仪容。

（3）了解当时用餐人数及要求，合理安排餐厅服务人员的工作，督促服务员做好清洁卫生和餐具、酒具的准备工作。

（4）随时注意餐厅就餐人员动态和服务情况，在现场进行指挥，遇有 VIP 客人或重要会议举行，要认真检查餐前准备工作和餐桌摆放是否符合标准，并亲自上台示范服务，以确保服务的高水准。

（5）加强与客人的沟通，了解客人对菜品的意见，加强与公关销售员合作，了解客人情绪，妥善处理客人的投诉，并及时向餐厅经理报告。

（6）定期检查设施和清点餐具，制定使用保管制度，发现问题及时向餐厅经理汇报。

（7）注意服务员的表现，随时纠正他们在服务中的失误、偏差，做好工作业绩记录，作为评选每月最佳员工的依据。

（二）餐厅领班

（1）落实餐厅主管所分配的任务，领导本班服务员做好开餐前的准备工作，着重检查用品、物品是否齐备、清洁，并确保无破损。

（2）检查桌椅的摆放是否规范，菜单、餐具是否卫生、有无破损。按照领班检查表逐项检查，发现问题及时报告主管。

（3）开餐前集合全体下属，交代订餐情况和客人要求以及特别注意事项。检查工作人员的餐前准备工作是否完善。对不符合要求的要督促员工迅速调整。

（4）开餐后注意观察客人用餐情况。随时满足客人的各种用餐需求。遇有重要客人或服务员人手不够时，要亲自服务。

（5）督导服务员向客人推荐特别菜点、饮料，主动介绍菜单。

（6）在营业期间，负责对整个餐厅的督导、巡查以及对客沟通工作。

（7）检查结账过程，指导员工正确为客人结账。

（8）督导服务人员正确使用餐厅的各项设施设备和用品，做好清洁卫生保养工作，及时报送设备维修单，控制餐具损耗，并及时补充所缺物品。

（三）传菜部领班

（1）开餐前确定当晚的特殊传菜任务，以及重要客人或宴会的传菜注意事项。

（2）按照工作程序与标准，督导本组员工做好餐前的准备工作，并亲自操作，例如：拿米饭、准备银托及托盘、打开热水器开关、准备小毛巾等。

（3）传菜过程中不断检查菜的质量和数量，控制传菜速度。

（4）做好与厨师长及其他相关班组间的沟通工作。

（5）每日下班前，检查热水器、毛巾箱的电源关闭情况，并收回各种用具，与下一班做好交接工作。

（四）切配领班

（1）在厨师长领导下，负责中厨菜肴切配组织生产工作。

（2）根据客情预报，负责当天和隔天原料的预计计划及领用。

(3) 具体督导原料按标准和成本进行准确控制。

(4) 定期检查冰箱、冰库和食品小库房原料的库存及质量，及时处理多余的积压原料。

(5) 负责督促对本班组工作岗位、卫生包干区及各种设备的清洁和保养。

(6) 负责本班组员工的考勤、考核及评估。

(7) 协助厨师长把好食品质量关。

（五）酒吧领班

(1) 监督服务，提供礼貌服务，检查吧员日常工作、酒水的出品质量和工作效率。

(2) 做好营业前准备工作和收工后的检查工作，负责酒吧日常运作，落实酒水、水果控制与出品程序。

(3) 协助主管负责酒水等每月盘点物品的管理工作。

(4) 督导员工遵守卫生手册规定，严格执行卫生程序，保持酒吧及库房内通风、干净卫生。

(5) 执行日事记录制度及总结经验，反映情况及时上报。

（六）迎宾员

(1) 上岗时要求衣冠整洁、端庄大方、笑容可掬、彬彬有礼。

(2) 熟知当天订餐的单位（或个人）名称、时间、人数及台位安排等情况，注意记录客人的特别活动（如生日庆祝会），如有重要情况，应及时向领班和主管汇报。

(3) 替客人存取保管衣物，询问有无贵重物品，并提醒客人自行保管贵重物品。

(4) 整理、准备菜单、酒水单，发现破损及时更换。

(5) 迎接客人，引导客人到预订台位或客人满意的台位，为客人拉椅，铺好餐巾，递上菜单。

(6) 客满时，负责安排好后到的客人，使客人乐于等位。

(7) 留意常客姓名，以增加客人的亲切感。

(8) 随时注意听取客人的意见，及时向上级反映。

(9) 随时注意接待工作中的各种问题，及时向上级反映并协助处理。

(10) 掌握和运用礼貌语言，如："先生（小姐）您好，欢迎光临""欢迎您到我们餐厅就餐"等。

(11) 负责接听电话，客人电话订餐应问清楚姓名、单位、时间及人数，做到准确、快捷。

(12) 向客人介绍餐厅各式菜点、各种饮品和特色菜点，吸引客人来餐厅就餐。

(13) 客人用餐后离开餐厅时，站在门口目送客人，征求客人意见并向客人表示感谢，欢迎客人下次光临。

（七）传菜员

(1) 负责开餐前的传菜准备工作，并协助值台服务员布置餐厅和餐桌、摆桌及补充各种物品，做好全面准备。

(2) 负责将厨房烹制好的菜肴及时地传送给餐厅值台服务员。

(3) 负责将值台服务员开出的饭菜订单传送到厨房出菜口。

(4) 严格把好菜肴食品质量关，有权拒绝传送不符合质量标准的菜点。

(5) 严格执行传送菜点服务规范，确保准确迅速。

(6) 与值台服务员和厨房保持良好的联系，搞好前台（餐厅）与后台（厨房）的关系。

(7) 负责协助值台服务员做好客人就餐后的清洁整理工作。

(8) 负责传菜用具及出菜口的清洁卫生工作。

（八）调酒员

(1) 按照酒店标准和客人要求，负责吧台酒水饮品的供应工作，负责按程序补充酒吧酒水。

(2) 负责饮品的领取、保管和销售工作，每日进行一次清点和整理。

(3) 负责为客人调制鸡尾酒，管理酒吧玻璃杯、器皿和设备。

(4) 将水果切成片，压榨果汁，供装饰或客人饮用。

(5) 填报酒水销售盘点日报表，做到报表和吧台库存实物相符，销售数和账目金额相符。

(6) 负责工作区域的卫生，包括设备、用具的卫生，必要时协助服务员工作。

第二节 餐厅服务工作要求

一、餐厅服务的职业能力特征

餐厅服务是为顾客安排座位、点配菜点，进行宴会设计、装饰、布置，提供就餐服务。餐厅服务要求头脑灵活，具有迅速领会和理解外界信息的能力，并具有准确的判断能力，较强的语言表达和理解能力，准确的运算能力，手、脚、肢体动作灵活、协调，视觉敏锐，能准确地完成既定操作。

二、餐厅服务基本知识

（一）职业道德

餐厅服务应遵循的基本职业守则是：热爱本职工作，忠于职守，对消费者高度负责；热忱服务，讲究服务质量，自觉钻研业务，紧跟社会发展需要，不断开拓创新；树立为人民服务的思想，顾客至上，尊师爱徒；讲文明，讲礼貌，遵守国家法律及政策法规。

（二）基础知识

餐厅服务应具备餐厅管理与培训指导、接待服务、餐巾折叠、端托服务、摆台服务、酒水服务、上菜服务、撤换菜品及餐酒用具等相关基础知识，包括礼节礼貌知识、饮食风俗与习惯、食品卫生基础知识、食品卫生质量的鉴别方法、食物污染和食物中毒以及有关的传染病预防知识、饮食业食品卫生制度、《食品卫生法》、服务安全知识等。

三、餐厅服务工作要求

餐厅服务工作要求包括餐厅见习服务要求、餐厅基本服务要求、餐厅品质服务要求。三类工作要求依次递进，高级别包括低级别的要求。

（一）餐厅见习服务要求

餐厅见习服务要求如表 5-1 所示。

表 5-1　餐厅见习服务要求

职业功能	工作内容	技能要求	相关知识
一、接待服务	（一）接待	能准确、规范地使用文明礼貌用语，热情、规范地接待顾客，微笑服务	餐饮接待服务知识
	（二）菜肴、食品介绍及服务	能耐心向客人介绍菜肴、食品，并将顾客所选菜肴、食品清楚准确地填入菜单	

（续表）

职业功能	工作内容	技能要求	相关知识
二、餐巾折叠	（一）餐巾折叠	能运用不同的折叠技法将餐巾折叠成20种以上不同的花形，花形规范有形	1. 餐巾折叠技艺知识 2. 根据风俗习惯选择餐巾花形的知识
	（二）餐巾花的选择、插放与摆设	餐巾花的选择、插放、摆设要协调、艺术	
三、端托服务	（一）理盘	能按卫生要求整理托盘，达到无菌、整洁、美观、安全、方便服务的要求	1. 托盘使用知识 2. 端托服务形体训练知识
	（二）装盘	能按规范装摆物品，码放整齐、合理，重量分布适宜	
	（三）端托	1. 托盘能端托到位，端托平稳 2. 能按所托物品选择适宜的步伐	
四、摆台服务	（一）选择餐台	能根据客人就餐人数选择适宜的餐台	1. 摆台的基本知识及操作规范 2. 摆台卫生知识
	（二）铺台布	能按规范铺台布	
	（三）摆台	1. 能按就餐需要及摆台规范标准，摆放餐、酒用具 2. 能做到餐台及餐、酒用具摆放规范，以符合客人要求，便于服务操作	
五、酒水服务	（一）选酒（饮料）并开启	1. 能准确、及时地向客人提供酒（饮料）单 2. 能根据酒（饮料）的种类，选用适当的方法开启酒（饮料）容器	1. 酒类基本知识 2. 饮料基本知识 3. 酒服务知识 4. 斟酒形体知识
	（二）斟酒（饮料）	1. 能准确选择斟酒（饮料）位置，采用标准姿势和正确程序为顾客斟酒（饮料） 2. 能做到斟酒（饮料）量恰当，保证斟酒（饮料）服务安全	
六、上菜服务	（一）介绍菜品	1. 能准确报出菜品名称 2. 能介绍菜品特点 3. 能介绍特殊菜品的食用方法	一般菜肴介绍
	（二）上菜	1 能采用正确的程序和规则上菜 2. 能准确选择上菜位置，动作规范、准确 3. 上菜能规范摆放，保证操作安全	1. 上菜的基本程序和规则 2. 上菜要有礼节
七、撤换菜品及餐、酒用具	（一）撤换餐酒用具	能按礼仪及卫生规范要求，正确、及时地撤换就餐餐酒用具	撤换菜品及餐、酒用具的知识
	（二）撤换菜肴、食品	能按客人进餐速度及时撤换餐台上的残菜	
	（三）撤换餐巾、毛巾、台布	1. 能根据客人用餐中餐巾、小毛巾的使用情况及时进行补充、撤换 2. 收台后能及时撤换台布	

(二)餐厅基本服务要求

餐厅基本服务要求如表5-2所示。

表5-2 餐厅基本服务要求

职业功能	工作内容	技能要求	相关知识
一、接待服务	(一)接待	能主动引客入座,并热情服务	1. 名菜、名点的特点 2. 散客,团体菜单的编配知识
	(二)点配菜点	1. 能主动介绍特色菜点 2. 能按顾客需求,编配团体餐菜单	
二、餐巾折叠	(一)折叠餐巾	能运用不同技法,折叠30种以上餐巾花形(杯花、盘花),形象逼真	餐巾折叠技艺
三、摆台服务	(一)餐前准备	开餐前能做好菜单、酒水(饮料)、餐具、用具等各项准备工作	宴会摆台知识
	(二)中、西餐宴会餐台布局与摆设	1. 能根据宴会需要,选择适宜的餐台,合理安排宴会餐台布局及摆设 2. 能正确安排宴会的主宾桌次与座次	
四、酒水服务	(一)特殊酒水开启	能够运用正确方法开启特殊酒水	1. 中国酒的分类与特点 2. 外国酒的分类与特点 3. 特殊酒水的开启、饮用方法
	(二)特殊酒水服务	能够运用正确方法进行特殊酒水斟倒服务	特殊酒水斟酒服务程序
	(三)酒水保管	能够进行酒水日常保管及服务中的保管	酒水日常保管方法
五、分菜服务	(一)分菜	能够运用正确方法进行宴会分菜服务	分菜服务的基本原则与方法
	(二)分鱼	鱼的不同品种及烹调方法,能独立完成各式整形鱼的分让服务	1. 整形菜拆分原则及操作规范 2. 常见水产品的种类与服务知识 3. 畜、禽类原材料的品种、加工与服务知识
	(三)整(造)型菜拆分	能对整鸡、整鸭及整体造型菜肴进行拆分服务,做到手法准确,动作利落,符合卫生要求和操作规范	
六、餐酒用具管理	(一)餐酒用具的配备、使用	1. 能正确配用餐酒用具 2. 能按就餐顾客的实际需求配备相应数量的餐酒用具	餐具、酒具、用具的配备、使用与保管知识
	(二)餐酒用具的合理保管	能对使用后的餐酒用具进行妥善保管	

(三) 餐厅品质服务要求

餐厅品质服务要求如表5-3所示。

表5-3 餐厅品质服务要求

职业功能	工作内容	技能要求	相关知识
一、接待服务	接待	能够运用恰当的语言艺术独立接待中外就餐客人	餐厅服务艺术用语
二、摆台服务	(一) 中高档宴会餐厅布置	能独立布置宴会厅，达到规范、典雅、方便、适用的要求	餐厅的布局、装饰与陈设知识
	(二) 中高档中餐宴会摆台	能独立完成中高档中餐宴会摆台操作	中餐宴会摆台知识
	(三) 中高档西餐宴会及甜点摆台	能独立完成中高档西餐宴会及西餐甜点摆台操作	1. 西餐宴会摆台知识 2. 西餐甜点摆台知识
	(四) 中西餐宴会餐台插花	能独立完成中西餐宴会餐台插花	餐台插花知识
	(五) 冷餐会、自助餐、茶话会、酒会摆台	能合理布置冷餐会、自助餐、茶话会、酒会餐厅及餐台	冷餐会、自助餐、茶话会、酒会摆台知识
三、宴会服务	(一) 高档酒水质量鉴别与斟倒服务	1. 能运用看、嗅、品的方法对酒品进行鉴别 2. 能进行高档酒水和鸡尾酒斟倒服务	1. 酒品鉴别基本方法 2. 鸡尾酒的种类与特点
	(二) 名菜、名点服务	能够进行名菜、名点服务	1. 特殊加工制作菜肴的特点、加工方法及服务 2. 名菜、名点的产地、特点及服务方式
	(三) 茶艺服务	能够根据茶的不同饮用方法进行茶艺服务	1. 茶的种类及特点 2. 茶艺服务基本知识
	(四) 营养配餐	能根据消费者需求拟定符合营养要求的高档宴会菜单	1. 营养学基本知识 2. 宴会菜单的种类、作用和编制方法
四、餐酒用具管理	高档餐酒用具的使用、保管	能运用正确的方法使用、保管高档餐酒用具	高档玻璃、金银器皿等高档餐酒用具的使用与保管方法

(续表)

职业功能	工作内容	技能要求	相关知识
五、餐厅管理	（一）经营与销售	能够合理安排人力、物力，组织经营销售	餐厅服务与管理知识
	（二）沟通与协调	1. 能够及时将顾客的消费信息反馈给烹调师及有关人员 2. 能够组织协调餐厅服务与其他各个环节的关系	1. 市场预测知识 2. 服务与消费的关系 3. 餐厅服务与厨房制作的关系
	（三）妥善处理问题	具有一定的应变能力，能解决顾客提出的服务问题	公共关系基本知识
六、培训指导	培训指导	能够对餐厅服务员进行指导	

第三节　酒品知识

一、酒的种类

酒的分类方法通常有以下几种。

（1）按照酒精度分类：①低度酒：酒精浓度在20度以下的酒品，如黄酒、葡萄酒、啤酒等。②中度酒：酒精浓度在20～40度的酒品，大部分的露酒、药酒都属此类，如竹叶青酒、青梅酒、五加皮酒、白兰地和威士忌。③高度酒：酒精浓度在40度以上的酒品。大部分高度酒是蒸馏酒，如我国生产的白酒和外国酒中的伏特加。

（2）按照生产工艺分类：①蒸馏酒：原料先经糖化发酵，制成酒精含量低的酒，再用蒸馏器提高其度数而制成的酒，如中国白酒、威士忌、金酒、白兰地、朗姆酒、伏特加等。②发酵酒（也称酿造酒）：原料经糖化发酵后，直接提取或压榨取得的酒，如黄酒、啤酒、葡萄酒及大部分果酒。这类酒使用自然的制酒方式，酒度数低，对人体刺激小，含较多的营养成分，适量饮用有益健康。③配制酒（又称浸制酒）：在蒸馏酒或酿造酒中，按一定比例加入香草、香料、果实、药材等，使之浸渍出芬芳味道的酒，如竹叶青、五加皮酒、青梅酒和各种药酒。

（3）按照制酒原料分类，酒可分为果酒和粮食酒两种。

（4）按照人们的用餐习惯分类，酒可分为餐前酒、佐餐酒、餐后酒三种。

二、中国酒介绍

我国几千年的酿造史中较侧重于烈性酒的酿造，而且中国酒的分类没有外国酒那样细。严格地说，中国酒仅分为白酒和黄酒。葡萄酒和啤酒均是从外国引进的。

（一）黄酒

黄酒也称米酒，属于酿造酒，在世界三大酿造酒（黄酒、葡萄酒和啤酒）中占有重要的一席。黄酒是中国最古老的传统饮料酒，又称压榨酒，是以稻米、黍米、黑米、玉米、小麦等为原料，经过蒸煮、摊晾后，加入酒曲和浸米水或加入酵母搅拌，在缸内进行糖化和发酵，经过多种微生物共同作用酿成的压榨低度原汁酒，因色泽橙黄，故称为黄酒。按黄酒的含糖量将黄酒分为以下6类：

（1）干黄酒。糖分含量最低，其含糖量（以葡萄糖计）小于1.00克/100毫升，"元红酒"是代表。

（2）半干黄酒。酒中的糖分未全部发酵成酒精，保留了一些糖分，又称为"加饭酒"。

（3）半甜黄酒。糖分较高，酒度适中。

（4）甜黄酒。酒中的糖分含量达到10~20克/100毫升，酒度也较高。

（5）浓甜黄酒。糖分不小于20克/100毫升。

（6）加香黄酒。以黄酒为酒基，经浸泡（或复蒸）芳香动植物或加入芳香动植物的浸出液而制成的黄酒。

黄酒的品种有江南黄酒（如绍兴老酒）、山东黄酒（如清酒、老酒、兰陵美酒）、福建黄酒（如福州老酒、沉缸酒）。绝大多数色泽金黄或黄中带红，香气浓郁芬芳，口味鲜甜甘美，酒质醇厚，酒度适中，无刺激性；风味独特，营养丰富，并有健胃明目、活血舒筋之功能。质量上要求颜色透明，香味柔和爽口。

代表性的黄酒有：①福建龙岩的龙岩沉缸酒，酒度14.5度，呈鲜艳透明的红褐色，有琥珀光泽，香气浓郁。②山东的即墨老酒。酒度12度，能祛风散寒、活血化瘀，医疗功效显著，是久负盛名的黍米黄酒，色泽黑褐色中带紫红，晶明透亮，浓厚挂碗，具有焦糜的特殊香气，饮时香馥醇和、香甜爽口，微苦而有余香。③绍兴黄酒，又分为三种：香雪酒，酒度50度，以加饭酒拌入少量麦曲，再用绍兴酒糟蒸馏而得；加饭酒，酒度16.5度，酒质优美，风味醇厚，宜于久藏，为绍兴酒中之上品；花雕酒，贮存的绍兴酒坛外雕绘五色彩图，具有民族风格，这些彩图多为花鸟鱼虫、民间故事及戏剧人物。

（二）白酒

中国白酒是以谷物及其他含有丰富淀粉的农副产品为原料，以酒曲为糖化发酵剂，经发酵、蒸馏而成的高酒精含量的烈性酒。由于此种酒无色透明，因此称为白酒。其酒度常在30度以上。白酒质地纯净、醇香浓郁、口感丰富。长期以来，人们总结不同酒品的特点，从口感和香气上把中国白酒分为酱香型、浓香型、清香型、米香型、复香型等五种类型。

1. 茅台酒

茅台酒产于贵州省北部的仁怀县茅台镇，是我国酒中之冠，有"国酒"之称，以独特的色、香、味为世人称颂。与法国的科涅白兰地、英国的苏格兰威士忌并列为世界的三大蒸馏白酒，是大曲酱香型白酒的鼻祖。

它以精选的高粱为原料，优质小麦制成高温曲，每年重阳之际开始投料，经过9次蒸馏、8次发酵、7次流酒，分型入库。长期储存之后，将各次所取的酒精心勾兑制成。其独特之处在于用曲量超过原料量，酒精含量虽然高达53%～55%，却没有强烈刺激的感觉。其酒色清亮透明，酱香突出，幽雅细腻，酒体醇厚丰满，回味悠长，余香绵绵，空杯能留芳不绝，饮后不昏头。

茅台酒的香气中含有100多种微量化学成分。怎样鉴赏茅台酒呢？当你刚开启瓶时，就会闻到一股幽雅而细腻的香气（前香），继而又嗅到一股类似豆类发酵的酱香（后香），其间夹带着烘炒的甜香；呷一小口，气若幽兰，弥于口腔，甘绵醇厚；饮后空杯，仍有一股幽雅芳香，5～7天不会消失，被誉为"空杯香"。

2. 汾酒

汾酒产于山西省汾阳市杏花村，酒度60度，是我国古老的历史名酒，以清澈干净、幽雅纯正、绵甜味长（即色香味"三绝"）著称于世，是中国清香型白酒的典型。

汾酒酿造，历来选用优质高粱为原料，以当地优良古井水和地下水为酿造用水，以大麦、豌豆为制曲原料，接种天然微生物群落，制成青茬曲、中温曲、红心曲，分别制曲，混合使用。成品曲有典型的清香和曲香。

汾酒采用"清蒸二次清"的独特酿造工艺，具体表现为原料清蒸，辅料清蒸，清茬发酵，清蒸流酒。酒液莹澈透明，清香馥郁，入口香绵、甜润、醇厚、爽利，饮后回味悠长，酒力强劲无刺激性。

3. 五粮液

五粮液产于素有"名酒之乡"美称的四川省宜宾市，酒度60度，香、醇、甜、净四美皆备，以"喷香浓郁、清冽甘爽、醇甜余香、回味悠长"的四大特点闻名于世，是中国浓香型白酒的典型代表。

五粮液是以优质高粱、粳米、糯米、小麦、玉米五种粮食为主要原料，以小麦子制曲为粮化发酵剂，以稻壳为填充剂，用泥窖、续糟、固体发酵、混糟蒸馏，再经储存，精心勾兑调味而成，故名"五粮液"。1915年在巴拿马万国博览会上获金奖，至1995年先后共20次在国际博览会上获金奖。

4. 西凤酒

西凤酒是产于陕西省凤翔县柳林镇。凤翔古称"雍县"，民间传说是生长凤凰的地方，唐朝至德二年（757年）升凤翔为府，人称"西府凤翔"。"西凤酒"的名称便由此而来。

西凤酒是兼有清香型和浓香型两者之长的一种独特香型（"凤香型"）的白酒，酒度65度，其特点是酒液清澈透明，醇馥突出，清而不爽，浓而不酽，"酸甜苦辣香"五味俱全，均不出头，酸而不涩，甜而不腻，苦而不粘，辣不刺喉，香不刺鼻，入口绵柔，甘爽尾净，别具一格。

西凤酒以当地所产优质高粱为原料，用大麦、豌豆制曲，取以天赋甘洌的柳井水为酿造用水，采用高温培曲，土暗窖发酵，续渣、混蒸、混烧而得的新酒，需储存三年，再经精心勾兑而成。

5. 古井贡酒

古井贡酒产自安徽省亳县，因采用古井泉水酿造并曾作为贡品进献皇帝而得名。"古井"坐落在亳县城东北20公里的减店集，已有1 400多年的历史。千余年来，此井不溢不涸，井水清澈透明，味甜爽口，含有丰富的矿物质。

古井贡酒属浓香型大曲酒，以优质高粱为原料，以大麦、小麦、豌豆制曲，汲取清澈、微甜的古井泉水，沿用陈年老发酵池，继承了混蒸、连续发酵工艺，并运用了现代酿酒方法，加以改进，博采众长，形成了自己的独特工艺，酿出了风格独特的古井贡酒。古井贡酒色清如水晶，香醇如幽兰，入口甘美醇和，回味经久不息，被誉为"酒中牡丹"。

6. 洋河大曲

洋河大曲产自江苏省泗阳县洋河古镇，并因此得名。酒度有64度、62度、55度三种，洋河大曲清澈透明，醇香浓郁，入口柔绵，余味爽净，酒质醇厚，回味悠长，有"色、香、鲜、浓、醇"的独特风格，属于浓香型大曲酒。

洋河大曲以优质高粱为原料，以小麦、大麦、豌豆制作的高温火曲为发酵剂，辅以著名的"美人泉"水酿制而成。沿用传统工艺"老五甑续渣法"，并采用"人工培养老窖，低温缓慢发酵""中途回沙，漫火蒸馏""分等储存，精心勾兑"等新工艺和新技术，形成了"入口甜、落口绵、酒性软、尾爽净、回味香"的独特风格。

7. 董酒

董酒产于贵州省遵义市北郊董公寺。董酒无色，清澈透明，香气幽雅，既有大曲酒的浓郁芳香，又有小曲酒的柔绵、醇和、回甜，还有淡雅的药香和爽口的微酸。由于酒质芳香奇特，有别于酱、浓、清、米香型酒，被誉为其他香型白酒中独树一帜的"药香型"或"董香型"典型代表。

董酒以优质高粱为主要原料，用小麦和40余味中药制大曲，又以大米和95味中药制小曲，以小曲小窖制取酒醅，大曲大窖制取香醅，酒醅香醅一次串蒸而得酒，经分级陈储一年以上，精心勾兑等工序酿成。

8. 剑南春

剑南春产于四川省绵竹县，因绵竹在唐代属剑南道，故称"剑南春"。剑南春酒质无色，清澈透明，芳香浓郁，酒味醇厚，醇和回甜，清冽净爽，余香悠长。酒度有60度、52度，相传唐代李白曾在绵竹"解貂续酒"，有"士解金貂，价重洛阳"的佳话。

剑南春属浓香型大曲酒，以高粱、大米、糯米、玉米、小麦为原料，小麦制大曲为糖化发酵剂，其工艺包括红槽盖顶、回沙发酵，去头斩尾，清蒸熟糠，低温发酵，双轮底发酵等，配料合理，操作精细。

9. 泸州老窖

泸州老窖特曲产于四川，酒度分60度和55度两种，最大特点是"纯"，是浓香型白酒的典型。

（三）药酒

药酒是以白酒为酒基，加入各种中药材，经过酿制或炮制而成的具有药用价值的酒。各种药酒因用料和用酒不同，酒度也有所不同，又因加入的药材不同，其药用功效也不同。常见的药酒有五加皮酒、虎骨酒、人参酒、五味子酒、竹叶青等。

（四）啤酒

啤酒是从国外引进的，由于啤酒含有少量的糖和丰富的蛋白质，是一种营养价值较高的饮料。我国的啤酒以青岛啤酒厂的青岛啤酒最为著名。

（五）果酒

果酒是选用含糖分高的水果为主要原料酿制而成的，酒度多在15度左右。果酒中品种较多的是葡萄酒，还有苹果酒、山楂酒、荔枝酒等。我国著名的果酒有山东烟台的烟台红葡萄酒和烟台味美思、北京的中国红葡萄酒、河北省怀来县的沙城白葡萄酒等。

1931年，当时张裕公司总经理徐望之先生组织文人墨客，创立"解百纳"商标，寓"携海纳百川"之意，并于1936年向当时的实业部商标局申请注册，1937年获得核准。2001年，张裕公司向国家商标局提出"解百纳"的商标注册申请，于2002年核准注册。中国最早的干红葡萄酒品牌——"解百纳"的商标所有权归属张裕公司。

三、外国酒

（一）蒸馏酒

蒸馏酒又称烈性酒，是指用含糖分或淀粉等原料，经糖化、发酵、蒸馏而成的酒。蒸馏酒是一种酒精含量较高的饮料，是将发酵得到的酒液经过蒸馏提纯所得到的酒精含量较高的酒液，具体又分为以下几个品种：

1. 金酒

金酒（Gin，即杜松子酒）是用谷物酿制的中性酒，生产原料为玉米、大麦和杜松子。金酒不用陈酿，香气和谐，醇和温雅，酒体洁净，风格清爽，含有特殊的杜松子香味。金酒的蒸馏生产起源于荷兰，荷式金酒有波尔斯（Blos）、波克马（Bokma）。而英国金酒与荷兰金酒口味截然不同，是清淡型烈性酒。英式金酒有比费特（Beefeater）、戈登斯（Gordo's）、博士（Bootm's）。

2. 威士忌

威士忌（Whiskey）是以谷物为原料，经发酵、蒸馏之后，在橡木桶中陈酿多年而成的烈性酒，酒精含量达40%～43%，因其充满成熟阳刚之味，自古以来就被称为"生命之水"（其拉丁语称作Aquavitae）。

按酿制原料分，可分为麦芽威士忌（Malt Whisky）和谷物威士忌（Grain Whisky）；按调配方式来分，则可分为单一威士忌（Straight Whisky）和调配威士忌（Blended Whisky）。其中，麦芽威士忌的要求比谷物威士忌高得多。威士忌中只要掺杂了哪怕是千分之一的谷物成分，便不能称为单一威士忌或麦芽威士忌，而要称为调配威士忌，档次就要大打折扣。酒精度上讲，麦芽威士忌要比谷物威士忌高，香味自然更加浓郁。

世界上许多国家和地区生产威士忌，最著名的威士忌有四大产地，即苏格兰、美国、爱尔兰、加拿大。世界著名的威士忌有四种，即苏格兰威士忌（Scotch Whisky）、爱尔兰威士忌（Irish Whiskey）、美国威士忌（American Whiskey）、加拿大威士忌（Canadian Whiskey），其中苏格兰威士忌最著名。

苏格兰有四个生产威士忌的区域，即高地（High Land）、低地（Low Land）、康倍尔镇（Campbel Town）和伊莱（Islay），这四个区域的产品各有其独特风格。苏格兰威士忌是用经过干燥、泥炭熏焙产生独特香味的大麦芽作酵造原料制成。苏格兰威士忌至少要储存8年以上，15~20年为最优质的成品酒，超过20年的质量会下降，但装瓶以后，则可保持酒质永久不变。

苏格兰威士忌色泽棕黄带红，清澈透明，气味焦香，略带烟熏味的特色，口感干冽、醇厚劲足、圆正绵柔，酒度一般为40~43度。衡量苏格兰威士忌的重要标准是嗅觉的感受，即酒香气味。苏格兰威士忌（Scotch Whiskey）有3种名牌：皇家芝华士（Chivas Regal Whiskey）、海格（Haig Pinch）、尊尼获加黑牌（Gohnnie Walker Black Label）。

美国威士忌与苏格兰威士忌在制法上大致相似，但所用的原料有所不同。美国威士忌以玉米和其他谷物为原料，经发酵、蒸馏后放入内侧熏焦的橡木酒桶中酿制4~8年，装瓶时加入一定数量蒸馏水稀释。另外，美国威士忌的酒精纯度也较苏格兰威士忌低，没有苏格兰威士忌那样浓烈的烟熏味，但具有独特的橡树芳香。

美国产威士忌（American Whiskey）中，波本威士忌（Bourbon Whiskey）是其代表，主要名牌有四玫瑰（Four Roses）、老爷爷（Old Grand Dad）、吉姆·宾（Jim Beam）。此外，美国产威士忌还有美国黑麦威士忌（American Rye Whiskey）、西格兰姆斯大王冠（Seagram's Crown）、田纳西威士忌（Tennessee Whiskey）。波本是美国肯塔基州（Kentucky）的一个地名。波本威士忌是用51%~75%的玉米谷物发酵蒸馏而成的，在新的内壁经烘炙的白橡木桶中陈酿4~8年，酒液呈琥珀色，原体香味浓郁，口感醇厚绵柔，回味悠长，酒度为43.5度。含玉米比例51%以上的波本威士忌，产生有别于其他以麦类为原料的威士忌的风味，味道强劲浑厚。而含玉米达80%以上的玉米威士忌，则更能保有玉米的特色，产生一股风味柔和的芬芳。

爱尔兰威士忌与苏格兰制造过程相同。其区别主要有两处：在熏麦芽这个步骤中，爱尔兰威士忌所采用的不是苏格兰威士忌惯用的泥炭，而是无烟煤，因此没有浓烈的烟熏味，而且没有草炭的味道；另外，爱尔兰威士忌经过三次蒸馏酿造而成，比苏格兰威士忌多了一次蒸馏过程。一般来说爱尔兰威士忌的口感表现较为温润，带有芳香的气味。因此，人们很少用于净饮，一般用来做鸡尾酒的基酒。爱尔兰威士忌（Irish Whiskey）有4种名牌：吉姆逊父子（John Jameson & Son）、波威尔（Power's）、老不殊苗（Old Bushmills）、吐拉摩（Tullamore Dew）。

加拿大威士忌酒色棕黄，酒香芬芳，口感轻快爽适，酒体丰满，以淡雅的风格著称。从风格上看，加拿大威士忌属淡香型。加拿大威士忌的酿制原料受到国家法律条文的制约，主要包括玉米、黑麦，再掺入其他一些谷物原料，但没有一种谷物的比例超过50%。

几乎所有的加拿大威士忌都属于调和式威士忌，以连续式蒸馏制造出来的谷物酒作为主体，再调以壶式蒸馏器制造出来的裸麦威士忌（Rye Whiskey）增其风味与颜色。由于连续式蒸馏的威士忌酒通常比较清淡，因此加拿大威士忌号称"全世界最清淡的威士忌"。

加拿大威士忌在蒸馏完成后，需要装入全新的美国白橡木桶或二手的波本橡木桶陈储 3 年以上。有时酒厂会在将酒进行调和后放回橡木桶中继续陈储，甚至直接在新酒还未陈储之前就先调和。加拿大威士忌（Canadian Whiskey）主要名牌有加拿大俱乐部（Canadian Club）、西格兰姆斯（Seagram's）、王冠（Crown Royal）。

3. 白兰地

白兰地（Brandy）是一种烈酒，通常的意思是"葡萄酒的灵魂"，其英文 Brandy 是由荷兰文 Brande 转变而成。白兰地分狭义和广义之说。从广义上讲，所有以水果为原料发酵蒸馏而成的酒都称为白兰地。从狭义上讲，把以葡萄为原料，经发酵、蒸馏、储存、调配而成的酒才被称作白兰地。现在习惯使用狭义之说，若以其他水果为原料制成的蒸馏酒，则在白兰地前面冠以水果的名称，如苹果白兰地、樱桃白兰地。

主要品种有干邑（Cognac）、雅文邑（Armagnac）、法国白兰地（French Brandy）及水果白兰地（苹果白兰地最为著名）。干邑是法国夏朗特省一个古镇，法国乃至全世界最著名的白兰地产地。世界各国都出产白兰地，但以法国白兰地为最好，其中干邑白兰地尤其驰名世界。只有用干邑地区产的葡萄发酵，在干邑地区蒸馏、储存的白兰地，才能称为干邑酒，而在以外的任何地方生产的只能称作白兰地。干邑的主要名牌有爱之喜（Angler）、马爹利（Martell）、轩尼诗（Hennessy）、人头马（Reins Martin）。

白兰地的品质一般采用字母来区分，如：E 代表 ESPECIAL（特别的）；F 代表 FINE（好）；V 代表 VERY（很好）；O 代表 OLD（老的）；S 代表 SUPERIOR（上好的）；P 代表 PALE（淡色而苍老）；X 代表 EXTRA（格外的）。

白兰地在装瓶出售时，在瓶身或标签上用以下几种等级符号来表示酒的储藏时间。

★表示 3 年陈储；★★表示 4 年陈储；★★★表示 5 年陈储；V.O.表示 10～12 年陈储；V.S.O.表示 12～20 年陈储；V.S.O.P.表示 20～40 年陈储；F.O.V.表示 30～50 年陈储；Napoleon 表示陈酿 40 年；X.O.表示 50 年陈储，也称特醇；X.表示 70 年陈储。这些标记的含义不都是很严格的，不仅代表的酒龄没有严格的确定，相同的标记在不同的地区和厂家所代表的意义也不尽相同。

4. 伏特加

伏特加（Vodka）是俄罗斯和波兰的国酒，是北欧寒冷国家十分流行的烈性饮料，"伏特加"是苏联人对"水"的昵称。

伏特加是以多种谷物（马铃薯、玉米）为原料，用重复蒸馏，精炼过滤的方法，除去酒精中所含毒素和其他异物的一种纯净的高酒精浓度的饮料。伏特加无色无味，没有明显的特性，但很提神，口味烈，劲大刺鼻，除了与软饮料混合使之变得干洌，与烈性酒混合使之变得更烈外，别无他用。但由于酒中所含杂质极少，口感醇正，并且可以以任何浓度与其他饮料混合饮用，所以经常用于做鸡尾酒的基酒，伏特加作基酒来调制鸡尾酒，比较著名的有黑俄罗斯（Black Russian）、螺丝钻（Screw Driver）、血玛丽（Bloody Mary）等。

伏特加酒度一般在40～50度之间，不用陈酿即可出售、饮用，也有少量的加香型伏特加在稀释后还要经串香程序，使其具有芳香味道。伏特加与金酒一样都是以谷物为原料的高酒精度饮料，但与金酒相比，伏特加干洌、无刺激味，而金酒有浓烈的杜松子味道。

伏特加可作佐餐酒和餐后酒，快饮（干杯）是其主要饮用方式。许多人喜欢冰镇后干饮，仿佛冰溶化于口中，进而转化成一股火焰般的清热。伏特加（Vodka）主要名牌有兰出（Blauer Bison）、斯米诺夫（Smirnoff）、波尔斯卡亚（Bolskaya）、哥萨克（Cossack）。

5. 朗姆酒

朗姆酒（Rum）是采用甘蔗汁或糖浆发酵蒸馏而成的烈性酒，具有刺激性芳香，风味十分独特。主要名牌有百家地（Bacardi）、船长酿（Captain's Eserve）、唐·Q（Don Q）。

6. 特基拉酒

特基拉酒（Tequila Sauza）是墨西哥的特产，被誉为"墨西哥的灵魂"。特基拉酒香气突出，口味凶烈，因陈酿时间不同而有白色、银白色、金黄色，常与盐和柠檬一起饮用，风味独特，也经常作为鸡尾酒的基酒。

（二）配制酒

凡是用酿造原酒、蒸馏酒和其他液体的、固体的或气体的非酒精物质，采用勾兑、浸泡、混合等多种方法调制而成的各种酒类，统称为配制酒。配制酒的种类比较庞杂，根据特点和功能大致可分为三类：开胃酒（Aperitif）、甜食酒（Dessert Wine）、利口酒（Liqueur）。开胃酒是餐前饮用的酒，甜食酒和利口酒是餐后饮用的酒，但是开胃酒的甜型品种也可作餐后酒，而干型的甜食酒和利口酒也可作餐前酒。著名的配制酒主要集中在欧洲。配制酒又分为以下几种：①开胃酒：开胃酒的名称源于在餐前饮用的并能增加食欲的酒。随着饮酒习惯的演变，开胃酒逐渐被专门用于指以葡萄酒和某些蒸馏酒为主要原料的配制酒品。开胃酒的种类有味美思酒（Vermouth）、比特酒

(Bitters，即必打士）、茴香酒（Anisette）等。②甜食酒：甜食酒是一类佐助西餐甜食的酒精饮料，其主要特点是口味较甜。通常是以葡萄酒作为基酒。这种酒的酒精含量超过普通餐酒的一倍，达到25度，开瓶后仍可保存较长的时间。酒吧常用的甜食酒有雪利酒、波特酒、玛德拉酒、玛萨拉酒等。③餐后甜酒又名利口酒：其含糖量高，喝后能帮助消化，酒吧常用餐后甜酒是以蒸馏酒为基酒，加入香料、糖、药材或果仁等配制而成。较著名的利口酒有可可甜酒（Reme De cacao）、修道院酒（Chartreuse）、本尼狄克（Benedictine）、薄荷甜酒（Crème De menthe）。

（三）鸡尾酒

广义的鸡尾酒（Cocktail）是指通过一定的方法混合不同的酒类形成的饮料，或在酒中加入果汁、苏打水等调和制成的一种新口味的含酒精饮料。但是，原本的鸡尾酒却是下面述及的短饮料的一种形式。

含有酒精成分的饮料中有短饮料与长饮料之分。所谓的短饮料指的是平常不用花太多时间饮用的饮料。服务的场合要加注在鸡尾酒杯中提供给客人。与此相对，所谓长饮料则是一边品尝、一边消磨时光的饮料，服务的场合要注入大型玻璃杯中提供给客人。

鸡尾酒的特点是可以根据个人嗜好自由调和。调制鸡尾酒一般遵循下述各项条件：

（1）要能促进人的食欲，不能过甜，也不能放入太多食蛋（鸡蛋）或果汁；

（2）要能够舒缓神经、驱除人体疲劳；

（3）要愉悦人的味觉，不能过甜，过酸，过苦或香味过浓；

（4）要愉悦视觉，看起来美观，爽心悦目；

（5）要有酒的风味，不能稀释得太多，以至于没有酒精味；

（6）要彻底冷却。

鸡尾酒的种类有：

（1）开胃鸡尾酒——增进食欲的饮料，有咸辣味和甜味两种。作为这种鸡尾酒的代表，有被称为鸡尾酒始祖的曼哈顿鸡尾酒，马蒂尼鸡尾酒等。

（2）俱乐部鸡尾酒——正餐上代替冷盘或汤而供应的鸡尾酒。它色泽艳丽，又富于营养，还带有刺激性，是人们非常喜爱的饮料，如库罗巴俱乐部鸡尾酒等。

（3）正餐前鸡尾酒——开胃鸡尾酒的又一名称。但严格地说，它是中等程序的咸辣味鸡尾酒。如马蒂尼·米第安鸡尾酒，曼哈顿·米第安鸡尾酒等。

（4）正餐后鸡尾酒——餐后提供的鸡尾酒，基本上都是甜味。这种类型中有亚历山大鸡尾酒等。

（5）晚餐鸡尾酒——晚餐上饮用的鸡尾酒，非常咸辣，如阿布膳鸡尾酒。

（6）催眠鸡尾酒——有催眠作用，夜间睡眠之前饮用。

（7）香槟鸡尾酒——在欢庆宴会上常常供应的鸡尾酒。通常是将混合好的材料放在杯中，然后加入香槟。

鸡尾酒的调制方法有四种：

（1）摇和法。使用摇酒壶（shaker）进行鸡尾酒的调制，通过手臂的摇动来完成各种材料的混合。摇酒壶通常自带或附带一个滤冰器。由不易混合的主、辅料（果汁、奶油、生鸡蛋、糖浆等）构成的鸡尾酒，一般使用摇和法来调制。使用坚硬的方冰块（温度极低的）和"快摇"是其要点，以避免冰块过多融化而冲淡酒味。

（2）调和法。使用调酒杯（mixing glass）或厚壁大玻璃杯进行调酒操作。由易于混合的原材料构成的鸡尾酒，一般使用调和法来调制。冰片是使用调和法的最佳用冰形式。

（3）兑和法。将所要混合的鸡尾酒的主、辅料直接倒入载杯中的一种调酒方法，如Gin Tonic、Angels Kiss等。

（4）搅和法。用电动搅拌机来完成各种材料的混合。使用搅和法调制的鸡尾酒，大多含有水果、冰激凌和鲜果汁的长饮酒。所使用的水果，在放入电动搅拌机之前，一定要将其切成小碎块。碎冰要最后放入。电动搅拌机在高速挡运转20秒，就会获得一种类似雪泥状的鸡尾酒。

（四）葡萄酒

葡萄酒（Wine）是葡萄汁发酵所得的含有酒精的饮料，葡萄酒的糖分经酵母的作用，发酵为酒精和二氧化碳。当酒精浓度达到16％时，酵母会被杀死，因此自然发酵的葡萄酒酒精浓度不会超过16％。葡萄酒名酒有波尔多（Bordeaux）、布尔格尼（Burgundy）、薄若莱（Beaujolais）、阿尔萨斯（Alsace）、莫泽尔（Mosel）、莱茵名酒（Rhein）。

1. 按照是否含二氧化碳分类

（1）静态葡萄酒：也称静止葡萄酒，是指在20℃时二氧化碳压力小于0.05兆帕的葡萄酒。这类酒是葡萄酒的主流产品，酒精含量约8％～13％。

（2）起泡葡萄酒：指在20℃时二氧化碳压力不小于0.05兆帕的葡萄酒。葡萄酒在20℃时含有二氧化碳的压力在0.05～0.25兆帕时，称为低起泡葡萄酒（或葡萄汽酒）。葡萄酒在20℃时当二氧化碳的压力不小于0.35兆帕（对容量小于250毫升的瓶子压力不小于0.3兆帕）时，称高起泡葡萄酒。

起泡葡萄酒一般是装瓶后再加入糖和酵母进行二次发酵。只有法国香槟产区的进行瓶内二次发酵的起泡葡萄酒才能叫作"香槟"，其他统称葡萄汽酒。

2. 按照色泽分类

可分为白葡萄酒、红葡萄酒和玫瑰红葡萄酒。

（1）白葡萄酒：只将葡萄酒的汁液发酵，且培养期通常在一年内，口味清爽，单宁含量低，带水果香味及果酸味。

（2）红葡萄酒：将葡萄的果皮、果肉、种子等与果汁一同发酵，且培养一年以上。口味较白葡萄酒浓郁，多含单宁而带涩味，因发酵程度较高，通常不甜但酒性比白葡萄酒稳定，保存期可达数十年。

（3）玫瑰红葡萄酒：也叫桃红葡萄酒，是用红色（或黑色、紫色）葡萄酿制而成的，不同的是，红葡萄酒是葡萄皮与葡萄汁长时间在一起浸皮发酵，而玫瑰红葡萄酒则是葡萄汁与葡萄皮经过短时一起浸泡发酵，就滤出粉红色的葡萄汁，进一步发酵。

3. 按含糖量分类

（1）干葡萄酒：含糖（以葡萄糖计）不大于 4.0 g/L。或者当总糖与总酸（以酒石酸计）的差值不大于 2.0 g/L 时，含糖量最高为 9.0 g/L 的葡萄酒。

（2）半干葡萄酒：含糖大于干葡萄酒，最高为 12.0 g/L。或者当总糖与总酸（以酒石酸计）的差值不大于 2.0 g/L 时，含糖量最高为 18.0 g/L 的葡萄酒。

（3）半甜葡萄酒：含糖大于干葡萄酒，最高为 45.0 g/L 的葡萄酒。

（4）甜葡萄酒：含糖大于 45.0 g/L 的葡萄酒。

4. 按葡萄分类

（1）山葡萄酒（野葡萄酒）：以野生葡萄为原料酿成的葡萄酒。

（2）葡萄酒：以人工培养的酿酒品种葡萄为原料酿成的葡萄酒。

5. 特种葡萄酒

特种葡萄酒是指用鲜葡萄或葡萄汁在采摘或酿造工艺中使用特定方法酿成的葡萄酒。冠以特种葡萄酒名称的酒必须由标准化部门制定标准并有相应的工艺。

（1）加强葡萄酒：也称强化葡萄酒或者加烈葡萄酒，是指压榨的葡萄汁加入酵母后，待其发酵时再添加白兰地，以停止它发酵，因此相比一般葡萄酒含有的酒精度及甜度高，如雪利酒（Sherry），酒精含量通常为 14%～24%。

（2）加香葡萄酒（配制酒）：给葡萄酒添加了果汁、香草或香料（草本植物的根、茎、花、果实等），属于加香葡萄酒，比如味美思之类，酒精含量通常为 16%～20% 之间。

（3）贵腐葡萄酒：在葡萄的成熟后期，葡萄果实感染了灰绿葡萄孢，使果实的成分发生了明显的变化，并用这种葡萄酿成的酒。

（4）冰葡萄酒：将葡萄推迟采收，当气温低于 −7℃ 后，使葡萄在树枝上保持一定时间，结冰，然后采收、压榨，用此葡萄汁酿成的酒。冰葡萄酒是葡萄酒中最甘甜醇厚的一种，浓缩了最多的葡萄风味，有"液体黄金"之称。加拿大冰葡萄酒最负盛名。

其酿制工艺：延缓葡萄采收期，让葡萄经过几次自然的上冻解冻过程（沙漠气候，昼夜温差大），造就葡萄内部"贵腐"的复杂效果，这样的葡萄在11月中旬，选择一个气温在－4℃左右的夜晚成串摘下来，还带着茎蔓就立即送去压榨，不断滴下来的是已经浓缩了的葡萄浆——葡萄中糖分含量最高、各种香味最浓的部分，榨出这些黏稠的汁液需要施很大的压力，榨出来的葡萄汁也只相当于正常收获葡萄的五分之一。

（五）香槟酒

香槟酒（Champagne）采用红葡萄酒或青葡萄酒酿制，酿制香槟酒的葡萄品种主要有黑比诺、莫尼、霞多利三种，酒精度为10.5～13度，大致可分为年份或无年份香槟、玫瑰香槟、全由白葡萄酿制的香槟（Blanc De Blanc）和全由黑葡萄酿制的香槟（Blanc De Noir）。由不同年份基酒调配的香槟叫作无年份香槟，而单一年份基酒酿造的称为年份香槟。

香槟酒在酒界地位很高，被誉为"文化的酒"，可以在任何场合饮用，特别是在庆祝胜利时或在喜庆宴会中。喝香槟需要冰冻，但不是说放入冰块，而是将酒瓶放入冰桶内约20分钟后再喝。

香槟酒主要名牌有莫埃武当（Moet Chandon）、查理·海德里克（Charles Heldsieck）、宝林歇（Bollinger）、佩里埃·汝爱（Perrier Jouet）。

（六）啤酒

啤酒是一种古老的酒精饮料。啤酒酒精度低、爽口、易起泡，由大麦、稻米和啤酒花等酿造而成。现代啤酒的发源地是德国。12世纪，正式采用啤酒花酿造的啤酒诞生了，啤酒花产生了啤酒特殊的风味，世界各地的啤酒都把啤酒花视为啤酒的灵魂。

按原麦汁浓度可以把啤酒分为：低浓度啤酒，按麦汁浓度7～8，酒精含量2％左右；中浓度啤酒，原麦汁浓度11～12，酒精含量3.1％～3.8％；高浓度啤酒，原麦汁浓度14～20，酒精浓度含量在4.9％～5.6％。麦芽汁的含量越高，啤酒的质量越好。

按是否经过杀菌处理可以把啤酒分为：鲜啤酒，又称生啤，是指在生产中未经杀菌的啤酒，符合卫生标准，口味鲜美，有较高的营养价值，但保存时间短，适于在产地销售；熟啤酒，经过巴氏杀菌的啤酒，可防止酵母继续发酵和受微生物的影响，保存时间长，稳定性强，适于远销。

四、酒的保存

酒精含量较高的酒，具有较好的杀菌能力，不易酸败变质，但会有挥发、渗漏现象。酒精含量较低的低度酒，因含酸类、糖分等物质较多，易受杂菌感染，保管温度过高，又会使酒液再次发酵而浑浊沉淀、酸败变质或变色变味。针对各类酒的特点，要因地制宜，选择清洁卫生、蔽光、干燥、温度适宜的酒库。

啤酒是酿造酒品，其稳定性较差，如果贮存和保管方法不当，啤酒质量将会受到影响。啤酒的贮藏有以下 6 个方面的要求：①酒库应清洁卫生，保持干燥，无其他杂物。②酒库阴凉，无阳光直接照射。因为啤酒在光线照射的刺激下稳定性会加速降低，从而产生氧化浑浊等现象。③保持一定的贮存温度。通常鲜啤酒保持温度应严格控制在 10℃以下，熟啤酒控制在 10～25℃，最好在 16℃左右。④注意贮存期限。鲜啤酒和熟啤酒的酒龄不一样，保鲜期也不同，必须在贮存期内妥善贮藏，一般在正确的贮存温度下鲜啤酒可以贮存 5～7 天，熟啤酒贮存 60～120 天，贮存日期应从生产之日算起，而不是从到货之日算起。⑤按先进先出原则贮存。先进的货要先行出库销售，避免因积压在库内时间过长而变质变味。⑥合理堆放。啤酒在酒库的堆放贮存应安全合理，瓶装啤酒以堆放五六层为宜，箱装啤酒要注意堆放平稳，按产品种类、包装规格、出厂日期分类贮存，大批量的啤酒垛之间还应留有通道，便于检查盘点，同时使酒库保持良好的通风条件。

各类葡萄酒应根据其特点储藏。白葡萄酒、香槟酒、汽酒存放于冷库，红葡萄酒存放于专用酒库，其储藏温度一般为 10～14℃；要防止光线过强或直射酒瓶，酒库中避免放置酒类以外的杂物，以防气味污染。凡存放酒精度不超过 14 度的佐餐酒时，酒瓶要标签朝上平放，让软木塞被酒液浸润膨胀，隔绝空气，以达到防腐的目的。凡属蒸馏酒类，瓶子大多要竖直立放，以便于瓶内酒液挥发，达到降低酒精含量、改善酒质和酒的风格的目的。

入库的酒类要进行登记，为每一类酒设一个卡片，将该酒的年龄、产地、标价等登记在案。贵重的酒应放在保险柜里小心保存，防止破损和失窃。

因酒品在运输过程中受到震动而使酒中的分子处于"激动"状态，刚购买运回的酒要有一个"醒酒期"，让酒"冷静"半个月后再售给宾客，效果更佳。

除了建立酒库外，还要在酒吧等消费场所设立酒柜。在酒柜内应摆一些比较畅销的商品。而白葡萄酒、玫瑰酒及香槟酒要放在一些冰箱里冷藏，以便随时供应，但冷藏时间不宜过长，最长为两个星期。啤酒在保存期间瓶子要立放，不能和具有强烈气味的物品放在一起，以免改变啤酒的味道。

第四节 茶艺服务

一、茶的种类及特点

(一) 红茶

红茶因其干茶色泽和冲泡的茶汤以红色（实为黄红色）为主调而得名。其基本特点是红汤、红叶、味甘，干茶色泽偏深，红中带乌黑。红茶以适宜制作本品的茶树新芽叶为原料，经萎凋、揉捻（切）、发酵、干燥等典型工艺过程精制而成，包括工夫红茶、小种红茶和红碎茶三种，品质特征不同。

1. 工夫红茶

以红条茶为原料精制加工而成。我国工夫红茶产地多、品种多。按地区命名的有滇红工夫、祁门工夫、浮梁工夫、宁红工夫、湘江工夫、闽红工夫（含坦洋工夫、白琳工夫、政和工夫）、越红工夫、台湾工夫、江苏工夫及粤红工夫等。按品种又分为大叶工夫和小叶工夫。大叶工夫茶是以乔木或半乔木茶树鲜叶制成；小叶工夫茶是以灌木型小叶种茶树鲜叶为原料制成的工夫茶。

① 祁红

祁门红茶，简称"祁红"，历史悠久，创制于1875年，产于世界十大自然遗产和文化遗产之一的中国黄山西麓祁门县。祁门地区的自然生态环境条件优越，全县茶园土地肥沃，腐殖质含量较高，早晚温差大，常有云雾缭绕，且日照时间较短，构成了茶树生长的天然佳境。祁门红茶品质超群，被誉为"群芳最"，条形细紧苗秀，色泽乌黑泛灰光，俗称"宝光"，内质香气浓郁高长，似蜜糖香，又蕴藏有兰花香，汤色红艳，滋味醇厚，回味隽永，叶底嫩软红亮。

祁门红茶含有多种有益健康成分，是一种理想的天然保健饮料，具有明目提神、消食去腻、利尿解毒、杀菌疗疾、兴奋益思、解除疲劳、防癌减肥等药理功能。

② 滇红

滇红茶，主产云南的临沧、保山等地，属大叶种类型的工夫茶，外形肥硕紧实，金毫显露，叶底红匀嫩亮，香高味浓。干茶色泽乌润，金毫特显，内质汤色艳亮，香气鲜郁高长，滋味浓厚鲜爽，富有刺激性。滇红工夫茸毫显露为其品质之一。其毫色可分淡黄、菊黄、金黄等类。凤庆、云县、昌宁等地工夫茶，毫色多呈菊黄；勐海、双江、临沧、普文等地工夫茶，毫色多呈金黄。同一茶园春季采制的一般毫色较浅，多呈淡黄，夏茶毫色多呈菊黄，唯秋茶多呈金黄色。

滇红工夫内质香郁味浓。香气以滇西茶区的云县、凤庆、昌宁为佳，尤其是云县部分地区所产的工夫茶，香气高长，且带有花香。滇南茶区工夫茶滋味浓厚，刺激性较强。滇西茶区工夫茶滋味醇厚，刺激性稍弱，但回味鲜爽。

滇红工夫因采制时期不同，其品质具有季节性变化，一般春茶比夏、秋茶好，春茶条索肥硕，身骨重实，净度好，叶底嫩匀。夏茶正值雨季，芽叶生长快，节间长，虽芽毫显露，但净度较低，叶底稍显硬、杂。秋茶正处于干凉季节，茶树新陈代谢作用转弱，成茶身骨轻，净度低，嫩度不及春、夏茶。

2. 小种红茶

小种红茶是福建省的特产，包括正山小种和外山小种。正山小种产于崇安县星村乡桐木关一带，也称"木关小种"或"星村"小种。政和、坦洋、古田、沙县及江西铅山等地所产的仿照正山品质的小种红茶，统称"外山小种"或"人工小种"。

在小种红茶中，唯正山小种百年不衰，主要是因其产自武夷高山地区。崇安县星村桐木关一带，地处武夷山脉之北段，海拔1 000~1 500米，冬暖夏凉，年均气温18℃，年降雨量2 000毫米左右，春夏之间终日云雾缭绕，茶园土质肥沃，茶树生长繁茂，叶质肥厚，持嫩性好，成茶品质特别优异。正山小种外形条索粗壮长直，身骨重实，色泽乌黑油润有光，内质香高，具松烟香，汤色呈糖浆状的深金黄色，滋味醇厚，似桂圆汤味，叶底厚实光滑，呈古铜色。

3. 红碎茶

中国红茶的第三类叫作"红碎茶"，也称作"分级红茶"，是在工夫红茶加工技术的基础上产生的。其初制工艺的特点是在条红茶加工工序中，以揉切代替揉捻，或揉捻后再揉切。揉切的目的是充分破坏叶组织，使干茶中的内含成分更容易泡出，形成红碎茶滋味浓、强、鲜的品质风格。产区主要是云南、广东、海南、广西、湖南、贵州、江苏等。

根据形状的不同，红碎茶分有叶茶、碎茶、片茶、末茶等。

叶茶外形成条状，条索紧结，匀齐，色泽纯润，有金毫。内质汤色红艳，香味鲜浓有刺激性。

碎茶外形呈颗粒状，含毫，色泽乌润，内质汤色红浓，香味鲜爽浓强。

片茶外形呈木耳形片状，色泽乌褐，内质香气尚纯，汤色尚红，滋味尚浓略涩，叶底红匀。

末茶外形呈沙粒状，色泽乌黑或灰褐，内质汤色深暗，香低味粗涩，叶底暗红。

(二) 绿茶

绿茶以适宜茶树新梢为原料，经杀青、揉捻、干燥等典型工艺过程制成的茶叶，其干茶色泽和冲泡后的茶汤、叶底以绿色为主调而得名。

在绿茶的加工过程中，由于高温湿热作用，破坏了茶叶中的酶的活性，阻止了茶叶中的主要成分——多酚类的酶性氧化，较多地保留了茶鲜叶中原有的各种化学成分，保持了"清汤绿叶"的品质风格。因此，绿茶也称"不发酵茶"。

根据杀青方式、干燥方法的不同，又有"炒青""烘青""晒青""蒸青"之分。

1. 炒青

由于在干燥过程中受到机械或手工操力的作用不同，成茶形成了长条形、圆珠形、扇平形、针形、螺形等不同的形状，故又分为长炒青、圆炒青、扁炒青等。

（1）长炒青：长炒青精制后称眉茶，成品的花色有珍眉、贡熙、雨茶、针眉、秀眉等，各具不同的品质特征。

珍眉：条索细紧挺直或其形如仕女之秀眉，色泽绿润起霜，香气高鲜，滋味浓爽，汤色、叶底绿微黄明亮。

贡熙：长炒青中的圆形茶，精制后称贡熙。外形颗粒近似珠茶，圆结匀整，不含碎茶，色泽绿匀，香气纯正，滋味尚浓，汤色黄绿，叶底尚嫩匀。

雨茶：原系由珠茶中分离出来的长形茶，现在雨茶大部分从眉茶中获取，外形条索细短、尚紧，色泽绿匀，香气纯正，滋味尚浓，汤色黄绿，叶底尚嫩匀。

（2）圆炒青：外形颗粒细圆紧实，色泽绿润，香味醇和。精制后的珠茶更圆紧光滑似珍珠，乌绿起霜，香味也提高，叶底有盘花芽叶。因产地和采制方法不同，又分为平炒青、泉岗辉白和涌溪火青等。

（3）扁炒青：因产地和制法不同，主要分为龙井、旗枪、大方三种。

龙井产于杭州市西湖区，又称西湖龙井。鲜叶采摘细嫩，要求芽叶均匀成朵。高级龙井做工特别精细，具有"色绿、香郁、味甘、形美"的品质特征。

旗枪产于杭州龙井茶区四周及毗邻的余杭、富阳、萧山等县。

大方产于安徽歙县和浙江临安、淳安毗邻地区，以歙县老竹大方最为著名。

2. 烘青绿茶

烘青绿茶是用烘笼进行烘干的。烘青毛茶经再加工精制后大部分作熏制花茶的茶胚，香气一般不及炒青高，少数烘青名茶品质特优。以其外形亦可分为条形茶、尖形茶、片形茶、针形茶等。

烘青绿茶外形条索完整，白毫显露，色泽绿润，冲泡后茶汤香气清鲜，滋味鲜醇，叶底嫩绿明亮。依原料老嫩和制作工艺不同分为普通烘青和细嫩烘青两类。细嫩烘青中，名品很多，包括碧螺春、黄山毛尖、太平猴魁、六安瓜片、信阳毛尖、都匀毛尖、高桥银峰等。

3. 晒青绿茶

晒青绿茶，鲜叶经过杀青、揉捻以后利用日光晒干的绿茶，产量较少，主要分布在湖南、湖北、广东、广西、四川、云南、贵州等省（区、市）。晒青绿茶以云南大叶种的品质最好，称为"滇青"；其他如川青、黔青、桂青、鄂青等品质各有千秋，但不及滇青。

4. 蒸青绿茶

我国古代的杀青方法是以蒸气杀青，唐朝时传至日本，传沿至今，我国自明代起改为锅炒杀青。蒸青是利用蒸气热量来破坏鲜叶中酶活性，形成干茶色泽深绿，茶汤浅绿和茶底青绿的"三绿"的品质特征，但香气较闷带青气，涩味也较重，不及锅炒杀青绿茶那样鲜爽。主要品种有产于湖北恩施的恩施玉露，产于浙江、福建和安徽三省的中国煎茶。

（三）乌龙茶

乌龙茶又名青茶，属半发酵茶类。基本工艺过程是晒青、晾青、摇青、杀青、揉捻、干燥。乌龙茶的品质特点是，既具有绿茶的清香和花香，又具有红茶醇厚的滋味。乌龙茶种类因茶树品种的特异性而形成各自独特的风味，产地不同，品质差异也十分显著。

乌龙茶在六大类茶中工艺最复杂费时，泡法也最讲究，所以喝乌龙茶也被人称为喝工夫茶。名贵品种有武夷岩茶、铁观音、凤凰单丛、台湾乌龙茶。

1. 铁观音

铁观音原产福建省安溪县。铁观音原来是茶树品种名，由于它适制乌龙茶，其乌龙茶成品名为铁观音。

在中国台湾，铁观音茶的概念与福建有所不同，铁观音茶是指一种以铁观音茶特定制法制成的乌龙茶，台湾铁观音茶的原料，可以是铁观音品种茶树的芽叶，也可以不是铁观音品种茶树的芽叶。

铁观音茶的采制技术特别，不是采摘非常幼嫩的芽叶，而是采摘成熟新梢的2～3叶，俗称"开面采"，是指叶片已全部展开，形成驻芽时采摘。采来的鲜叶力求新鲜完整，然后进行晾青、晒青和摇青（做青），直到自然花香释放，香气浓郁时进行炒青、揉捻和包揉（用棉布包茶滚揉），使茶叶卷缩成颗粒后进行文火焙干。制成毛茶后，再经筛分、风选、拣剔、匀堆、包装制成商品茶。

铁观音是乌龙茶的极品，茶条卷曲，肥壮圆结，沉重匀整，色泽砂绿。冲泡后汤色金黄浓艳似琥珀，有天然馥郁的兰花香，滋味醇厚甘鲜，俗称有"音韵"。铁观音茶香高而持久，可谓"七泡有余香"。

品饮铁观音茶，必备小巧精致的茶具，茶壶、茶杯均以小为好。将茶叶放入茶壶中达五分满，沸水后冲泡洗茶后，再续水正式冲泡2～3分钟，倒入小杯品饮，以后可连续续水冲泡。品饮铁观音时先闻其香再品其味，每次饮量虽不多，但满口生香，回味无穷。

2. 武夷岩茶

武夷岩茶为中国十大名茶之一，产于福建北部的武夷山地区，是中国乌龙茶中之极品。

武夷山多悬崖绝壁，茶农利用岩凹、石隙、石缝，沿边砌筑石岸种茶，有"盆栽式"茶园之称。"岩岩有茶，非岩不茶"，岩茶因而得名。因产茶地点不同，又分为正岩茶、半岩茶、洲茶。正岩茶指武夷山中心地带产的茶叶，其品质高味醇厚，岩韵特显。半岩茶指武夷山边缘地带产的茶叶，其岩韵略逊于正岩茶。洲茶泛指靠武夷岩两岸所产的茶叶，品质又低一筹。岩茶中最著名的有大红袍、白鸡冠、铁罗汉、水金龟等。

武夷岩茶，香气馥郁，胜似兰花而深沉持久，"锐则浓长，清则幽远"。滋味浓醇，生津回甘，虽浓饮而不苦涩。茶条壮结、匀整，色泽青褐润亮呈"宝光"。叶面呈蛙皮状沙粒白点，俗称"蛤蟆背"。泡汤后叶底"绿叶镶红边"，呈三分红七分绿。

3. 凤凰单丛

凤凰单丛产于广东省潮州市凤凰镇乌崇山。外形条粗壮，匀整挺直，色泽黄褐，汪润有光，并有朱砂红点；冲泡清香持久，有独特的天然兰花香，滋味浓醇鲜爽，润喉回甘；汤色清澈黄亮，叶底边缘朱红，叶腹黄亮，素有"青蒂绿腹红镶边"之称。具有独特的山韵品格。

4. 台湾乌龙

台湾乌龙是乌龙茶类中发酵程度最重的一种，也是最近似红茶的一种。乌龙茶类鲜叶原料采摘标准一般均为新梢顶芽形成驻芽时采摘的二三叶，唯有台湾乌龙是带嫩芽采摘一芽二叶。

优质台湾乌龙茶芽肥壮，白毫显，茶条较短，含红、黄、白三色，鲜艳绚丽。汤色呈琥珀般的橙红色，叶底淡褐有红边，叶基部呈淡绿色，叶片完整，芽叶连枝。

台湾乌龙茶在国际市场被誉为"香槟乌龙""东方美人"，以赞其殊香美色，在茶汤中加上一滴白兰地酒，风味尤佳。

（四）其他茶种

1. 黑茶

黑茶属于后发酵的茶。黑茶原料一般较粗老，经过杀青、揉捻、渥堆、干燥四个初制工序加工而成，加之制造过程中往往堆积发酵时间较长，因而叶色油黑或黑褐，故称黑茶。其代表品种有普洱茶、六堡茶、湖南黑茶、四川边茶等。

渥堆是决定黑茶品质的关键工序，渥堆时间的长短、程度的轻重，会使成品茶的品质有明显差别。

2. 黄茶

黄茶属于微发酵的茶，制茶方式近似绿茶，但是在制茶过程中加以闷黄，因此成品茶具有黄叶黄汤、香气清锐、滋味醇厚的特点。黄茶分黄芽茶、黄小茶、黄大茶三类，其代表品种有君山银针、蒙顶黄芽等。

3. 白茶

白茶属轻微发酵茶，是我国茶类中的特殊珍品。因其成品茶多为芽头，满批白毫，如银似雪而得名。白茶加工时不炒不揉，只将细嫩、叶背满茸毛的茶叶晒干或用文火烘干，从而使白色茸毛完整地保留下来。其代表品种有银针白毫、白牡丹、贡眉、寿眉等。

白茶最主要的特点是毫色银白，有"绿妆素裹"之美感，且芽头肥壮，汤色黄亮，滋味鲜醇，叶底嫩匀。冲泡后滋味鲜醇可口，还有药理作用。

4. 药茶

将药物与茶叶配伍，制成药茶，以发挥和加强药物的功效，利于药物的溶解，增加香气，调和药味。这种茶的种类很多，如午时茶、姜茶散、减肥茶、益寿茶等。

5. 花茶

花茶又称熏花茶、香花茶、香片。花茶是以绿茶、红茶、乌龙茶茶胚及符合食用需求、能够散发出香味儿的鲜花为原料，采用窨制工艺制作而成的茶叶。一般根据其所用的香花品种不同，划分为茉莉花茶、玉兰花茶、珠兰花茶等不同种类，其中以茉莉花茶产量最大。

花茶是集茶味与花香于一体，茶引花香，花增茶味，相得益彰。既保持了浓郁爽口的茶味，又有鲜灵芬芳的花香。

二、茶具常识

（1）茶桌：泡茶专用的桌子，目前较为流行的为根雕茶桌。

（2）随手泡：实为电热煮水器，用于烧煮泡茶用水，其功率在150～1 000 W不等，有金属、紫砂、陶瓷、硬塑等众多品种。

（3）茶罐：存放现用茶叶的容器，形状各异。无异味、能防潮、不透气、不透光、不生锈、清洁卫生、方便开启、密封紧密，外形具有较高的艺术性和欣赏价值。

（4）茶盘：放置茶具用，一般分上下两层，上层是放置茶具层，下层是废水层。茶盘形状主要有长方形、正方形、椭圆形、圆形和不规则形等，其质地主要有竹质、木质、石质、瓷质、陶质、紫砂质、塑料质、不锈钢金属质等。

（5）茶漏：圆漏斗形，放置在茶具、茶碗、茶杯口上，方便装入茶叶，可以防止茶叶散出。

（6）茶匙：用于舀茶叶时用。

（7）茶夹：用于夹茶杯、茶碗时使用，有木质、竹质、金属质等。

（8）茶耙：用于捞取壶内冲泡后的茶渣。

（9）茶针：用于疏通茶壶嘴内茶渣。

（10）茶壶：泡茶用具，主要有紫砂、陶瓷、玻璃、金属等质地不同的茶壶。

（11）盖碗：冲泡茶叶专用碗，带盖，所以叫盖碗，底部还配置一把碟，避免持碗时烫手。

（12）茶杯：盛茶汤用。主要有瓷质、紫砂、玻璃茶杯。

（13）闻香杯：用于嗅闻茶汤的香味。闻香杯为圆柱形，杯高口小，香气不易散失，易于闻出茶汤香气的高低、纯正。目前主要有瓷质与紫砂质，与茶杯配套使用。品茶时，先将冲泡后的茶汤倒入闻香杯，趁热鉴别茶汤香气的高低优劣。

（14）茶海：其用途是将冲泡后的茶汤全部倒入茶海内，然后再将茶汤分别斟入茶杯，供多人品茶。由于这种分茶方法避免了先淡后浓，使斟入各茶杯的茶汤均匀，浓淡一致，使品茶的人所品之茶汤品质一致，所以又称茶海为公道杯。

（15）茶滤：用于过滤茶汤，置放在公道杯上。其形状像漏斗，上宽下窄，中间嵌入一层细砂网，以阻隔茶渣进入供品饮的茶汤中。

（16）茶巾：茶艺专用小手帕，分成两面，有不同用途，用不同材料织成。一面为丝质，用于揩擦茶具；一面是棉质，用于吸收茶具外部、底部的茶水或用作壶、杯底部的垫布，避免烫手，以利斟茶。

（17）茶托：又叫茶杯托，供垫托茶杯用。有圆形、长方形、椭圆形等，圆形的托一只茶杯，长方形、椭圆形的可托一只茶杯和一只闻香杯，与茶杯、闻香杯配套使用。

（18）茶船：又称茶池，供搁置茶碗、茶杯等用，半球形，茶碗置于其中，起保养茶碗的作用；冲入开水，可起暖杯烫碗的作用。

（19）茶盂：用于倾倒废茶水、废茶渣用。目前较为流行的茶盂多为紫砂制造，其形状像盂，外壁配上字画，高雅美观，既实用又具欣赏价值。

三、茶叶冲泡技艺

茶叶的冲泡技艺，是指将开水冲进壶或杯中冲泡茶叶的艺术。茶叶冲泡的目的是为了使茶的色、香、味、形全部展示出来，香气、滋味相对均衡，这样可增添品茶的情趣和获得最佳的效果。

在冲泡开始前，语句精炼、用词正确地简要介绍所冲泡的茶叶名称，以及这种茶的文化背景、产地、品质特征、冲泡要点等。

在冲泡过程中，画龙点睛，精要介绍每道程序，特别是带有寓意的操作程序。

当冲泡完毕，客人还需继续品茶，而冲泡者要离席时，宜使用礼貌的征询式语言，如"我将随时为大家服务，现在我可以离开吗？"

茶叶冲泡包括冲法与泡法两个方面的技艺。

（一）冲法

冲法是指开水冲入茶叶时的动作手势，强调提壶冲水时的高低、快慢、回旋、上下等的各种变化，做到恰到好处。动作手势的变化，取决于不同茶叶的不同特征，诸如，茶叶老嫩、茶类、水温高低等。

茶叶的冲法可概括为五法，即高冲、中斟、低注、回旋、凤凰三点头等。其具体动作和手势要领如下。

（1）高冲法。要求注水壶壶嘴远离杯（壶）口，高于15厘米。在冲水时应将流量减至最小，做到小而水流不断。高冲的目的是使茶在冲入水中的过程中，随水翻滚，得以充分受热。这样可以让茶叶中的有效成分溶解，茶香飘逸。此法适用于低温冲泡的绿茶。

（2）中斟法。要求注水壶稍稍提高，离茶杯（壶）口一般5~8厘米即可。中斟的目的是使冲入的水温稍降，冲泡时达到茶水交融，取得最佳的效果。此法适用于花茶和黄茶类的茶品。

（3）低注法。要求放低注水壶，使壶流口直接与茶杯（壶）口接触，用最大的流量将开水冲入杯（壶）中，最低地减少热量损失。此法适宜于高温冲泡的红茶、普洱茶和乌龙茶等茶类。

（4）回旋法。要求稍稍提高注水壶，先将开水冲入杯（壶）的中心，并迅速旋转，沿杯（壶）内的四周冲入开水，使茶叶随水流在杯（壶）中上旋下沉。此法不仅可以增添品茶情趣，也可以将茶叶的色、香、味、形充分展示出来。若以透明玻璃杯，观之尤佳。

（5）凤凰三点头法。要求注水壶由高向低冲水，巧妙地利用手腕的力量，成弧形上下往复三次冲入。此法寓意壶为凤凰，壶嘴由高向低注水三次，宛如三叩首，以示对客人深深的敬意。同时，通过往复三次注水，茶叶在杯（壶）中上下翻滚，可充分展示出茶的色、香、味、形，可谓一举三得。

当然，冲水的动作、手势技巧并非一成不变的，既可采用上述某一动作、手势，也可灵活掌握、交替使用。如第一次冲水时用回旋法，第二次可用凤凰三点头法；第一次用低注法，第二、第三次可采用高冲法或中斟法。

（二）泡法

茶叶的泡法，因茶具的不同可分为壶泡法、盖碗泡法、玻璃杯泡法。壶泡法适宜于普通绿茶、花茶、黄茶、工夫红茶、乌龙茶；盖碗泡法适宜于花茶，包括黄茶、白茶、乌龙茶；玻璃杯泡法适宜于名优绿茶。

茶叶的泡法，基本要求掌握三度：茶叶的嫩度、开水的温度、时间的适度。根据不同茶叶的老嫩、水温的高低，决定冲泡时间的长短。

泡普通的绿茶、花茶和红茶，因茶的老嫩适中，可用 85～90℃开水冲泡。

细嫩的高级名茶，如西湖龙井、君山银针、洞庭碧螺春等适宜 75～80℃的开水冲泡。温度过高，则茶芽会变软，茶汤的香味降低，茶中的营养成分维生素 C 等会被破坏。

乌龙茶一般不采用细嫩的芽叶，采用较成熟的茶叶，故冲泡乌龙茶需要 95℃以上的开水冲泡，才能将茶汁浸出。有时需要 100℃的开水先温壶，再冲泡。还要淋壶以提高温度，才能获得乌龙茶特有的香味。

在时间的掌握上，名优绿茶使用玻璃杯泡法 30～60 秒，花茶、黄茶、白茶用盖碗泡法 2～3 分钟，普通绿茶、花茶、黄茶、工夫红茶泡 2～3 分钟。

第五节　食品营养基本知识

一、食品的基本营养素

食品的基本营养素如表 5-4 所示。

表 5-4　食品中的基本营养素

营养素	作用	主要来源
蛋白质	1. 构成和修复组织细胞 2. 人体大部分分泌液的组成要素 3. 帮助维持适当的体液平衡 4. 帮助人体抵抗感染	鸡蛋、瘦肉、鱼肉、禽肉、牛奶等包含有优质的蛋白质；大豆类；坚果类；谷物、面食及一些蔬菜

(续表)

营养素	作用	主要来源
碳水化合物	1. 给人体提供运动、循环的能量及热量 2. 帮助人体有效地利用脂肪 3. 储存蛋白质用于组织的构成及修复	淀粉；谷物与谷物制品；薯类；杂豆类；干果和水果；糖类如蔗糖、糖浆、蜂蜜、果酱、果冻、冰糖、糖果、糖霜以及其他糖果类制品
脂肪	1. 提供浓缩的能量（重量上相当于碳水化合物的两倍） 2. 帮助人体利用溶质维生素（A、D、E、K） 3. 提供全身组织细胞膜结构要素	植物油类、黄油、人造黄油、蛋黄、酱色拉作料、肥肉、油炸食物、大多数的奶酪、全脂牛奶、坚果、巧克力和椰子
核黄素（维生素B2）	1. 帮助人体细胞利用氧气，从食物中获取能量 2. 帮助保持眼部健康 3. 帮助保持口腔周围皮肤光滑	牛奶和奶制品、动物肝脏、心脏、瘦肉、鸡蛋、深绿色类蔬菜、干豆、杏仁及谷物类（许多食物中都有少量的核黄素）
烟酸（维生素B3）	1. 帮助人体细胞利用氧气，从食物中获取能量 2. 帮助维护健康的皮肤、以及消化系统和神经系统 3. 帮助维护全身细胞组织的生长	鱼类、禽类、肝脏、瘦肉、花生、加维生素B3的面包、谷物及豆类
维生素D	1. 帮助人体利用钙和磷构成和维护强壮的骨骼和牙齿 2. 促进人体正常发育	鱼肝油、维生素D、牛奶、紫外线脱水炼乳、肝脏、蛋黄、鲑鱼、金枪鱼、沙丁鱼。（直接的日照也能令人体产生维生素D）
维生素B6	1. 帮助人体利用蛋白质构成人体组织 2. 帮助人体利用碳水化合物和脂肪产生能量 3. 帮助维持皮肤及消化和神经系统的康复	猪肉、肝脏、心脏、肾脏、牛奶、浓缩粮食制品、麦芽、牛肉、黄玉米、香蕉
叶酸	1. 帮助人体产生红细胞 2. 帮助细胞内部的新陈代谢	肝脏、莴笋、橘子汁
维生素A	1. 帮助维持眼部健康，增强眼睛在黑暗中的视力 2. 帮助维持皮肤健康光滑 3. 帮助维持口腔、鼻腔、喉部的健康，以及消化系统的健康并抗感染 4. 帮助正常的骨骼发育、牙齿形成	肝脏、黄油、加维生素人造黄油、蛋黄、全脂牛奶、加维生素A的奶、深黄色和深绿色叶类蔬菜、罗马甜瓜、杏及其他深黄色水果
维生素C	1. 帮助合成人体细胞 2. 增强细胞组织壁膜 3. 强化正常的骨骼及牙齿形成 4. 有助于恢复伤口及骨骼损伤 5. 有助于铁的吸收 6. 有助于抗感染	柠檬类水果及果汁、草莓、罗马甜瓜、西瓜、番茄、甘蔗、青椒、红薯、白薯和生白菜
硫胺素（维生素B1）	1. 增进正常的食欲与消化，帮助人体将食物中的碳水化合物转化为能量 2. 帮助维护健康的神经体统	瘦猪肉、心脏、肾脏、干蚕豆、豌豆、加维生素的粮食面包和谷物及某些坚果类

(续表)

营养素	作用	主要来源
维生素 B12	1. 有助于人体细胞正常发挥作用 2. 帮助人体红细胞的再生	肝脏、肾脏、牛奶、鸡蛋、鱼类、奶酪、瘦肉
钙	1. 有助于强壮骨骼与牙齿 2. 有助于改善神经、肌肉和心脏的正常功能 3. 有助于正常的血液凝结	牛奶、奶油、冰激凌、沙丁鱼、蛤肉、深绿色叶类蔬菜、牡蛎
铁	1. 与蛋白质结合组成血红蛋白，将人体所需氧气输送到人体各个部位 2. 有助于细胞对氧的吸收 3. 预防缺铁性贫血	肝脏、心脏、瘦肉、贝类、深绿色叶类蔬菜、蛋黄、干豌豆、蚕豆、干果、粮食作物、加维生素的面包以及谷物类和糖浆类
碘	1. 帮助甲状腺发挥正常的功用 2. 帮助预防某种甲状腺肿大症	碘化盐、海鲜食物
磷	1. 有助于强壮骨骼和牙齿 2. 构成所有人体细胞的必需成分 3. 帮助人体肌肉发挥正常功能 4. 帮助人体对糖分及脂肪的吸收利用	肉类、禽类、牛奶、鸡蛋、奶制品、坚果、干蚕豆以及豌豆类

二、膳食平衡

我国 2016 年颁布了最新的"中国居民平衡膳食宝塔"，提供了合理选择食物的指南。平衡膳食宝塔共分五层，包含我们每天应吃的主要食物种类。宝塔各层的位置和面积不同，这在一定程度上反映出各类食物在膳食中的地位和应占的比重。谷类食物位居底层，每人每天应该摄取 250～400 克；蔬菜和水果占据第二层，每人每天应摄取 300～500 克和 200～350 克；鱼、禽、肉、蛋等动物性食物位于第三层，每人每天应该摄取 40～75 克（水产品 40～75 克，畜禽肉 40～75 克，蛋类 40～50 克）；奶类和豆类食物合占第四层，每人每天应摄取奶类及奶制品 300 克和大豆及坚果类食品 25～35 克。第五层塔尖是盐和油类，每人每天摄取量盐不超过 6 克，油为 25～30 克。

第六节　餐巾折叠与端托服务

一、餐巾折花的基本造型

餐巾折花用于中餐宴席。餐巾折花是餐前的准备工作之一，餐厅服务人员将餐巾折成各式花样，插在酒杯或水杯内，或放置在盘碟内，供客人在进餐过程中使用。

（一）餐巾折花造型种类

1. 按摆放方式

（1）杯花。杯花需插入杯中才能完成造型，出杯后花形即散。由于折叠成杯花后，在使用时其平整性较差，也容易造成污染，目前杯花已较少使用。

（2）盘花。盘花造型完整，成型后不会自行散开，可放于盘中或其他盛器及桌面上。盘花简洁大方、美观适用，使用盘花呈现增加的趋势。

2. 按餐巾花外观造型

（1）植物类造型是根据植物花形设计的，如荷花、水仙等；或根据植物的叶、茎、果实造型的，如竹笋、玉米等。

（2）动物类造型包括鱼、虫、鸟、兽，其中以飞禽为主，如白鹤、孔雀、鸵鸟。动物类造型有的取其整体，有的取其特征，形态逼真，生动活泼。

（3）实物类造型是模仿日常生活用品中各种实物形态折叠而成，如帽子、折扇、花篮等。

（二）餐巾折花造型的选择

餐巾折花的品种很多，凡是能折叠成一定形状，具有艺术欣赏价值，又适用于宴会酒席摆台的都可以采用。餐巾花的设计折叠，要灵活掌握，力求简便、快捷、整齐、美观、大方。

（1）根据宴会规模选择花形。大型宴会可选择简洁、挺括的花形。可以每桌选两种花形，使每个台面花形不同，台面显得多姿多彩。如果是1～2桌的小型宴会，可以在每桌使用各种不同的花形，也可以2～3种花形相间搭配，形成既多样又协调的布局。

（2）根据宴会的主题选择花形。因主题各异、形式不同，宴会所选择的花形也不同。

（3）根据季节选择花形。突出季节特色，选择富有时令的花形；也可以选择一套象征美好季节的花形。

（4）根据宗教信仰选择花形。如果有信仰佛教的客人，宜叠植物、实物造型，勿叠动物造型；信仰伊斯兰教的，勿用猪的造型等。

（5）根据宾客风俗习惯选择花形。如日本人喜樱花、忌荷花，美国人喜山茶花，法国人喜百合花，英国人喜蔷薇花等。

（6）根据宾主席位选择花形。宴会主宾、主人席位上的花称为主花。主花一般选用品种名贵、折叠细致、美观醒目，主宾花形高度应高于其他花形高度，以突出主人、尊敬主宾。如在接待国际友人的宴会上，叠和平鸽表示和平，叠花篮表示欢迎，为女宾叠孔雀表示美丽，为儿童叠小鸟表示活泼可爱，使宾主均感到亲切。

（三）餐巾折花的基本技法

餐巾折花的基本技法有叠、折、卷、穿、翻、拉、捏、掰等。经不同的组合，便能折叠出千姿百态的餐巾花。餐厅服务员应反复练习，达到技术娴熟，运用自如。根据宴会需要确定折叠花形的类别，注意餐巾的正反面（尤其是有绣花和印记的餐巾），用力均匀得当，取准折叠角度，一次折叠成型。餐巾折花注意事项有：操作前要洗手消毒；在干净的托盘或餐盘中操作；操作时不允许用嘴咬；放花入杯时要注意卫生，手指不允许接触杯口，杯身不允许留下指纹；餐巾折花放置在杯中高度的 2/3 处为宜。

1. 叠

叠是最基本的餐巾折花手法，几乎所有的造型都要使用。将餐巾一叠二，二叠四，单层叠成多层，折叠成正方形、矩形、三角形、菱形、锯齿形、梯形等各种形状。叠法有折叠、分叠两种。叠时要熟悉造型，看准角度一次叠成。如有反复，就会在餐巾上留下痕迹，影响挺括。叠的基本要领是要找好角度，一次叠成。

2. 折

折是打褶时运用的一种手法。折就是将餐巾叠面折成褶皱的形状，使花形层次丰富、紧凑、美观。打褶时，用双手的拇指和食指分别捏住餐巾两头的第一个褶皱，两个大拇指相对成一线，指面向外。再用两手中指按住餐巾，并控制好下一个褶皱的距离。拇指、食指的指面紧握餐巾向前推折至中指外，用食指将推折的褶皱挡住。中指腾出控制下一个褶皱的距离，三个指头如此相互配合，向前推折。折可分为直线折和斜线折两种方法，两头一样大小的用直线折，一头大一头小或折半圆形或圆弧形的用斜线折。折的要领是折出的褶皱均匀整齐。

3. 卷

卷是用大拇指、食指、中指三个指头相互配合，将折叠的餐巾卷成圆筒状。将餐巾卷成圆筒形，可分为平行卷和斜角卷两种。平行卷要求餐巾两头平行一起卷拢，要求卷平直。斜角卷就是将餐巾一头固定只卷一头，或者一头少卷一头多卷。如果按卷筒的形状来分，可分为螺旋卷和直卷两种。前者所卷成的圆筒呈螺旋状，后者形如直筒。螺旋卷分两种，一种是先将餐巾叠成三角形，餐巾边参差不齐；另一种是将餐巾一头固定，卷另一头，或一头多卷，另一头少卷，使卷筒一头大一头小。直卷有单头卷、双头卷、平头卷。不管采用哪种卷法，都要求卷紧、卷挺。

4. 穿

将餐巾折好后攥在掌心内，左手握住折好的餐巾，右手拿筷子，将筷子细的一头穿进餐巾的夹层折缝中，另一层固定在自己的身上或桌子上，然后用右手的大拇指和食指将筷子上的餐巾一点一点向后拨，直至把筷子穿出餐巾为止。穿好后先把餐巾花插入杯子内，然后再把筷子抽掉，否则容易松散。根据需要，一般只穿1~2根筷子。穿的要领是穿好的褶皱要平、直、细小、均匀。

5. 翻

翻的手法多用于折花鸟的造型。将巾角从下端翻折到上端，两侧向中间翻折，前头向后翻折，或将夹层的里面翻到外面等。翻花叶时，要注意叶子对称，大小一致，距离相等。翻鸟的翅膀、尾巴或头颈时，一定要翻挺，不要软折。翻的要领是注意大小适宜，自然美观。

6. 拉

拉一般在餐巾花半成形时进行。把半成形的餐巾花攥在左手中，用右手拉出一只角或几只角来。拉常常与翻的动作相配合，如折鸟的翅膀、尾巴、头颈、花的茎叶等，通常用拉使折巾的线条曲直明显，花形挺拔。拉的要领是大小比例适当，造型挺括。

7. 捏

捏主要用于做动物的头部造型。将所折餐巾巾角的上端拉挺做颈部，然后用一只手的大拇指、食指、中指三个指头捏住鸟颈的顶端，然后用食指将巾角尖端向里压下，中指和拇指将压下的巾角捏紧，捏成一个尖嘴，作为鸟头。捏的要领是棱角分明，头顶角、嘴尖角到位。

8. 掰

将餐巾做好的褶用左手一层一层掰出层次，成花蕾状。掰时不要用力过大，以免松散。掰的要领是层次分明，间距均匀。

二、端托服务

作为服务工具，托盘的作用有：餐前的准备工作用于盛装摆台餐具；上菜服务时为客人提供菜点；用餐期间为客人更换、增添餐具；餐后收拾餐台，撤掉用过的餐具用品等。

（一）托盘的种类

饭店使用的托盘，按照不同的用途可分为大、中、小托盘。

大托盘和中托盘，用于装运菜点、酒水、收运餐具和盆碟等。

中托盘和小托盘，一般用于摆位、斟酒、上菜、上酒水等。银制的小托盘主要用于送账单、收款、递信件等服务。

（二）托盘的操作程序与方法

托盘的方法，按照托盘的大小以及所盛装物品的不同，可以分为轻托和重托，在实际的餐饮服务工作中，以轻托为主，较大或较重的物品一般为了安全起见多用餐车运送。

1. 轻托

轻托，所托的重量比较轻，指用中、小圆盘或小条盘端菜送酒。轻托的操作程序和方法：

（1）理盘。根据所托的物品选择托盘，洗净擦干。在盘内垫上洗净的餐巾或专用的托盘垫布，要用清水打湿拧干，铺平拉挺，四边与盘底齐。

（2）装盘。根据所盛物品的形状、体积、重量和使用的先后顺序进行合理安排。轻托的物品一般是平摆，横竖成行，也可摆成圆形，不要重叠摆放。装盘时，一般把较重的、较高的物品摆在里面，把较轻的、低矮的物品摆在外面，将流汁菜摆在盘中，成形菜摆在托盘两头或四周。先用的物品在上、在前摆放，后用的、后上的物品在后、在下摆放。重量分布要均匀，托盘的中心要安排在中间或稍偏里。

（3）托盘。轻托一般用左手托。方法是左手向上弯曲，小臂垂直于左胸前。手肘离腰部约15厘米。掌心向上，五指分开。大拇指指向左肩，其他四指指向左上方，用五指和掌根托住盘底（掌心不与盘底相触），使七点成一平面，平托于左胸前，略低于胸部。托盘时要用手指和掌根掌握托盘的平衡，使重心始终落在掌心或掌心稍里侧。当被他人碰撞或发生其他特殊情况时，可随机将托盘贴于胸前，防止泼洒。

（4）卸盘。上台时，左手托盘要注意掌握平衡，用右手取物件上台或直接递给宾客。某些场合和某些物件，可用托盘将物品递与宾客自取。当盘中物件减少，要随时用右手进行调整，保持平衡。

2. 重托

西餐服务与宴会服务的上菜与派菜，多用重托。重托主要是用来托载较重、较多的茶点、酒水和盆碟，与轻托不同的是重托在肩上托，也称肩托。重托，盘中的重量一般在5千克至10千克左右，选用质地坚固的大、中长方盘，大型圆形托盘和椭圆托盘，重托的盘经常与菜汤接触，易沾油腻，所以使用前要特别注意擦洗干净。现在也用小型手推车解决递送重物的问题，既安全又省力。

重托的操作程序和方法是：

（1）理盘。擦洗干净，用双手整理托盘。

（2）装盘。重托装盘常常要重叠摆放，其叠放方法是：上边的菜盘要平均搁在下边两盘、三盘或四盘的盘沿上。叠放形状一般为"金字塔"形。如托五盘菜需叠放时，底层可摆四盘，在四盘中间搁一盘。如是六个大鱼盘，可叠成三层，底层摆三盘，中间搁两盘，上层搁一盘，以此类推。装盘时要冷热食物分开装，咖啡壶与茶壶应靠盘中央，以免溅出。壶内不可装得太满，最多八分满。

（3）托盘。托盘要放平稳，保证物品不晃动，身体不摇摆。双手将盛装物品的托盘往桌边外移，挪出一部分托盘之后，右手扶住托盘的一边，伸出左手，掌心向上，五指分开，手掌全部贴住托盘底部，手掌移动找到托盘的重心，用右手扶住托盘，协助左手弯曲，用力将托盘慢慢托起，转动左手手腕，将托盘悬空托于左肩外上方，托盘底部离左肩2~5厘米。托盘托稳后，右手自然下摆或者仍扶于托盘前方。

（4）托盘行走。盘平、肩平，身直、上身不歪扭，行走步伐稳健。

（5）落台。重托上台时必须先把托盘放在落菜台上或其他空桌上，再徒手端送菜盘上台。

(三) 托盘的注意事项

（1）不用托盘而直接搬运叠起的盘子时，应直接用双手靠近身体搬送，量力而行，不要一次拿得太多。不要把一叠盘子架在臂弯上，这样盘子容易倒下。

（2）托托盘时，先将托盘移出托盘架。保持托盘边有15厘米搭在工作台上，将左手掌托在托盘底部，掌心位于底部中间，另一只手扶着托盘边。

（3）起托重托时，先用双手将盘子一头拖移至搁台外，用右手拿住托盘一端，左手伸开五指（垫上垫布防止打滑）托住盘底，双腿下蹲成骑马蹲裆式，腰向左前弯曲，左手臂随即弯曲成轻托姿势，等左手掌选好托盘重心后，用右手协助左手向上用力将托盘慢慢托起，随即起立。

（4）托起后，托盘应悬空擎托在左肩外上方，盘底约离肩2厘米。右手扶住托盘的前内角，或不扶盘面随时准备排挡他人的碰撞。重托也可用右手，根据个人习惯决定。

（5）起托、后转、擎托和放盘这几个环节都要掌握好重心以保持平衡，不使汤汁外溢或翻盘。要做到盘平、肩平、两眼向前方。

（6）擎托盘底稳，不晃动，不摇摆，稳重踏实。

（7）托盘穿门时要小心。假如要通过的门是右开的，则用左手托盘，假如门是左开的，则用右手托盘，以便另一只手开门，并可保护托盘。

（8）假如所使用的托盘没有软木垫或防滑面，则应用半干半湿的毛巾均匀地垫于托盘内圈，以防打滑。

（9）装盘时，应将重的东西放在盘中间稍稍靠自己的一侧。扁平餐具和较小的东西应放在托盘的外侧。

（10）液体盛器。如咖啡罐、水壶、酒杯、酒壶等，应放在托盘的中央。

（11）托盘上台时，首先要站稳双腿，腰部挺直，双膝弯曲，手腕移动，手臂移动，呈轻托状后,再将托盘放于服务台上。

(12) 重托操作时,要求平、稳、松。平就是在托盘的各个操作环节都要掌握好重心,保持平稳,不使汤汁外溢,行走时盘要平,肩要平,两眼要平视前方。稳就是装盘合理稳妥,托盘稳而不晃动,行走时步稳不摇摆。松就是动作表情要轻松,面容自然,上身挺直,行走自如。使用时要注意服务人员手腕所能承受的重量、个人的操作技巧及熟练程度、托盘的重心掌握等因素。

(13) 托盘行走时,头正肩平,上身挺直,肩膀放松,略向前倾,视线开阔,动作敏捷,精力集中,步伐稳健,持空托盘行走时应保持端庄,动作自如,保持托物时的基本姿势;也可将托盘握于手中,夹在手臂与身体一侧。手臂不要贴近身体,也不要过度僵硬。行进时应与前方人员保持适当的距离,并注意左右两侧,切忌突然变换行进路线或突然停止。

(14) 左大臂保持自然下垂,左小臂弯曲 90 度与肩臂形成直角弯曲状。

(15) 托盘横托在胸前,略低于胸部并在腰部皮带上方一点。

(16) 托盘时要用手指和掌根掌握托盘的平衡,使重心始终落在掌心或掌心靠身体里侧。

(17) 单手托盘时手腕应保持灵活,使托盘在胸前随着走路的节奏摆动。掌握重心,右手自然摆动。转向灵活自如,随时应对突发情况。

(18) 托盘行走的步伐有以下几种。

① 常步:使用平常行进的步伐,要步距均匀,快慢适宜。

② 快步:快步的步幅应稍大,步速应稍快,但不能跑,以免酒水泼洒或影响菜形。主要是端送热饮,因为上慢了会影响热饮的风味。

③ 碎步:碎步就是使用较小的步幅和较快的步速进行。主要适用于端汤,因为这种步伐可以保持上身平稳,避免汤汁溢出。

④ 垫步:垫步即一只脚在前,一只脚在后,前脚进一步,后脚跟一步的行进步伐。此种步伐一是在通过狭窄的过道时使用,二是在行进中突然遇到障碍时或靠近餐桌需减速时使用。

⑤ 跑楼步伐:即托盘上楼时所使用的一种特殊步伐,身体向前弯曲,重心前倾,一步紧跟一步,不可上一步停一下。

(19) 托盘服务时,把握托盘中心与身体重心的平稳,头正、肩平、面带微笑,侧身为宾客服务:

① 左手托盘注意平衡,右手取物件。

② 服务要侧身,盘悬于客位之外,身体重心在右脚,左脚可略微抬起,双脚呈"丁"字形。

③ 重心不稳或盘中物件减少时,要随时用右手进行调整。

第七节　中国菜菜肴概述

中国菜历经 3 000 多年的发展，已成为世界上独树一帜、独具风格的完整的餐饮形式。据不完全统计，中国菜已定型的品种多达 5 000 多个，由于地理、气候、物产、文化、信仰的差异，中国的菜肴风味差异很大。

一、四大菜系介绍

（一）粤菜

粤菜即广东菜，由广州菜、潮州菜、东江菜组成，以广州菜为代表。广州菜包括珠江三角洲各市、县及肇庆、韶关、湛江等地的菜肴。其特点是用料广博奇异，选料精细，野味肴馔甚多。

广州菜烹调技法多样，风味清鲜，注重菜质，力求本色原味；潮州菜风格自成一派，刀工精细，注重造型，口味清醇，以烹制海鲜见长，荤菜素做更具特点；东江菜（即客家菜），多以家养禽畜入馔，较少使用水产品原料，菜肴主料突出，量大，造型古朴，口味偏咸，力求酥烂香浓，尤以砂锅菜著称。粤菜的代表名菜有蚝油牛肉、柠汁煎鸭脯、百花清汤肚、金龙乳猪、三色龙虾等。

（二）川菜

四川菜在秦汉两晋时已见于志，至唐宋时屡为诗文称颂。明清以后，其影响力已达海内外。四川菜主要由成都菜、重庆菜、自贡菜和佛斋菜组成。原料多选山珍、河鲜和家禽畜肉，其风味特点主要取决于四川的特产原料。四川菜运用辣椒调味，对巴蜀时期形成的"尚滋味，好辛香"的调味传统有所发展。并且由筵席菜、便餐菜、家常菜、三蒸九扣菜、风味小吃等五大类组成了一套完整的风味体系。其风味清、鲜、醇、浓并重，并以善用麻辣著称，有"味在四川"之誉。其代表名菜有水煮牛肉、樟茶鸭子、菠饺鱼肚、家常海参等。

（三）鲁菜

鲁菜即山东菜，它的形成可追溯到春秋战国时期，南北朝时发展迅速，经元、明、清三代，现在被认为是中国菜的第一大流派。

山东菜主要由内陆的济南菜和沿海的胶东菜所构成。济南菜以省会济南为中心，以烹调手法独特多样、制作精细、长于制汤、讲究用汤为主要特色。菜品以清、鲜、脆、嫩著称，口味多以咸、鲜为主。胶东菜，又称福山菜，是胶东沿海、青岛、烟台等地方风味的代表，擅烹海鲜，并以烹料独特而著称，口味讲究清鲜，通常选用能保持原材料原味的烹调方法制菜。山东菜的代表名菜有氽芙蓉黄管脊髓、奶汤八宝鸡、荷花鱼翅、葱烧海参、糖醋黄河鲤鱼、清炒虾仁等。

（四）淮扬菜

淮扬菜由来已久，始于先秦，隋唐时已有盛名，明清两代发展较快，并形成流派。淮扬菜由淮扬、金陵、苏锡、徐海等几大地方风味构成。淮扬菜以扬州为中心，口味以清淡为主，南北皆宜；金陵菜以南京为中心，口味以醇和为主，素以鸭馔闻名；苏锡菜以苏州和无锡为中心，清爽、浓淡适宜；徐海菜指徐州沿东陇海线至连云港一带的风味，口味咸鲜，五味兼容，淳朴实惠；淮扬菜具有原料以水产为主、注重鲜活、加工精细多变、因料施艺、烹制善用火候、调和清鲜平和的特点。其代表名菜有翠珠鱼花、宫灯里脊、东坡肉、白玉虾圆、淮杞炖鳖裙、鸡包鱼翅等。

二、其他特色菜系介绍

（一）北京菜

北京菜又称为京菜，它融合了汉、蒙、满、回等多民族的烹饪技艺，吸取了全国主要地方风味，尤其是山东风味，继承了明、清宫廷肴馔的精华，形成了自己的特色。

北京菜花色繁多，调味精美，菜肴质地讲究酥、脆、鲜、嫩。由于北京是多代王朝的都城所在，名人志士的往来为北京菜的发展奠定了一定的基础。随着国际交往的日益广泛，京菜更加完善。其代表名菜有三元牛头、炒芙蓉鸡片、挂炉烤鸭、三不沾、罗汉大虾等。

（二）上海菜

上海菜是我国江南一带的菜肴代表。上海菜以本帮菜为主，融合了京、鲁、扬、苏、锡、川、广、闽、杭、甬、豫、徽、湘等肴馔及素菜、清真菜和西餐等特色风味，适合各方人士的口味需求。

上海菜在博取各方之长、适当变化之中，形成兼容并蓄、广采博收、淡雅鲜醇的特色。其口味注重真味，讲究清淡而多层次，质感鲜明，款式新颖而精致，由此而形成了海派风格。其代表名菜有鸡汁排翅、松仁玉米、炒蟹黄油、炒素鳝丝、扣三丝、灌汤虾球等。

(三) 闽菜

闽菜也称福建菜,起源于闽侯县。它由福州、厦门、泉州等地方菜组成。福建自唐、宋以来,随着北方移民和泉州、福州、厦门对外通商,外地烹饪技术相继传入,从而使闽菜得到了进一步的发展。

福州菜清鲜、淡爽,偏于甜酸;厦门菜讲究调料,善用甜辣;泉州菜稍偏咸辣。福建菜正是发挥了三路菜之长而汇集于一身,加之地处沿海一带,故而以烹制山珍海味而著称,以清鲜和醇、荤香、不腻为其风味特色,制汤有"一汤十变"之誉。由此使福建菜在全国著名菜肴中别具一格,在中国的烹调史上也占有重要地位。其代表名菜有荷包鱼翅、白炒龙虾片、鲟肉煨鱼肚、佛跳墙、白炒香螺片、莲蓬过鱼等。

(四) 湘菜

湘菜又称湖南菜。它由湘江流域、洞庭湖和湘西山区三种地方菜组成。

湘江流域以长沙、衡阳、湘潭为中心,并以长沙为代表,风味重鲜香、酸辣、软嫩;洞庭湖区,其菜讲究芡大油厚,咸辣香软;湘西擅制山珍野味,注重咸香酸辣,山乡风味浓郁。由此形成了湖南菜讲入味、重酸辣、鲜香、软嫩的特点。其代表名菜有红煨八宝鸡、荷花鱼肚、腊味合蒸、鸡汁透味参鲍、柴把鳜鱼等。

(五) 清真菜

清真菜又称回族菜,指信奉伊斯兰教民族肴馔的总称。目前盛行的清真菜,主要由西北地区的清真菜、华北地区的清真菜及西南地区的清真菜组成,同时也包括维吾尔族、哈萨克族、柯尔克孜族、保安族、撒拉族、东乡族、乌孜别克族、塔吉克族等少数民族的菜肴。

清真菜具有菜肴品种繁多、风味独特的特点。菜肴讲究火候,精于刀工,色、香、味、形并重。其口味清鲜而不寡淡,风格古朴而典雅。因此,深受其他各族人民喜爱。其代表菜有他丝蜜、玉米全烩、扒羊肉条、烧牛尾等。

(六) 素菜菜系

素菜原为寺院所创,以后便在社会上流行。为了满足社会的需要,素菜由原来的戒律为主转向讲究菜的色、形、味,菜的名称也多借用荤菜菜名,仿制荤菜菜形,如凤凰孔雀冷盆、素鱼翅、糖醋鱼、炒毛蟹、素鸭等。

（七）食疗菜系

食疗菜又称"药膳"，主要指以各类中药与鸡、鸭、鱼、肉等配伍烹制而成的菜或汤，其中以炖品为多，如黄芪、党参炖鹿筋或狗肉，牛鞭、淮山、杞子炖乳鸽，天麻炖鱼头，当归、首乌炖鸡蛋等。

饮食疗法是食物的性能与中药的疗效相结合的特殊治疗方法。食疗菜在封建帝王的御膳房中一直由专职厨师掌理，进入民间后，随着预防医学的发展和人们对饮食保健的重视，食疗菜逐渐形成，并日益为世界所瞩目。

第八节　中餐基本服务技能

中式宴会服务可分为餐盘服务、转盘式服务以及桌边服务三种方式。餐盘服务最为简单，菜肴均在厨房由师傅按既定分量分妥，再由服务人员按服务的先后顺序，以右手从客人右侧上菜即可，如同西餐的美式服务一般，即所谓的"中餐西吃"；桌边服务中，服务人员先将菜盘放在转台上，随之报出菜肴名称，旋转菜盘展示一圈后，便把菜退下并端到服务桌进行分菜，将菜肴平均分盛至骨盘上，然后再将骨盘依次端送上桌，给所有宾客；转盘式服务难度较高，此种方式是由服务人员将菜盘端至转盘上，再由服务人员从转盘夹菜到每位客人的骨盘上。这三种服务方式的主要差别在于分菜方式的不同。

一、宴会或就餐服务准备

（一）预订服务

（1）客人订餐、订座，服务员应主动接待，视客人国籍热情大方的先用英、中文问候："Good morning, sir/madam; Good afternoon, sir/madam or Good evening, sir/madam"或"早上/中午/晚上好，先生/小姐"。

（2）礼貌地问清客人姓名、房间号或电话、客人用餐人数、时间、标准并迅速记录在预订本上，询问客人就餐是否有特殊要求。

（3）用礼貌热情的语气征询客人无其他意见后，重述预订客人的姓名、房间号、用餐时间、人数、标准及特殊要求并获得客人确认。

(4) 做好记录，提前安排好座位。

(5) 电话订餐或订座，铃响三声内接听，繁忙时请客人稍后，并表示歉意。

(6) 接听电话语言要温和亲切，吐字清晰。

(7) 预订准确，安排适当，等待客人的到来。

（二）宴会或就餐前的准备工作

(1) 根据主办单位对场地布置及菜式要求，做好准备工作，宴会厅、餐厅保持雅洁整齐。

(2) 检查宴会厅、餐厅及休息室的灯光、空调等设备是否正常（事先开好冷气或暖气），并为客人准备好衣架。

(3) 接到宴会通知要做到"八知"和"三了解"。"八知"是知台数、知人数、知宴会标准、知开餐时间、知菜式品种及出菜顺序、知主办单位或房号、知收费办法、知邀请对象。"三了解"是了解风俗习惯、了解生活忌讳、了解特殊需要。

(4) 根据菜单的要求准备好餐具、用具，通常要求每一道菜准备一套餐碟或小汤碗。

(5) 根据菜单的要求准备好鲜花、酒水、水果。

(6) 根据菜单的特色准备好佐料。

(7) 大型宴会开始前15分钟左右上冷菜，然后斟倒前酒，中小型宴会根据客人情况而定。

(8) 主宾到齐后，通知厨房准备出品。

（三）宴会服务或客人进入餐厅服务程序

(1) 客人到时，服务员站在宴会厅门口，热情迎接客人，做到客到招呼声到，微笑问好，如"晚上好，先生（夫人）"。然后把客人领到休息室，如客人脱下外衣，要主动替客人挂好；如客人携带有行李应妥善协助客人寄存。

(2) 为客人递送香巾，问用什么茶，到台旁开茶，在客人的右面斟倒第一杯礼貌茶，或按客人要求派送酒水，如餐前鸡尾酒之类。

(3) 客人入席要热情周到服务，先为客人拉椅让座，把台号、花瓶拿走，送上菜谱，菜单放在主人面前，然后为客人铺餐巾，询问是否要宴会指定酒水，脱下筷子套，斟倒酒水。如有小孩，即送上小童椅，如太忙不能马上服务，也要先与客人打招呼，并尽快为客人服务。

(4) 上小菜，斟倒酱油或醋。

二、中餐摆位

(一) 中餐席位安排

1. 中餐桌次排列

在中餐宴请活动中,有两种情况:

(1) 由两桌组成的小型宴请,如图 5-5 所示。

① 面门定位,以右为尊。

② 面门定位,以远为上。

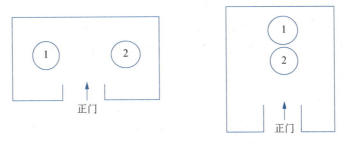

图 5-5　中餐小型宴会桌次安排

(2) 三桌或三桌以上的宴请,即多桌宴请、团体宴请(如图 5-6 所示)。

主桌居中,主桌定位。主桌面门居中、居远、居右,其余桌次以离主桌位置远近而定,右高左低,远高近低。

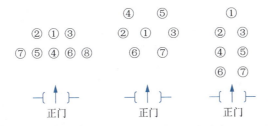

图 5-6　中餐团体宴会桌次安排

在安排桌次时,所用圆桌的大小、形状应大体相仿。除主桌可略大之外,其他多桌不宜过大或过小。

为了方便在宴请时赴宴者能及早准确入座,可采用以下四种方法:一是在请柬上注明桌次;二是在宴会厅入口处悬挂桌次示意图;三是安排专人引导来宾;四是在每张餐桌上摆放桌次牌(桌次牌上所注桌次,以阿拉伯数字为宜)。

2. 中餐位次排列

(1) 排列位次的基本方法有以下四种:

① 主人在主桌就座，并面门而坐。

② 多桌宴请时，各桌均有一位主桌主人的代表就座，也称各桌主人。其位置与主桌主人同向，即各桌同向。

③ 各桌上位次的尊卑，以距离所在桌主人的远近而定，以近为上，以远为下。

④ 各桌上距离所在桌主人相同的位次，以右为尊，即以主人面向为准，其右为尊，其左为卑。

（2）根据以上四种位次的排列方法，圆桌位次的排列又可分为两种具体情况，其共同特点就是与主位即主人所坐的位子有关。

① 每桌一个主位的排列方法。其特点是每桌只有一名主人，主宾在其右首就座，每桌只有一个谈话中心，如图5-7（a）所示。

② 每桌两个主位的排列方法。其特点是主人夫妇就座于同一桌，以男主人为第一主人，女主人为第二主人，主宾和主宾夫人分别位于男女主人右侧就座。从而每桌形成两个谈话中心，如图5-7（b）所示。

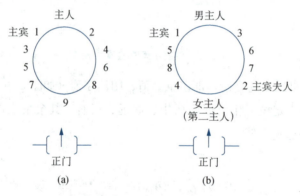

图5-7　中餐正式宴会座次安排

（二）中餐摆台

餐台的布置又称为摆台。布置餐台时，台面应该整洁，餐具及其他辅助物品、器具位置得当，摆放整齐有序。

1. 铺设台布

各式各样的餐厅虽然经营的类别与模式不同，选用的台布材质、造型、花色等方面也都有所不同，但台布的铺设方法基本一致。

（1）圆台。

服务员站在主位一侧，将台布抖开铺好，台布中间的折线对准主位，十字取中，四面下垂部分对称并且遮住台脚的大部分最适宜。

(2) 方台和长方台。

小方台的铺设方法与圆台基本相同，服务员站立于朝向餐厅门口的位置，将台布抖开铺好。如果长台过长，需要两个人协力配合才能完成。台布如果不够长需要拼铺时，应该注意两块台布之间的折缝部分吻合，并且做到折缝居中，平整无皱，两头和左右下垂部分对称。

应该补充说明的是，现在餐厅的服务设施越来越精良，一些餐厅除铺设台布外还有一些辅助的布巾需要铺设。例如：

台心布，铺在台布上，大小与桌面相当，主要是为了减少大型台布更换的频率，每一个用餐时间内只需要更换台心布。

桌垫，直接铺设于桌面上，不仅可以起到保护桌面的作用，同时可以避免台布滑动，减少放置餐具时发出的声音。

桌裙，主要是为了完全遮挡住桌脚、增加美观，多采用百褶式样。

食垫，通常在正式的西餐厅使用较多，简单的使用一次性纸制的，正规的使用布垫，在上面摆放餐具，一经使用，立即更换或者丢弃。

2. 中餐摆台

中餐摆台一般分为零点用餐摆台和宴会摆台两种，零点用餐摆台摆设以小餐桌为主，宴会摆台一般以大圆桌为主。餐桌必须事先准备好各种餐具备品，按照餐厅的规格和就餐的需要选择摆设相应的餐具。

(1) 摆台用具。

① 餐碟：又称为骨盘，主要用途是盛装餐后的骨头和碎屑等，在中式餐台摆台时也起到定位作用。

② 筷子：按材质可分为多种，如木筷、银筷、象牙筷等。

③ 筷架：用来放置筷子，可以有效提高就餐规格，保证筷子更加清洁卫生。有瓷制、塑胶、金属等各种材质，造型各异。

④ 汤匙：一般瓷制小汤匙（调羹）放在汤碗中，而金属长把汤匙或者是大瓷汤匙一般用作宴会的公用勺，应该摆放在桌面的架上。

⑤ 汤碗：专门用来盛汤或者吃带汤汁菜肴的小碗。

⑥ 味碟：中餐特有的餐具，用来为客人个人盛装调味汁的小瓷碟。

⑦ 杯子：包括瓷制的茶杯和玻璃制的酒杯等。

⑧ 转台：适用于多数人就餐的零点用餐或者宴会的桌面，方便客人食用菜品，一般有玻璃和木质两种。

⑨ 其他：根据不同餐饮企业的要求，桌面上可能还会添加其他东西，如调味瓶、牙签盅、花瓶、台号牌、菜单等。

(2) 中餐便餐摆台。

中餐便餐摆台多用于零点散客，或者是团体包桌，其餐台常使用小方桌或者小圆桌，没有主次之分。在客人进餐前放好各种调味品，按照座位摆好餐具，餐具的多少可以根据当餐的菜单要求而定。便餐摆台要求如下：

① 台布铺设要整洁美观，符合餐厅的要求。

② 餐碟摆放于座位正中，距离桌边 1 厘米左右，约一指宽。

③ 汤碗与小汤匙应该一起摆在餐盘前 1 厘米左右的地方。

④ 筷子应该位于餐碟的右侧，距离桌边约一指宽。

(3) 中餐宴会摆台。

① 宴会的场地布置。宴会的接待规格较高，形式较为隆重，中餐的宴会多使用大圆桌。根据餐厅的形状和大小以及赴宴的人数多少来安排场地，桌与桌之间的距离以方便服务人员服务为宜。主桌应该位于面向餐厅正门的位置，可以纵观整个餐厅或者宴会厅。一定要将主宾入席和退席的线路设为主行道，应该比其他的通道宽一些。不同桌数的布局方法有所区别，但一定要做到台布铺置一条线，桌腿一条线，花瓶一条线，主桌突出，各桌相互照应。

② 中餐宴会的餐具摆设。左手托盘，右手摆放餐具，从主位开始摆起。摆放餐具的顺序是，首先应以餐台上的台布中线为标准定位，然后对准中线摆放餐碟。先在中线两端各放 1 只，再在中线两侧均匀地各放 4 只餐碟（图 5-8）。餐碟右边摆放筷架与筷子（有的餐厅要求筷子应该放入筷套）；餐碟右上方摆放水杯、红酒杯、白酒杯；餐碟上方和左上方放置调味碟、调羹、汤碗。公筷与公勺，6 人以下放 2 套，6 人以上放 4 套。菜单每桌两张或每人一张。餐桌上还应该放置适量调料瓶或者牙签盅等。折花的口布应该在每个客人的水杯内插一朵（图 5-9）。

③ 餐碟下沿与筷子一端成一直线，距离桌边约 1 厘米。在客人席位上摆放餐具的宽度不应窄于 40 厘米或者餐椅宽度。在摆放餐具时如果宴会人数众多，餐具较多，也可以采用多人流水作业的方式摆放餐具，一个人摆一种，依此摆放。

④ 在摆放餐具时应该注意的细节。调羹应该放入汤碗或者调味碟内；消毒的筷子应该用筷套封装；桌面上使用的花瓶或者台花，其高度应该以不阻挡视线为准；主位的口布花应该比其他座位上的口布花略高一点；每张餐桌上的餐具应该多备出 20% 以作备用。

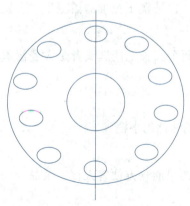

注：相邻餐位圆心角为 36 度

图 5-8 桌面摆设图

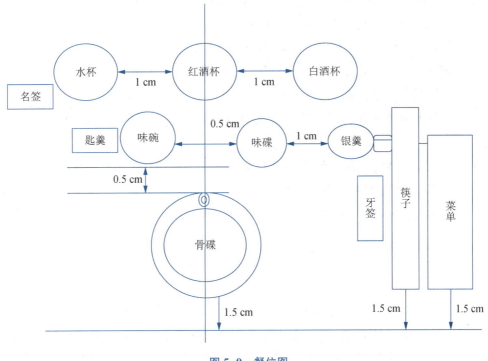

图 5-9　餐位图

三、点菜

点菜单（captain order），一式三联，一联送到收银员处，由收银员准备账单；一联送到厨房，由厨师根据订单准备菜肴；一联由服务员保存，对照上菜。饮料另开一份订单。冷热菜分开的厨房，点菜单也应分开填写，各开一份。

（1）征询客人是否可以点菜。

（2）主动介绍当天供应的新品种，供客人参考。

（3）介绍酒水。

（4）在点菜卡上写上客人所点的菜式，向客人复述一遍，下单。

（5）下单要迅速、准确，注意分单，并在单上签名，台号、日期、入单时间要写清，如客人有特别口味要求应该清楚注明。

四、斟酒

（1）用左手托小圆盘，托着，斟酒时从主宾（即正主人右边的客人）斟起。在斟酒水的时候，先征求宾客的意见，视其喜好然后再斟。

（2）斟酒时从客人的右方斟。一切饮品，包括冷开水、茶均在客人右方斟，不可左右开弓，同时要注意先宾后主、先女后男。

（3）如客人提出啤酒、汽水混合喝时，应先倒汽水，后倒啤酒。

（4）询问客人是否要白酒，如不要可将白酒杯撤去。

（5）斟酒时应注意酒量，不宜过多过少。

（6）斟酒或斟其他饮料时，酒瓶或饮料有招牌的一面要向上，以便客人能看清牌子。

（7）黄酒是典型的米酒。为了品尝到米酒的神韵，最好在饮用前将酒加温，一般用热水将酒烫到37.5度左右，略高于体温。

（8）如客人自带酒水，应帮客人开瓶斟酒，做好服务。

五、上菜

上菜是服务员按照一定的程序将菜肴托送上桌的一项重要服务环节，也是服务员必须掌握的基本服务技能之一。中餐上菜根据不同的菜系，就餐与上菜的顺序会有一些不同，但一般的上菜方式是先上冷菜以便于佐酒，然后视冷菜食用的情况，适时上热菜，最后上汤菜、点心和水果。所有热菜加上菜盖后，由传菜员送到餐厅或者配菜间，再由服务员（或传菜员）直接把菜送上台。

（一）上菜位置

操作位置留上菜口，从菜口上菜。切忌在主宾和主人旁边上菜，以免打扰他们谈话。每上一道新菜须将其移到主宾面前，以示尊重。上热菜时应该从主人席位两侧90度角的两个席位之间侧身上菜，坚持"左上右撤"的原则，"左上"即侧身站立在座席左侧用左手上菜；"右撤"即侧身站立于座席右侧用右手撤盘。

中餐零餐的上菜比较简单，但不要在小孩和老人旁边上菜。

中餐宴会的上菜位置一般选择在翻译和陪同中间，也可以选择在副主人右侧上菜，这样方便翻译和副主人向来宾介绍菜肴。

（二）上菜时机

当冷菜吃到2/3时，就可以上第一道热菜了，一般热菜应当在30分钟内上完。上菜时要注意节奏，不可太慢，前一道菜将要吃完时，就应上下一道菜，防止出现空盘空台的现象，造成宴会主人的尴尬；上菜也不可太快，过快将造成菜肴堆积，对于一些大菜盘剩下的菜肴应该换小盘装，腾出上菜的空间。上第三道热菜后，主动询问客人是否需要上饭或馒头、饺子等，忌问客人"要不要饭"。上最后一道菜后，要上饭、面、点心；最后上甜点、水果。随餐上香巾（夏天冷毛巾、冬天热毛巾）。

（三）上菜顺序

中餐上菜的顺序一般是：①小凉菜拼盘；②主打招牌菜；③海鲜；④炸、烤品；⑤小炒；⑥甜菜、羹汤；⑦饭、面、点心；⑧甜品、水果。但粤菜比较特殊，先上汤再上菜。

中餐上菜的原则是：先凉菜后热菜、先咸味菜后甜味菜、先佐酒菜后下饭菜、先荤菜后素菜、先风味菜后一般菜、先干菜后汤菜、先菜肴后点心水果。有调料的菜品，先上调料后上菜。

（四）上菜要领

(1) 上菜时要仔细核对台号、品名，防止上错菜。

(2) 操作一律用托盘。

(3) 所上的菜如有佐料的要跟齐，每上一道菜要介绍菜名。

(4) 上翅或汤之前，要先上一套小汤碗；上汤时要主动为客人分汤；客人喝汤后，要派一次毛巾，冬天热毛巾，夏天冷毛巾。

(5) 每上一道菜，要在该台的菜单卡上划去此菜名。

(6) 传菜时不能菜碟叠菜碟，餐台上的菜不要重叠起来放。

(7) 上带壳的食品，如大闸蟹、小龙虾，要跟上毛巾、洗手盅。

(8) 该上垫碟的一定要上。

(9) 上菜时忌从客人头上越过，应与客人打招呼，再从客人身侧的空隙中上。

(10) 中盘以上的菜或豆腐之类多汁的菜式，要加公勺。

(11) 几种特殊菜肴上桌的办法：锅巴虾仁应该尽快上桌，将虾仁连同汤汁马上倒入盘中锅巴上，保持热度和吱吱的声响；清汤燕窝这类名贵的汤菜，应该将燕窝用精致盘子装上桌后，由服务人员当着客人的面下入清汤中；叫花鸡等需要包裹烹调的特殊菜肴，应该首先上台让客人观看后，再拿到边上的服务台上操作启封、分份，这样可以保持菜肴的特色。

（五）摆菜要求

摆菜的基本要求是体现造型艺术，注意桌面摆放的艺术效果，尊敬主宾，方便食用。

(1) 摆放形状通常为"一中心、二直线、三三角、四四方、五梅花"。即上一个菜时将其摆放在餐桌中心位置，上第二个菜时将其并排摆放，上第三个菜时将其摆放成三角形，上第四个菜时将其摆成四方形，上第五个菜时将其摆成梅花形。各种菜肴要对称摆放，讲究艺术造型。形状相似、颜色相近的菜肴可相间对称地摆在餐桌上下或左右的位置。

(2) 我国传统的礼貌习惯，应注意"鸡不献头、鸭不献掌、鱼不献脊"，即上菜时，不要把鸡头、鸭掌、鱼脊朝向主宾，应将鸡头、鸭掌朝右边；上整鱼时，应将鱼腹而不是鱼脊朝向主宾，因为鱼腹刺少味美，朝向主宾表示尊重。

(3) 上菜的位置要居中。中餐宴席摆菜一般从餐桌中间向四周依次摆放。

(4) 大型的艺术拼盘要将其正面对准主位。

六、分菜

（一）分菜工具

中餐的分餐工作一般比较简单，分鱼类、禽类的菜肴时，一般是用刀、叉、勺相互配合；分炒菜类可使用叉、勺和筷子或长把汤匙；分汤羹类菜肴时可使用长柄汤勺和筷子。

（二）分菜方法

1. 叉勺分菜法

将菜肴端至餐桌上，示菜并报菜名，然后将菜取下，左手用口布托菜盘，右手拿分菜用叉和刀，按顺时针方向从主宾右侧开始绕台进行分菜。

2. 餐桌分菜法

餐桌分菜法是指提前先将干净餐盘或汤碗，有次序地摆放在餐桌上，示菜报菜名后，服务员当着宾客的面将菜分到餐碟中去，随即转动转盘，服务员从主宾位开始，按顺时针方向将分好的菜肴放到宾客面前。

3. 分菜台分菜法

分菜台分菜法的难度较低，即示菜报菜名后，征得宾客同意，将菜肴从餐桌上撤下，端回服务台将菜肴迅速分到餐盘中，然后用托盘从主宾右侧开始按顺时针方向托送。

分菜时注意腰微弯，菜盘边和客人前面的餐碟相接。分菜要做到每份数量均匀，分完后略有剩余，供有加菜需要的宾客食用。

(三) 特殊菜的分菜

1. 鱼类菜肴

分菜动作要轻、快、准。分全鱼时,服务员应左手持餐叉按住鱼头,右手持餐刀顺着鱼脊从头划到尾,再将鱼肉向两边拨开,用餐刀割断鱼骨刺,将其剔除,然后将鱼肉切成块蘸上酱汁分派给宾客。分菜次序,先分正副主宾,次分主人,后分女宾,然后顺时针方向分派。高级宴席在厨房按位制作送到席位。根据鱼的特点剔鱼肉,如鲈鱼、鲩鱼背肉嫩而滑,就先分脊肉给客人;鳊鱼、鳜鱼肚子肉肥厚,就均分。

2. 拔丝菜肴

在上拔丝菜肴前,应先为宾客上冷开水、木制公筷。上拔丝菜肴要求速度快,动作敏捷,以防糖胶变硬,影响品尝此菜的效果。

分菜时用木制公筷将甜菜夹起,立即放在前面的冷开水中冷却后分给宾客。

3. 火锅

火锅由于自烹自食,又能制造轻松气氛,近年来受到广大宾客的欢迎。它的上菜及分菜方式比较特殊,具体操作如下:

(1) 火锅上桌前检查是否添加燃料,上桌时注意安全,避免烫伤宾客。

(2) 先将配菜摆上桌,随即将火锅奉上,点火加热底汤。

(3) 待汤煮沸以后,揭开盖子,将配菜按先荤后素的顺序逐一下锅,然后再盖上盖子。将每位宾客的汤碗准备好,排列在火锅周围待用。

(4) 待食物煮熟后,服务员应该按顺序将食物分派到汤碗内,分菜时应尽量荤素搭配。如果汤不够多应及时增添,防止糊锅现象。撤下火锅时,服务员应先将火熄灭,再轻轻撤下,注意安全。

4. 铁板类菜肴

铁板类菜肴既可以发出响声烘托气氛,又可以保温,受到顾客喜爱。但因其温度很高,所以服务时应注意安全。一般是先将铁板端上桌,再当着宾客的面将烧好的菜肴倒在铁板上,盖上盖子,焖几分钟,再为宾客揭开分菜。

5. 原盅炖品类

如分冬瓜盅,首先用汤勺轻轻将冬瓜盅面上的火腿茸刮入汤内,然后再用汤勺轻轻刮下冬瓜盅内壁的瓜肉,搅动几下后,就可将汤料、瓜、肉等均匀地分给宾客了。

6. 蛋煎类食品

先用公筷压住蛋煎类食品,再用刀将其切割成大小均匀的若干份,然后依次派送给每位宾客食用。

七、席间服务

（1）服务员必须经常在客人的餐台旁边巡视，以便随时为宾客服务；

（2）根据客人用餐快慢，与厨房联系，灵活掌握起菜时间；

（3）宾主讲话时要注意停止操作，站立两旁，姿势要端正，保持安静；

（4）操作时轻拿轻放，以免影响宾主谈话（切忌打碎餐具影响场内气氛）；

（5）勤斟酒水，主动分菜；要经常为客人加满茶水，饭后要换上热茶；

（6）要主动为客人点烟，经常为客人撤换烟灰缸，同时收去餐台上的空酒瓶、空罐和空菜碟；

（7）在收菜碟时，只要菜碟里还有些食物，就不要撤下，以免误会；

（8）如客人的餐碟中盛满了骨头，应及时撤换；

（9）点菜后15分钟应出第一个菜，点菜后30分钟，查客人的菜是否上齐。客人进餐到一定时间，应主动征求客人意见，是否需要加些什么；

（10）客人吃完饭，主动为客人介绍水果、雪糕、糖水之类的饭后甜品；

（11）客人用餐完毕，应尽快收去餐台上不需要的餐具，但要记住不要催促客人；

（12）饭后一定要送上毛巾，并征求客人对菜式和服务的意见；宴会贵宾式服务，一餐当中供应3次毛巾，即就座、餐中与上点心前，共3次。

（13）如遇客人突然感到身体不适，应立即请示领导，并把食物原样保留，以便化验。如遇客人饮醉酒，应给醉酒客人送上温水和香巾醒酒。

八、撤换餐具

（1）客人没吃完不能收，要视全体吃完方可收。如客人放下筷子，而菜未吃完则先示意客人后再收。

（2）先撤换主宾（或女宾）的餐具，其余客人的餐具顺时针方向撤换。注意：派碟、收碟均站在客人右方进行。

（3）上甜食前，必须收去餐桌上所有不同的餐具（酒水杯、茶杯除外），抹净转盘，换上点心碟、果刀叉、小汤碗、汤匙，然后换上甜品、水果。

（4）在撤换菜时，如转盘脏了，要及时抹干净，再上下一道菜。抹转盘时，要用一块小抹布和一只小圆碟（小圆碟用作装转盘上的脏杂物）。

（5）要经常撤换烟灰缸（三个烟头为限）。

九、结账、送客

（1）宴会将结束时，餐台上摆回鲜花，送上意见卡，征求客人意见。

（2）客人要求结账时，先派毛巾，然后送上账单（结账工作注意有无司机餐）。

（3）收款时要当面点清，做到找钱清楚，找钱或给客人发票时要说"多谢"。

（4）结账时，发票要写上日期、客户名。

（5）主人宣布宴会结束或客人离开餐厅时，服务员要站立门口欢送，要向客人行欢送礼并道"再见""欢迎下次光临"，及时检查有无遗留物品，灯火是否都已熄灭。

（6）收市时间虽到，但只要有客人在餐厅，就不能做卫生清洁、关灯等不礼貌的事情。

第九节　外国菜肴概述

一、法国菜

法国菜，在西餐中最为著名，影响最大，地位最高，被称为西方饮食文化的明珠，法式西餐馆遍布世界各地。

法国菜的特点，一是选料广泛，如蜗牛、马兰、黑蘑菇、百合、椰心、大鹅肝等均可入菜。二是法国菜在烹调上讲究制作精细，以原汁原味著称，而且喜欢以酒调味，也很讲究。什么菜用什么酒烹都有一定的格式。如水果和点心用甜酒；清汤用葡萄酒；海味用白酒，如白兰地；家禽和肉类用哈利酒和麦台酒；火鸡、火腿用香槟酒等。法国菜第三个特点是比较讲究生吃，在原料选择上力求新鲜精细，如牛扒菜 6~7 成熟就吃。橘子烧野鸭 3~4 成熟就吃。主要的名菜有：马赛鱼羹、雀肉会利（即鹅肝冻）、巴黎龙虾、红酒山鸡、沙福罗鸡、鸡肝牛排等。

法式菜的上菜程序：第一道为汤，其次为鱼，再次为禽与蛋类、肉、蔬菜，再其次为甜点或馅饼，最后为水果与咖啡。

二、英国菜

英国菜的特点是油少，口味清淡。调味不大用酒，调味品大都放在餐台上由客人自己选用。常备的佐料有醋、生菜油、芥末、番茄沙司、辣酱油、盐、胡椒粉等。烹调上多用烧、烤、熏、煮、蒸、烙等方法，对牛肉，喜用大块烹制，而后切片或切块食用，英国人擅长切肉的技术。

英国菜烹调时，一般只用黄油、盐、胡椒粉和某些必要的香料，配菜较少。因此，烹调比较简单，油腻较少，口味清淡，但在食用时所加的调味品却比较多，餐台上放置的调味品有胡椒粉、芥末粉、盐、醋、番茄沙司、辣酱油等，由客人根据爱好自己动手调味。

在英国人爱好的众多食品中，羊肉和野味为最。家禽和野味大都是整只或大块的烧烤，且喜爱在腹内塞酿馅，如以栗子肉做酿馅的烤火鸡，为传统的圣诞大菜中必备的菜。英国菜代表性的名菜有牛尾浓汤、烤羊马鞍、烟奶酪蟹盖、薯烩烂肉、烤羊马鞍薄荷沙司、烧鹅苹果沙司等。但英国饮食的一大特色是早餐较为丰富，早餐一般有鸡蛋、板肉、火腿、香肠、黄油、果酱、烤面包、咖啡、牛奶、果汁等。

三、美国菜

美国菜以英国菜为基础，但烹调方法有所发展和变更。由于美国物产丰富，食品种类繁多，畜牧、饲养业发达，牛肉质量好，鸡的产量也高，因此铁扒一类的菜较为普遍，特别是各种牛排，如T骨牛排，菠萝火腿排等。鸡、猪肉也喜用铁扒炉烘烤。

美国菜的特点是咸里带甜，忌辣味，如菠萝焗火腿、苹果烤鸭、柿子烧野鸭等。点心和色拉多用水果作原料，早餐几乎每天喝水果汁。美国人对色拉特别感兴趣，大都采用新鲜或罐装水果，如香蕉、苹果、梨、菠萝、橘子等拌和着芹菜、青生菜、土豆等，调料大都用色拉油、沙司和鲜奶油，口味很别致，著名的华道夫色拉即为其代表。美国菜代表性的名菜有华道夫色拉、T骨牛排、蟹肉文蛋杯、蛤蜊浓汤、板排鲥鱼、丁香火腿、美式火鸭等。

四、意大利菜

意大利菜特点是味浓，讲究原汁原味，烧烤菜较少。红焖、红烩的菜和粤、匈菜相似。以各种面条、炒饭、馄饨、面疙瘩为佳肴。饭和面条一般在6～7成熟时就吃，这是其他国所没有的。面食类（除面包和蛋糕外）都作为菜吃。主要的名菜有铁扒干贝、红焖牛仔肘子、焗馄饨、什锦铁排菠菜、三色皮扎等。

意大利传统菜式中，以通心粉入菜闻名世界。通心粉分粗细，煮好后，再以浓稠汁调味，其汁有黄、白、红多种色彩。意大利肉末通心粉是一道名菜。通心粉也可以做汤。此外，意大利馄饨、意大利饺子、意大利肉馅春卷、炒饭也很著名。

五、俄罗斯菜

俄罗斯菜口味较重，味道是酸、甜和微辣。它的调味品特别重用酸奶油，甚至沙司和有些点心也加酸奶油。酸奶油不但味酸，多脂肪，而且有营养，促进食欲，并且可以帮助主菜上色，所以俄罗斯菜中的肉类，一般都要抹上一些酸奶油，再行烤制。

酸黄瓜、酸奶渣，也是常用的。酸黄瓜可用作配菜，也有用来做冷盘的，酸奶渣有做原料的，如奶渣饺子，也有做小冷盘的（黄油用得较多）。许多菜在烹制完成后，浇上一些黄油，所以菜味比较肥浓。

鱼子酱是俄罗斯名贵的冷盘，黑鱼子酱比红鱼子酱更名贵。肉类以牛、羊、鸡为主，猪肉次之。牛、羊肉常绞碎做肉饼。高加索的烤羊肉是世界闻名的。野味中的串烤山鸡，被称为冬季名菜之一。

俄罗斯菜的冷盘特点是鲜生，如生番茄、生洋葱、酸黄瓜与酸白菜等。

俄罗斯菜的上菜规则是首先上面包、冷菜，上冷菜时首先应上鱼子和鱼类菜，其次是色拉、肉类小吃，热菜最后上。如同时有几个热菜，先送鱼类菜，其次是肉类菜，然后是家禽和野味类菜，最后是蔬菜类、蛋类、面食类等菜。送所有的热菜时，所用的碗、盘都必须预先温热过，使所盛的食物不易冷却。伏特加是俄罗斯著名的白酒，无色，差不多无气味，可供净饮或调制鸡尾酒用，但酒精成分较高。俄罗斯菜中代表性的名菜有鱼子酱、莫斯科红菜汤、什锦冷盘、鲭鱼饺子、酸黄瓜汤、冷苹果汤、鱼肉包子、串烤羊肉、白塔鸡卷等。

六、德国菜

德国人喜欢肉食，德国香肠种类繁多，酿馅有猪肉、牛肉，还有各式血肠和肝肠，有100多种。冷、热都可吃，也有一些专供冷吃或炸、煎后供热吃的。德国菜的配菜主要是酸菜，即腌制的卷心菜。特别是吃肉时，酸菜在德国、奥地利、匈牙利等国特别受到欢迎。德国也喜用土豆和其衍生制品，花式很多。

德国人还喜吃生牛肉，即"鞑靼牛排"。它是将嫩牛肉剁烂，并放上生蛋黄，由客人自行调味、食用。德国菜调味不大用辣味，亦较少用大蒜。

德国人以午餐作为一天的正餐，主食大多为炖或煮的肉类，还有土豆和色拉等。

肉的烹调法有红烧、煎、煮、清蒸等。晚餐一般是吃"冷餐",早餐只是喝咖啡、吃面包、煎蛋和烩水果。热菜以烩焖的菜较多,煎的较少。由于习惯冷吃,很多热菜要用冷菜配,并且一般要配沙司。德国人喜欢幽雅的进餐环境与静谧的气氛,喜欢在吃晚餐的时候关掉大灯,借着蜡烛淡淡的灯光,衬托出欢愉的享受。此外,德国人还喜欢吃野味。德国菜代表性的名菜有咸猪脚酸菜、鞑靼牛排等。

七、日本菜

日本菜是当前世界上颇具风格的菜式之一。日本经济迅速发展,生活方式趋向西方化,使日本的传统菜掺入了许多外国做法的元素,形成了现代的日本菜,例如锅类菜中的铁板烧,就十分接近西方风格。榨菜的风味,也增添了接近欧美榨菜的品种。中国烹调对日本菜影响更深。日本菜味道鲜美清淡,保持原味,甜而不用重油。主料多用海鲜,其次为牛肉、禽蛋,猪肉较少使用。日本菜加工精细,讲究配色和装饰,更讲究餐具的使用(日本的餐具有独特的形状、色彩,有瓷器的,也有漆器的)。其中具有特殊风格的生食鱼鲜是很有代表性的花式菜点。

日本菜的配料和佐料有海藻类的海带和紫菜,用途很广,海带除作主料使用外,常煮作上汤使用。紫菜普遍用于寿司、拌菜、汤菜和面饭类等。酱和酱油,很闻名,味极鲜美,酱油分为浓味、淡味和重味三种,各有不同用法。酱的种类也很多,常用于烤菜和做酱汤。蔬菜加工中的藕蒻粉丝,是魔芋制成,也属一种常用的配料,我国可用绿豆粉代替。松鱼干,日文名"鲣节"俗称"木头鱼",剁成鱼片,可用于拌菜、配菜,尤其用于煮汤,是日本烹调中,必不可少的重要材料之一。日本菜中代表性的名菜有天妇罗、明虾刺身、铁板烧、四喜饭等。

八、韩国菜

韩国菜兼有日本菜的文明与雅致,又有中国菜的实惠与厚重,虽简单但随吃法而变味道,采众长而秉古朴之风,实属不可多得的美味。韩国菜主要分烤肉类、汤类、火锅类及蔬菜类,有"五味五色"之称:甜、酸、苦、辣、咸;红、白、黑、绿、黄。"五色餐"是营养学家极力推荐的健康食谱。韩国菜的味道非常复杂,蒜头、辣椒是不可缺少的调味料。韩国烤肉一般放在铁锅上烤,多为猪、牛肉,高级一点的则在铁网上烤牛排等。名声在外的"泡菜"最为普遍,无论叫什么菜,必定伴有一碟。还有味道醇香的火锅面、真正牛肉清汤的冷面、口感滑嫩的生拌牛肉丝。韩国烧烤主要以牛肉为主,还有海鲜、生鱼片等,尤以烤牛里脊和烤牛排最有名,其肉质鲜美爽嫩。

"辣"是韩国菜的主要口味之一,韩国菜的辣入口香醇,后劲十足,韩国菜中各式小菜也很特别,味辣、微酸、不很咸,如泡菜、酸黄瓜、辣桔梗、酱腌小青椒和紫苏叶……配上以肉为主的烧烤,荤素相糅、相得益彰。

第十节　西餐基本服务技能

一、西餐服务方式

西餐礼仪:

(1) 不要把餐巾放在桌上,但可放在膝上,必要时用来擦手或嘴。

(2) 不要把自己用的餐具(叉、刀、匙)放进公用的菜碗里。应使用公用碗内的餐具把食物盛到自己的盘子里,然后把公用餐具再放回到公用碗中。

(3) 如果嘴里有骨头,就用手指把它拿出来放在自己的盘边。

(4) 不要端碗喝汤或其他东西,要用汤匙。

(5) 不要把手伸过桌面或从另一个人面前伸过,应请旁人递给你所要的东西。

(6) 坚果壳、果皮放在盘子里或烟灰缸里。

(7) 不要大声打嗝。如果打了嗝,轻声说"对不起",然后继续交谈。

(8) 打喷嚏或擤鼻子时,用毛巾或纸巾;咳嗽时,要用手遮住嘴。

饮食文化及习俗的差异造就出不同的餐饮服务方式。西餐服务方式按照不同的国家可以分为多种,一般比较流行的服务方式有美式服务、俄式服务、法式服务等。

(一) 美式服务

美式服务 (American style service) 主要适用于中低档次的西餐零点和宴会用餐。这种服务起源于美国的餐馆。其程序是服务员接受客人的点菜后,将点菜单送至厨房;厨师依据菜单将菜肴准备完毕,按每人一份的原则,将每道菜分置于餐盘中;由服务员端至客人身边,用左手从客人的左侧放在客人面前的餐桌上。

美式服务也称为"盘式服务"(plate service),服务时应遵循的基本原则是菜从左面上,饮料从右面上,用过的餐盘从右面撤下。这种服务快速、迅捷、方便,易于操作。

(二)俄式服务

俄式服务(Russian style service)主要用于高档的西餐宴会用餐。俄式服务起源于俄罗斯的贵族与沙皇宫廷之中,后来逐渐为欧洲其他国家所采用。俄式服务是一种豪华的服务,使用大量的银质餐具,十分讲究礼节。风格典雅,能使人享受到体贴的个人照顾。

服务时,具体做法是:服务员将客人的点菜单送入厨房,所有菜肴在厨房中加工,准备完毕后由厨师将一个餐桌上的菜肴按一道菜配一个银质大浅盘的原则,放置在大浅盘内;由服务员把厨房准备好的、放在大银盘中的菜送至餐厅;将空餐盘送到餐桌边上的服务台或边桌上;服务员用右手、按顺时针方向从客人的右侧将餐盘依次放在就餐者面前;空餐盘上完之后,服务员回到服务台或边桌,用左手托起放菜的大浅盘,右手拿服务叉和服务匙从客人的左侧派菜;派菜前应向客人展示菜肴,将客人所需的菜肴分量分夹到客人的餐盘里;派菜时按逆时针方向绕台进行。

在服务过程中,应当注意的是:派菜之前,应先向客人介绍银盘内的菜肴,使客人有机会欣赏到厨师的手艺,同时装饰漂亮的菜肴也可以增进客人的食欲;分派菜肴时,服务员应灵活掌握其分量,分派的分量应符合客人的需要,剩余的食物应退还给厨房;上汤时,用托盘将汤送入餐厅,放在客人的面前;汤可以放在大银汤盘中用勺舀入客人的汤盘里,也可盛放在银杯中,再从杯内倒入汤盘中。

俄式服务的基本规则:空盘从客人右边按顺时针绕台摆放;分派食物从客人的左侧按逆时针方向进行。

(三)法式服务

法式服务(French style service)主要用于高档的西餐零点用餐。法式服务起源于欧洲贵族家庭及王室,是一种比较注意礼节的服务方式,其服务的节奏通常较慢。

法式服务一般由两名服务员协作完成,一名主,另一名为辅。为主的服务员负责接受点菜、烹饪加工、桌面服务、结账等工作;为辅的服务员负责传递单据、物品、摆台、撤台等工作。

与俄式服务类似,法式服务使用大量银餐具。具体服务过程如下:就餐者点的菜肴,大多要在客人面前的辅助边桌(side table)和手推烹制车上进行最后烹调。许多半成品的食品用银质大盘从厨房端到餐厅,放在边桌或烹制车上,用电或燃料的保温炉为食品保温。菜肴经过客前的烹调、加工整理和装饰之后,放在餐盘(冷菜用冷盘、热菜用热盘)中端给客人。需要注意的是,客前加工的菜肴食品必须在很短的时间烹制、装盘、服务,所以只有适合客前烹调的菜肴才能这样处理。上菜时,服务员用右手从客人右侧服务。

二、西餐摆台

(一) 西餐位次排列

西餐宴会餐台是可以拼接的,餐台的大小和台形的排法,可根据人数的多少和餐厅的大小进行布置,一般为长台。人数较多时宴会的台形可有多种。

西餐宴请时,每桌上的位次有主次尊卑之别。主人一般安排在面向餐厅正门的位置上。使用长台时,主人安排在长台正中位置或者长台顶端。使用圆桌则与中餐宴会座次安排相同。

(1) 主人面门而坐,右高左低,如图5-10 (a) 所示。如果夫人出席,一般把女方安排在一起,即主宾坐男主人右上方,其夫人坐女主人右上方,如图5-10 (b) 所示。

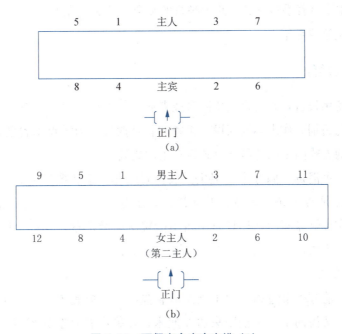

图 5-10 西餐宴会座次安排 (1)

(2) 男、女主人分别坐在长桌两端,主宾和其夫人分别在男女主人右方就座。这样安排的好处是可避免客人坐在长桌的末端,并可提供两个谈话中心 (如图5-11所示)。

图 5-11 西餐宴会座次安排 (2)

(3) 男女穿插安排，见图5-12的（a）和（b）。

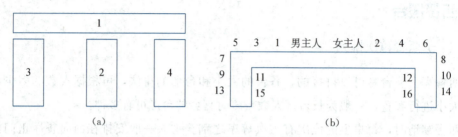

图 5-12　西餐宴会座次安排（3）

有关注意事项：

(1) 翻译一般安排在主宾的右侧。在许多国家，翻译不上席，只安排坐在主人和主宾的背后，以便工作。

(2) 座次排妥后着手写座签。我国举行的宴会，中文写在上面，外文写在下面。可打印，也可用钢笔或毛笔书写。

（二）西餐摆台

西餐一般使用长台，有时也使用圆台或者四人小方台。西餐就餐方式实行分餐制，摆台按照不同的餐别而作出不同摆设。正餐的餐具摆设分为零点用餐摆台和宴会摆台，同时西餐摆放的方式因不同的服务方式也有不同之处。

摆台前要洗手消毒，搞好个人卫生。摆台时用托盘盛放要用的餐具，边摆边检查餐叉酒具、餐盘是否干净、光亮。手拿餐具（如刀、叉）时，要拿其柄部；拿餐盘、面包盘时手不应接触盘面；拿杯具时手指不能接触盛酒部位。摆好台后要全面检查是否有漏项或错摆现象，检查花瓶、蜡烛台是否摆放端正。

1. 美式服务摆台

在座位的正前方离桌边约3厘米处摆放餐盘，盘上放餐巾折花；在餐巾左侧摆放餐叉和沙拉叉，叉齿向上，叉柄距桌边2厘米；在餐巾右侧摆放餐刀，刀口向左，接着摆放汤匙，再摆放咖啡匙，刀柄及匙柄距桌边约2厘米；在餐叉前方摆放面包盘；在面包盘上右侧摆放1把黄油刀，刀身与桌面平行；以餐刀刀尖为基准摆放水杯或酒杯，杯口先向下倒扣摆放；摆放糖盅、胡椒瓶、盐瓶或者烟灰缸等。

2. 英式服务摆台

在座位的正前方离桌边3厘米处摆放餐盘，盘上放餐巾折花；在餐巾左侧摆放餐叉及鱼叉，叉齿向上，叉柄距桌边2厘米；甜品匙及汤匙，依此摆放在鱼刀右侧，匙柄距桌边约2厘米；在餐巾左上方摆放面包盘；在面包盘上右侧摆放1把黄油刀，刀身与餐刀平行；水杯及酒杯摆当在汤匙上方，杯口向上。

3. 法式服务摆台

在座位的正前方距离桌边 2 厘米处摆放餐盘，餐盘上放置餐巾折花；在餐盘的左侧摆放餐叉和沙拉叉，叉齿向上，叉柄距离桌边约 2 厘米；在餐盘的右侧摆放餐刀，刀口向左，刀柄距离桌边约 2 厘米；在餐刀右侧摆放汤匙，匙柄距离桌边约 2 厘米；将面包盘放在沙拉叉的左侧，盘上右侧摆放 1 把黄油刀，与餐刀平行；在餐盘正前方摆放甜品匙及点心叉，匙在上方，匙柄向右，叉在下方，叉柄向左；以餐刀刀尖为基准摆放红酒杯，红酒杯的右下方摆放白酒杯，左上方摆放水杯，杯口向上摆放；摆放糖盅、胡椒瓶、盐瓶。

（三）西餐餐桌摆放用品

(1) 台布：颜色以白色为主。

(2) 餐盘：一般餐厅设计为 12 寸左右，可以作为摆台的基本定位。

(3) 餐刀：大餐刀（dinner knife），正餐使用；小餐刀（small knife），享用前菜和沙拉时使用；鱼刀（fish knife），享用海鲜或者鱼类时使用；牛排刀（steak knife），前端有小锯齿，享用牛排时使用。

(4) 餐叉：大餐叉（dinner fork），正餐时使用；小餐叉（small fork），享用前菜和沙拉时使用；鱼叉（fish fork），享用鱼类或者海鲜时使用。水果叉（fruit fork），享用水果时使用；蛋糕叉（cake fork），享用蛋糕时使用；生蚝叉（oyster fork），食用生蚝时使用。

(5) 黄油刀（butter knife）：用来将黄油涂抹在面包上的重要工具，常会与面包盘搭配摆设。

(6) 面包盘（bread plate）：用来摆放面包，个体较小，一般约为 6 寸。

(7) 汤匙（soup spoon）：浓汤匙（thick soup spoon），喝浓汤时使用；清汤匙（clear soup spoon）喝清汤时使用；甜品匙（dessert spoon）食用点心和甜品时使用；餐匙（table spoon）喝清汤和浓汤时皆可使用。

(8) 水杯（water goblet）：用来盛装饮用水。

(9) 葡萄酒杯（wine glass）：分为红酒杯和白酒杯，一般红酒杯略大于白酒杯。

（四）西餐便餐摆台

西餐便餐一般使用小方台和小圆台，餐具摆放比较简单。

摆放顺序是：餐盘放在正中，对准椅位中线（圆台是顺时针方向按人数等距定位摆盘）；口布折花放在餐盘内，餐叉放在餐盘的左边，叉尖朝上；餐刀和汤匙放在餐盘上方；面包盘放在餐叉上方或左边，黄油刀横放在餐盘上方，刀口向内；水杯放在餐刀尖的上方，酒杯靠水杯右侧呈直线、三角形或者是弧形；烟灰缸放在餐盘正上方，胡椒瓶和盐瓶放置于烟灰缸左侧,牙签盅放在胡椒瓶左侧;花瓶放在烟灰缸的上方;糖缸和奶缸呈直线放在烟灰缸的右边。

(五)西餐宴会摆台

西餐宴会餐具摆设如图 5-13 所示。左手托盘,右手摆放餐具,摆放的顺序是:顺时针方向,按照人数等距定位摆盘,将餐巾放在餐盘中或者是将折花插在水杯中。面包盘、黄油盘放在叉尖左上方,黄油刀刀口朝向餐盘内,竖放在餐盘上;在餐盘的左侧放餐叉,餐盘的右侧放置餐刀,在餐刀上放置汤匙,点心刀叉放在餐盘的正上方,酒杯、水杯共三只摆放在餐刀上方;酒杯的摆放多种多样,可以摆成直线形、斜线形、三角形或者圆弧形,先用的放在外侧,后用的放在内侧;甜点叉的左上方放盐瓶、胡椒瓶,右上方放烟灰缸。西餐的餐具按照宴会菜单摆放,每道菜应该换一副刀叉,放置时要根据上菜的顺序从外侧到内侧,一般不超过七件(即三叉、三刀、一匙)。如果精美的宴席有多道菜,则在上新菜前追加刀叉。摆放餐具后应该仔细核对,是否整齐划一。

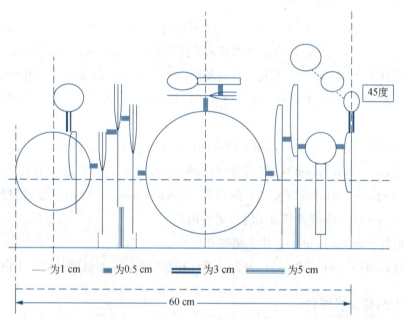

从右到左依次为:开胃品刀、汤勺、鱼刀、主刀、装饰盘、甜品叉(装饰盘上方第一个)、甜品勺(装饰盘上方第二个)、主叉、鱼叉、开胃品叉、面包盘、黄油刀、黄油碟(黄油刀尖上方);右上角酒杯,从下往上依次是:白葡萄酒杯、红葡萄酒杯、水杯

图 5-13 西餐宴会摆台图示

西餐宴会摆台。西餐宴会一般使用长台,台行一般摆成一字形、马蹄形、T 形、U

形、E 形、正方形、鱼骨形、星形、梳子形等。宴会采用任何台形，要根据参加宴会的人数、餐厅的形状以及主办单位的要求来决定。餐台由长台拼合而成。椅子之间的距离不能少于 20 厘米，餐台两边的椅子应该对称摆放。

（六）西餐早餐摆台

西餐早餐摆台如图 5-14 所示。西餐早餐一般是在咖啡厅内提供，有美式早餐、欧陆式早餐及零点早餐，摆台方面略有差异。摆台时，首先在桌子上铺一块台垫（一块毛毡或泡沫），台垫下垂 10 厘米。台垫的作用是避免餐具和台面碰撞。台布铺好后可以摆放餐具，餐具可以从宾客的左手边开始。摆面包盘，盘上摆黄油刀，盘边与桌边距离为 1 厘米。面包盘的右边摆餐叉，餐叉与盘的距离也是 1 厘米。叉柄端与桌边的距离也是 1 厘米。服务盘摆在餐叉的右边，餐巾的右侧摆咖啡碟，咖啡碟上摆咖啡杯和咖啡勺。咖啡壶、糖缸摆在咖啡杯的上方。盐和胡椒瓶及烟灰缸放在餐台靠中心的位置上。

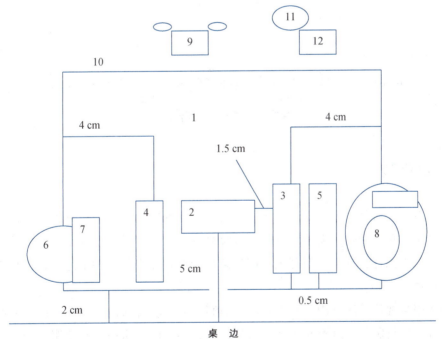

1. 垫纸（早餐餐牌） 2. 餐巾纸 3. 刀 4. 叉 5. 匙 6. 面包盘 7. 面包刀
8. 茶匙、碟、杯 9. 烟灰缸 10. 胡椒、盐盅 11. 糖缸 12. 奶罐

图 5-14 西餐早餐摆台图示

（七）西餐正餐摆台

西餐中餐、晚餐为正餐。摆台方法如图 5-15 所示，正餐一般使用小方台、小圆桌

或者长方台，摆放餐具的方法：服务盘放在正中，对准椅中线（圆桌则按顺指针方向按人数等距离定位摆盘），餐巾叠好放在服务盘内，餐叉放在服务盘左边，叉尖朝上，餐刀和汤匙放在服务盘的右边，匙口朝上，甜点心餐具放在服务盘的上方，面包盘放在餐叉的左边，黄油刀竖放在面包盘上，且刀口向内，水杯放在餐刀尖的上方，酒杯靠水杯右侧，烟灰缸放在服务盘的正上方。

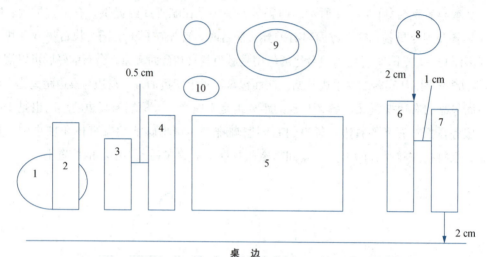

1. 面包盘　2. 黄油刀　3. 沙拉叉　4. 主餐叉　5. 口布　6. 主餐刀　7. 清汤匙
8. 水杯　9. 烟灰缸　10. 盐、胡椒盅

图 5-15　西餐正餐摆台图示

三、酒水服务

在所有的饮料服务中，要注意杯子的温度。冷的饮料，杯子要预先降温，而热的饮料，杯子应预先加热。这样，用杯子盛饮料时不会因杯子的温度而引起饮料温度的变化。中餐以满杯为敬酒，西餐则不同。斟烈性酒，在水杯内倒上冰水，在夏季还要放上小冰块。

斟酒服务要求不滴不洒、不满不溢。斟酒时应站在客人的右后侧，进行斟酒时切忌左右开弓进行服务。斟酒的顺序应该从主宾开始顺时针进行。宴会服务中，当主人和客人互相祝酒讲话时，服务人员应该停止一切操作，在讲话将要结束时用托盘送上备好的酒水。

（一）红、白葡萄酒斟酒服务

白葡萄酒饮用前须经冰镇，温度应为 7~13℃，过度冷却会使酒的香味减少。将冰酒桶装满三分之一桶的冰和水，然后将白葡萄酒瓶放入冰桶中冷却 15 分钟，一般可达到适宜温度。使用冰桶架的，冰桶放置于桶架上，不使用冰桶架的，冰桶放在客人右侧。

（1）接受客人点酒后，小心送至客人面前，在客人面前验酒。展示时右手握住瓶口，左手用服务巾托住酒瓶，将酒标正面朝向客人。供客人检查后，将酒标朝向客人，并把酒放置于餐桌上或者酒篮中。

（2）用开瓶器割开瓶口的锡箔封口并取下。

（3）用餐巾擦干净瓶口。

（4）用螺丝钻垂直钻入木塞中央，使螺丝钻深入木塞。

（5）用开瓶器的支撑杆扣住瓶口。

（6）垂直提起开瓶器，将软木塞慢慢提起来。

（7）用手摇松木塞后，从瓶口拔出，再将瓶塞反向拧出来。

（8）再次用餐巾擦净瓶口。

（9）检查木塞的外观，将瓶塞呈现在客人面前供检验。

（10）服务员右手持酒瓶，酒标朝向点酒客人，先斟一点儿让客人试酒，得到客人同意后再向客人斟酒，斟酒时应该遵循女士及年长者优先原则，最后给点酒的主人斟酒。红葡萄酒斟的量应该是 1/2 杯，白葡萄酒斟杯子的 2/3。

（二）香槟酒斟酒服务

（1）先将香槟酒瓶放在冰桶内冷却半小时，冰镇香槟酒比白葡萄酒时间长，这是因为香槟酒瓶较厚。

（2）将冰桶中香槟酒的封口锡纸从瓶口取下。

（3）左手大拇指压住软木塞顶部，右手将软木塞上的铁丝箍拧开。

（4）假如软木塞已开始上升，则用餐巾盖住软木塞，并将酒瓶倾斜成 45 度角，压住软木塞，让瓶内压力慢慢将木塞顶出。这一般是在未充分冷却的情况下完成的。

（5）把包住瓶口的餐巾拿开，而后用左手拿住软木塞，右手抓住瓶底使压力慢慢溢出，瓶口朝向无人的空旷处，旋转酒瓶，依靠瓶内的压力将木塞顶出。开瓶时避免较大的声响，不要让软木塞砰然弹出，将瓶子倾斜几分钟再除去软木塞，可以防止香槟酒喷涌。

（6）除去软木塞后，用餐巾擦净瓶口，将瓶塞给客人检验。

（7）倒酒时商标向着客人，并根据情况决定是否使用餐巾裹住酒瓶。香槟酒要分两次斟酒，第一次斟 1/3 杯，待泡沫稍微下落后，再斟 1/3 杯。

（8）倒完酒后，把香槟放入冰桶，保持冷却。

(三) 啤酒斟酒服务

(1) 用托盘盛放啤酒及酒杯，酒瓶靠近身体内侧，保持托盘重心。

(2) 从客人的右侧靠近，注意不要碰到其他餐具，将啤酒杯摆好。

(3) 右手持啤酒瓶，注意酒标必须朝向客人，因为啤酒的泡沫较多，所以为客人斟酒时就适当倾斜，将啤酒瓶口对着、紧贴着杯口的边缘，防止啤酒外溢，控制酒液慢慢沿杯壁倒出。斟至一半时改为倒向杯中心，冲出适量的泡沫，以八成满为宜。

(四) 咖啡服务

世界著名的咖啡品种有蓝山、摩卡（伊索比亚）、巴西圣多斯、哥伦比亚、曼特林、墨西哥、古巴咖啡等。使用咖啡时要注意包装上注明的有效保存期。不要将咖啡同其他气味浓烈的食物放在一起。可能的话，只在需要时才将咖啡豆粉碎，咖啡像胡椒一样，一旦粉碎就会很快失去香味，使用新鲜的咖啡豆时，咖啡质量较高。为了保证咖啡的香味和质量，咖啡豆必须适当焙制。焙制时间过短，产品无特点，比较淡，焙制时间越长，则味越强。

咖啡的最佳冲饮温度是96℃，并保持90.5℃以上。咖啡不应煮的太久，否则会破坏香味。大多数酒吧用咖啡壶煮咖啡，然后再倒入客人的咖啡杯中。喝咖啡时应配有牛奶和糖，牛奶与糖应在上咖啡前在桌上准备好。在客人的右边送上，咖啡杯应放在底碟上，咖啡的把手向右，咖啡勺放在碟上，放在咖啡的右边。

(五) 瓶装矿泉水服务

瓶装矿泉水饮用前需经过冰镇，适宜的饮用温度为4℃左右。瓶装矿泉水应当着客人的面在桌上打开，而后倒入客人的杯中，除客人提出要求外，不要在客人的杯中加冰块和柠檬片。世界上著名的矿泉水品牌有法国巴黎皮埃尔（Perrier）矿泉水、法国伟图（Vittel）矿泉水和法国依云（Evian）矿泉水，我国著名的矿泉水有崂山矿泉水等。

(六) 鸡尾酒服务

(1) 客人因年龄、性别、口味不同所需的鸡尾酒也不同，因此，服务时要先征询或介绍，推荐客人喜欢饮用的鸡尾酒，根据客人的需要调制鸡尾酒。

(2) 给客人鸡尾酒时，若是送到客人餐台上，先将杯垫放在客人餐座右前台面上，然后将鸡尾酒放在杯垫上。若客人立饮，送给客人鸡尾酒时，同时要送给客人餐巾纸。

四、上菜与分菜服务

在西式宴会上，一般在宴会开始之前先安排大约半小时至一小时左右的简单鸡尾酒会，让参加宴会的客人相互问候、认识，有交流的机会。

1. 餐前鸡尾酒服务

在宴会开始前 15 分钟或 30 分钟，通常在宴会厅门口为先到的客人提供鸡尾酒会式的酒水服务。由服务员用托盘端上饮料、鸡尾酒，巡回请客人选用，茶几或小圆桌上备有虾片、干果仁等小吃。待主宾到达或宴会开始时间到达时，请宾客入宴会厅，并通知厨房宴会正式开始。

2. 菜肴服务

（1）在宴会开始前几分钟抹上黄油，分派面包。

（2）安排就座后，先女后男，最后给主人斟上佐餐酒，征求是否需要其他物品。

（3）西餐宴会多采用美式服务，有时也采用俄式服务。上菜顺序是冷开胃品、汤、鱼类、副盘、主菜、甜食、水果、咖啡或茶。

（4）按菜单顺序撤盘上菜。每上一道菜前，应先将用完的前一道菜的餐具搬下。服务员要留意宾客对撤盘的示意方法，如果将刀叉并拢放在餐盘左边或右边或横于餐盘上方，是表示不再吃了，可以撤盘。如果呈"八"字形放在餐盘的两边，则表示暂时不用撤盘。西餐宴会要求等所有宾客都吃完一道菜后才一起撤盘。

（5）上甜点水果之前，撤下桌上除酒杯以外的餐具：主菜餐具、面包碟、黄油盅、胡椒盅、盐盅，换上干净的烟灰缸，摆好甜品叉、匙。水果要摆在水果盘里，跟上洗手盅、水果刀、叉。

（6）上咖啡或茶前，应放好糖缸、淡奶壶，每位宾客的右手边放咖啡或茶具。然后拿咖啡壶或茶壶依次斟上。有些高档宴会需推酒水车送餐后酒和雪茄。

3. 西餐上菜

（1）西餐菜肴上菜方式。

西餐菜肴上菜也要"左上右撤"，酒水饮料要从客人的右侧上。法式宴会所需食物都是要餐车送上，由服务员上菜，除面包、黄油、沙拉和其他必须放在客人左边的盘子外，其他食物一律从右边用右手送上。

（2）分派菜顺序。

先女后男，先宾后主。但在国宴等高级宴会中，先给主宾派菜后主人，然后再按照先女宾后男宾的顺序进行服务。

（3）几种不同的上菜方式。

法式上菜方式的特点是，将菜肴在宾客面前的辅助服务台上进行最后的烹调服务。

法式服务由两名服务人员同时服务，一名负责完成桌边的烹调制作，另一名负责为客人上菜，热菜用加温的热盘，冷菜用冷却后的冷盘。

俄式上菜方式与法式服务相近，但所有菜肴都是在厨房完成后，用大托盘送到辅助服务台上，然后顺时针绕台将餐盘从右边摆在客人面前。上菜时服务人员站立在客人的左侧，左手托银盘向客人展示菜肴，然后再用服务叉、勺配合分菜至客人面前的餐盘中，以逆时针的方向进行分菜服务，剩余菜肴送回厨房。

英式上菜方式是从厨房将盛装好菜肴的大餐盘放在宴会首席男主人面前，由主人将菜肴分入餐盘后递给站在左边的服务人员，再由服务人员分给女主人、主宾和其他宾客。各种调料与配菜摆在桌上，也可以由宾客自取并互相传递。

美式上菜方式比较简单，菜肴由厨房盛到盘子中，除了沙拉、黄油和面包，大多数菜肴盛在主菜盘中，菜肴从左边送给宾客，饮料酒水从右边送上，用过的餐具由右边撤下。

4. 分菜服务

分菜服务常见于西餐的分餐制服务中，现在在一些中餐的高级宴会上也有使用。

服务叉、勺的握法有：

（1）指握法。

将一对服务叉、勺握于右手，正面朝上，叉子在上方，服务勺在下方，横过中指、无名指与小指，将叉、勺的底部与小指的底部对齐并且轻握住叉、勺的后端，将食指伸进叉、勺之间，用食指和拇指尖握住叉、勺。

（2）右勺左叉法。

右手握住服务勺，左手握住服务叉，左右来回移动叉勺，使用于体积较大的食物派送。

（3）指夹法。

将一对叉勺握于右手，正面朝上，叉子在上方，服务勺在下方，使中指及小指在下方而无名指在上方夹住服务勺。将食指伸进叉勺之间，用食指与拇指尖握住叉子，使之固定。此种方法使用较灵活。

五、西餐零点服务

（一）餐前准备

（1）餐厅保持清洁，台椅安放整齐。

（2）服务员着装整洁，佩戴工号牌。

（3）开餐前摆好餐位，餐具摆放整齐。

(4) 在餐桌固定位置摆放盐、胡椒、番茄沙司、橘汁、辣椒油等配料和烟灰缸、牙签。

(5) 发现餐具有破损或污渍及时拣出置换。

(6) 检查台椅是否清洁稳固，台布铺得是否适当。

(7) 准备好冰水。

(8) 熟悉当餐的供应品种和数量。

(二) 客人进入餐厅

(1) 主动迎上，双目注视客人。

(2) 向客人微笑致意。

(3) 协助迎送员拉椅让座，并给客人送上菜谱或餐牌。

(4) 根据客人的实际人数调整台面餐具。

(5) 为客人铺好餐巾。

(三) 送上冰水

(四) 介绍饮料及鸡尾酒类

(1) 早餐，介绍各类果汁、鲜果及咖啡。

(2) 午餐，介绍鸡尾酒及各种酒类。

(五) 进行酒水服务

(1) 一律用托盘操作。

(2) 首先为女宾服务。

(3) 托盘里放上垫巾，饮料放在垫巾上。

(4) 所有酒水用右手在客人右边上。

(5) 上酒时记住哪位客人点的哪种酒，切勿上错。

(6) 客人饮完杯中酒时，询问客人是否再要添酒。

(7) 如主客买整瓶的酒，开瓶后要先倒一些给主客品尝，再逐一为客人斟上。

(8) 需要冰冻的酒要跟冰桶。

(六) 介绍菜式

(1) 介绍当餐供应品种。

(2) 推荐"当天特色菜"，介绍烹饪特色。

(七)为客点菜

(1) 几个客人同来,要问清分开结账还是一起结账,如分开结账则分开写单,并做好记号(A、B、C、D)便于结账。

(2) 审视、揣测谁是主人,询问主人是否开始点菜。

(3) 菜谱要从客人右边递送。

(4) 站在客人的左边听候客人点菜,如有女宾,可先请女宾点菜。

(5) 在点菜位上做好记号,便于上菜。

(6) 说明某些菜的互相搭配吃法,把客人对菜的特殊要求(如少盐、免糖、加辣等)注明在菜单上,客人点煮鸡蛋,要问明煮几分钟;客人点煎蛋,要问明煎一面还是两面;客人点牛扒,要问明几成熟。

(7) 如客人赶时间,就介绍快速简便的菜式。

(8) 如客人所点的菜售完,要向客人致歉并介绍相似的菜式。

(9) 点菜时给客人提供一些恰当的建议:

① 客人点了海鲜,建议客人饮干白葡萄酒;

② 客人点了牛扒,建议客人饮红葡萄酒;

③ 客人只点了一个肉,建议加一个头盘、沙律或汤;

④ 客人只点了一个汤、一杯饮品,建议加份三明治;

⑤ 客人只点了咖啡,建议加些点心。

(10) 点菜时站立姿势要端正,听清记准,并向客人复述确认无误。

(11) 点菜单上写清楚台号、日期、姓名、落单时间。

(12) 点菜后收去不用的餐具或补上需要的餐具。

(13) 对先点菜的客人先服务。若有另一批客人到达或需要服务时,应热情招呼或微笑点头示意,以示其并未被忽视或怠慢。

(八)送菜单到厨房(或由传菜员传送)

(九)用左手从客人左边上面包、牛油、果酱

(十)上菜服务

(1) 用右手托托盘操作。

(2) 所有热菜要盖上菜盖。

(3) 严格按顺序上菜:

早餐,果汁、冰水或水果—牛奶—甜品—麦片—蛋类—多士—面包(主食)—咖啡、

奶茶。

正餐，面包（牛油）—冷菜—汤—鱼—肉食—甜品/水果—咖啡/奶茶。

（4）上菜一律用左手从宾客左侧上菜，换撤碟一律用右手从宾客右侧换撤。即"左上右撤，左菜右酒"，并报菜名、跟上配料。

（5）上主菜时，先将配菜放在客人左边。

（6）上第二道菜时，先撤去吃完的第一道菜。

（十一）席间服务殷勤细致，轻拿轻放

（十二）撤换餐具，一律用右手从客右侧撤换

（十三）饭后甜品、咖啡或餐后酒水服务周到

（十四）结账及时细心

（十五）感谢客人光顾，送客服务

案例分析

一 点菜（Take Order）

A：Good evening, sir. A table for two?

B：Yes, by the window, please.

A：This way, please.

B：Thank you.

A：Please take your seats, gentlemen. Here are the menu. Would you like to drink something first?

B：I'll have a medium coke cola with ice.

A：I'm sorry. We only have large or small.

B：Well, in that case, uh, I'll have a small Sprite.

A：Okay. A small Sprite. Here you are. Are you ready to order now, gentlemen?

B：No, I are still looking at the menu. Could I just have the soup to start please. What is the soup of the day?

A：That's minestrone, is that all right, sir?

B：Yeah, that's fine, and for the main course maybe you should recommend something for the main course?

C: Oh, at 7:00 tonight.

W: Would you like a table in the main restaurant or in a private room, sir?

C: The main restaurant will be fine.

W: Certainly, sir. A table for six at 7 tonight. May I have your name and telephone number, please?

C: Sure. It's John Smith and my number is 68888888.

W: Thank you very much, Mr. Smith. Let me repeat your reservation: you book a table for six at 7 o'clock tonight and your phone number is 68888888. Am I right?

C: Yes, it is.

W: My name is Ivy and we look forward to seeing you.

C: See you tonight. Goodbye.

W: Goodbye.

在餐厅的服务中，客人越来越关注服务过程中服务人员的服务态度，对预订员来说，良好的服务态度是从礼貌热情的问候开始的。案例中预订员仔细记录了客人的预订时间、地点、人数等重要信息，迅速、准确地帮客人完成了预订，并对客人的到来表示欢迎，其积极主动与客人的交流沟通给客人留下了良好的第一印象。该预订员熟练掌握了餐厅的预订服务流程，为客人提供了优质的预订服务。

（案例来源：https://wenku.baidu.com/view/ef4ce74cc850ad02de8041f1.html）

案例思考题：如何为客人提供餐饮预订服务？

三 迟到的旅游团

领位员小吴正在焦急地等待一个迟到的旅游团。该团原订用餐时间为晚上6时，可是6时已过了不少时间。小吴看见一位导游带着一群客人向着餐厅走过来。"您是F11旅游团的导游吗？"小吴急忙走上前问道。"不是。我们团没有预订，但想在你们这用餐，请务必帮忙解决。"导游向小吴解释道。"请您稍候，我马上替您联系。"小吴说毕就马上找餐厅经理联系。餐厅经理看到F11号旅游团都超了一个小时还未到，就同意了这批客人的要求，请客人先用原订旅游团的餐位。谁知服务员小吴刚把这批客人安排入座，F11旅游团就到了。餐厅经理看着这些面带疲倦的客人马上急中生智解释说："实在对不起，您们已经超出原订的时间太久了，所以您们原订的餐位我们已经安排了其他的团队。不过，我先带您们去休息室休息一下，马上给您们安排座位，时间不会太久。"小吴带客人去了休息室，并为他们送来茶水。餐厅经理急忙去联系餐位。10分钟后餐厅经理赶到休息室告诉客人："现在的客人太多，大家还要稍等一下。"又过了5分钟，餐厅终于完成了空闲台位的撤台、摆台、并立即通知厨房出菜等餐前准备工作，当小吴再次来到休息室对大家说："对不起，让大家久等了，由于餐前与您们联系不够，没有及时掌握大家晚来的时间，致使大家等候，请原谅。""这次迟到主要是我们自己的原因，餐厅能在这么短时间内为我们准备已经相当不错了，感谢你们主动热情的服务。"领队带头鼓起掌来。客人们怀着满意的心情，跟随小吴走进餐厅。

这一案例中，首先，餐厅及时做好了补救性服务，客人由于迟到而造成他们到达餐厅时没有座位，但服务员小吴并没有强调这是客人本身的原因就不予理睬他们。相反，服务员在出现问题时千方百计帮助客人尽快准备好餐位，做好补救性服务，所以客人也就非常满意了。服务补救是酒店针对服务失误采取的行动。其次，问题发生后服务员快速行动了起来，帮助客人解决问题。管理人员须对一线员工进行相应的培训和适当的授权，提高他们的服务技能，鼓励服务员创造性地为顾客解决各种服务质量问题，向客人说明服务差错产生的原因，正确估计补救性服务工作所需工作的时间，提出合理的解决方法，及时告诉客人，店方正在进行补救工作，以求得到客人的谅解。反之，只会使不满的客人更加失望。再次，解决问题期间，及时与客人沟通进展情况。服务员应把解决的过程和预计的时间告诉客人，向客人表明餐厅已经高度重视服务质量和客人满意度，这样将有助于改变客人对餐厅的看法，并主动、积极配合餐厅解决问题。此案例服务中出现的失误虽通过后期的服务补救及时得到了解决，但餐饮部仍应加强员工操作流程的培训，避免今后再发生类似的事件，给客人提供专业贴心的服务。

（案例来源：https://wenku.baidu.com/view/96c661eb172ded630b1cb607.html）

案例思考题：如何避免餐饮服务中的差错？

实训题

一　中餐零点菜单设计

实习酒店零点中餐三餐菜单、饮料单的内容和设计分析。

二 中餐宴会菜单设计

实习酒店宴会中餐三餐菜单、饮料单的内容和设计分析。

三 西餐零点菜单设计

实习酒店零点西餐三餐菜单、饮料单的内容和设计分析。

四 西餐宴会菜单设计

实习酒店宴会西餐三餐菜单、饮料单的内容和设计分析。

五 中餐婚宴菜单设计

拟订一份一桌售价 5 880 元的五星级酒店中餐婚宴菜单。

 本章思考题

试述餐厅部与酒店其他各部门的关系。

第六章 会议服务标准实务

学习目标

1. 熟悉会议前期准备各环节的具体要求
2. 熟悉会议用品准备和设施安排
3. 掌握会场布置的形式
4. 掌握会议现场服务的基本技能

本章学习资料

基本概念

会议预定　会议通知单　视听器材　会中服务

第一节　会议前期准备程序

一、会前准备程序

会前准备程序见图 6-1。

二、会议预订

会议预定通常由酒店的销售部负责。会议销售人员通过电子邮件、电话、拜访或者是网络平台等渠道接洽会议组织者。双方达成会议意向后，要详谈会议

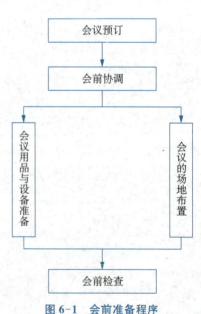

图 6-1　会前准备程序

接待细节，涉及的事项，如日期、时间、人数和保证人数、会议室、客房、餐饮、娱乐、交通、旅游、价格、结账方式、回款日期、授权签单人等，要逐一确认。会议销售人员应尽快整理出会议协议书，审核无误后，报批签署，并准备会议协议书给会议组织方授权人确认签署。

双方达成会议协议后，会议销售人员应及时把会议的日期记录在"会议预订登记表"中，并给前台发送订房单锁定房间量，以优先确保会议用房。

酒店销售人员直接从事会议销售，这是传统的直销渠道。近年来，随着电子商务的发展，一些为酒店提供会议预订信息的电子分销渠道也应运而生。

三、会前协调

会议市场是酒店团体细分市场中的重要因子。会议客源持续时间长，一次性购买量大，综合消费能力强，能有效带动酒店整体项目经营。现代酒店不仅视会议市场为提高收益的重要客源市场，有些酒店甚至以"会议中心"命名，将会议市场作为赖以生存的主要客源市场。但会议团队通常规格较高，客人要求严格，会务细节繁杂，某一环节的服务失误都会影响整体会议接待服务的质量。所以，酒店要加强会议前期对内、对外的协调工作。

（一）制定会议通知单

会议销售人员在和会议组织方确认所有细节后，应即时将相关信息制作成一份"会议活动通知单"，经销售经理签署后发到相关部门。会议签单负责人的签名样式应及时复印给前厅部、餐饮部和财务部，酒店各服务部门须持有此签名样式附件以便客人签单时核对。

会议通知单是有关整个会议需求的安排表。不仅要注明公司、活动名称、日期、人数、联系人等信息，更重要的是以书面的形式详细的记录各项安排。酒店会议接待相关部门，需要签收会议通知单。由于会议接待服务涉及部门多、信息多、细节多、变化多，这项工作必须且只能由一个项目经理统一指挥、协调、签发通知。按照会议重要程度，项目经理可以来自销售部，也可能是酒店的总经理。

会议通知单宜在会前的2~3周完成，在制订会议通知单时，较为详细的内容如"摆位平面图""厨房出菜单""客人饮食禁忌""横幅制作表"等可以作为附录，发送会议通知单时可一并发出。会议通知单如有变动，如参会人数减少，必须按客户已确认的更改内容修改后重新发出，并注明需要重新做出安排的部门，加盖更改印章于通知单上方。如果相关部门收到客户的更改信息，必须立即通知项目经理，由其协调。

所有会议服务活动按最新的更改单执行。如客户取消会议安排，项目经理需重新发出一份会议通知单，并在其上方加盖"取消"印章，通知到各有关部门。取消的通知单内容应与原通知单内容完全一致。

（二）召开协调会

对重要或复杂的会议，为了加强沟通，提高工作部署的效率，在发放"会议通知单"后，客人抵达前，酒店内部要开协调会。有时需要多次召开协调会，临近开会的前期，更需要积极地进行各项准备工作，细化任务，发现问题、解决问题，开协调会就越发重要。

会议活动的规模、档次和内容将决定哪些部门的负责人应该参加协调会。协调会出席人员一般有：酒店总经理、具体负责会议服务的项目经理；销售总监和联系此次会议业务的销售人员；餐饮部总监和餐宴部经理及厨师长；财务总监；工程部经理；各部门代表（前厅部、客房部、公关宣传部、总机房、保安部、康乐部、礼宾部）等。根据工作需要，有时会议组织方即客户代表也参加协调会。

协调会的主要内容是确认会议活动的主要工作环节和具体细节，如贵宾到达方式和具体接待要求等；按照会议活动可能会产生的最新变化，调整有关工作安排，讨论、协调和解决各部门接待服务准备工作中的有关问题，以落实合同中的细节。

参加协调会的各部门要及时制定具体的后勤保障方案和各类应急预案。

（三）对外协调

1. 与客户的协调

酒店要加强与会议组织方的协调。各类型会议的前期准备是非常重要的。酒店会议销售员必要时要为那些没有经验的会议组织者提供延伸服务。如会程的安排以酒店会议接待的经验来看是否合理，可向会议组织者提供参考建议，协助会议组织者圆满完成会议计划。

关于会议服务的所有安排和要求，均要以"协议书"为准。在会议前期准备过程中，酒店要时刻与客户保持沟通，以应对客户对会议接待方案提出的变化，在沟通接洽中产生的修改和调整都必须经过双方的书面确认。

2. 与公共部门的协调

包括所在社区、交通管理、公安、卫生、消防、外事、供电、电信、医疗等公共事务机构。

3. 与新闻界的协调

各媒体代表可能应邀参会进行媒体报道，项目经理应在客户方负责人安排下与各媒体建立通畅联系。

四、会前检查

会前检查的重点是会议预案中所述的全部项目是否就绪，主要包括会议室的大小、数量设备及布置；适应参会者需要的客房种类和数量；适合于会议活动的各种有效空间，如登记处、办公室、停车场、摄影和摄像点等；餐饮设施及菜单菜品准备；会议各类文本和证件，如指示牌、表格资料、就餐卡等；员工数量以及会议服务水平；其他可提供的有效服务，如文印中心、互联网、娱乐中心等。

第二节 会议前期用品与设备安排

会议依赖于酒店提供的全面服务，既包括人员服务，也包括提供各类用品以及硬件设施。

一、会议用品与设备的准备内容

会议用品与设备的准备要落实专人负责，具体内容有：
（1）会前制订计划。计划应当写明：所需物品和设备，包括名称、型号、数量；物品和设备的来源，如租借、调用、采购等；所需的费用等。
（2）提前准备到位。准备充分，安装调试到位。
（3）节约成本。要严格按照会议的经费预算执行。

二、常用文具的准备

（1）签字笔。在签字仪式上，使用专用签字笔，能够体现签字代表的身份。
（2）铅笔。会议开始前应准备好铅笔，也可备上圆珠笔、水笔。铅笔需事先削好，并统一摆放于与会者座位的右上方。
（3）纸张。纸张摆放因其需要而定，必须统一摆放，且其质地规格必须一致。
（4）签字簿。嘉宾签到用的大开本子。
（5）专门用品。专门性会议上所使用的物品，如颁奖会上的奖品与证书、选举会上的选票和投票箱、开幕式剪彩剪刀和彩带等。

三、生活用品的准备

（一）茶具

茶具是会议接待服务必备的用具之一，包括茶杯、茶碗、茶壶、茶盏、托盘等饮茶用具。在会议接待服务中使用最为广泛的主要为瓷器茶具。如果选择矿泉水、果汁作为会议使用饮料，一般应根据会议规格使用中高档的玻璃水杯。

（二）饮品和食品

(1) 矿泉水。根据会议时间长短确定小瓶或大瓶，根据会议规格确定品牌。

(2) 茶水。为客人冲泡茶叶。

(3) 其他饮料。如果汁、椰汁、咖啡等。

(4) 水果。会议茶歇用水果，难于剥离的水果要事先切分好。

(5) 点心。会议茶歇时食用的小点心。

（三）烟灰缸

烟灰缸一般2~3人使用一个比较合适。一般烟灰缸里面烟头不得超过2个，如撤换烟缸，应用干净的烟缸盖在脏的烟缸上，将两个烟缸同时撤下，随后放到托盘内，将干净的烟缸放到原处。

（四）"请勿吸烟"标志

如果会议不允许吸烟，在会议开始前应该在每一个与会者都能够看到的地方摆放"请勿吸烟"的标志，提醒与会者不要吸烟。如果会议的时间比较长，可以给吸烟的客人专门开辟一个吸烟室。

四、会场装饰物品

(1) 花卉。布置花卉要注意花卉的品种与颜色要符合会议的整体格调。主席台前和会场入口处是花卉布置的两个重点区域。会议用花种类及其适用范围见表6-1。

(2) 旗帜。旗帜有国旗、会旗、党旗、队旗等之分。

(3) 会标。会标是以会议名称为主要内容的反映会议信息的文字性标志。会标一般以醒目的横幅形式悬挂于主席台上方的沿口或天幕上。

(4) 会徽。会徽即体现或象征会议精神的图案性标志，一般悬挂在主席台的天幕中

表 6-1　会议用花种类及其适用范围

会议用花种类	适用范围
花篮	开幕式、会议场馆门口及主要通道等处
贵宾胸花	贵宾出席开幕式、主题发言等
主席台桌面用花	开幕大会主席台中心摆设
讲台用花	讲台前方盖住话筒
签到台、报到台桌面用花	与会者签到或报到时
陈列用花	椭圆形、回字形等会议桌当中空间布置装饰性用花
茶歇用花	在茶歇台上少许穿插摆放瓶装插花

央。在布置主席台时，把会徽悬挂在台幕正中黄金分割线处为宜。

（5）台幕。台幕即主席台的背景，一般用紫红色或深蓝色面料做成。红色色调喜庆热烈，蓝色色调柔和宁静，可视会议性质分别选用。一般的台幕都用单色，也可采用分割法，配以两种颜色。

（6）标语条幅。标语条幅的制作方法可以参照会标的制作方法。

（7）模型标志。模型标志是一种矗立在会场内的立体型的形象标志。

（8）会场色调。时间较长的会议，会场可用绿色、蓝色的窗帘，布置绿、蓝色的花草、树木等，以消除与会者的疲劳；代表大会、表彰庆祝大会，会场的色调布置要鲜亮、醒目，以显示热烈、庄严、喜庆的气氛，如在主席台摆一些五彩缤纷的鲜花，两侧排列鲜艳的红旗，周围悬挂一些红底黄字的标语。

（9）场地标识。场地布置的一部分，主要包括方向指示牌、功能厅指示牌、停车场指示牌、会议信息牌等。有时会场外还摆放大的背景板。

五、会场基本设施

（1）桌椅。桌面一般铺有桌布。

（2）讲台。讲台面应足以放置水杯和书写文具，如笔、纸和激光笔等，讲台高度应适中，走道要有一定照明，防止演讲者被电缆和其他障碍物绊倒。讲台上一般有放置讲稿的小台架，如放在桌上则称桌架，如直接放在地板上，则称为讲稿架。

（3）布件。主要有会议室和宴会布件，如会议室和宴会厅台布、台裙、椅套等。

（4）席位卡。会议席位卡在涉外会议中通常为中英文双语设计，且正反两面所注内容完全相同。

（5）照明设备。照明质量的基本要求：照度均匀；照度合理；抑制眩光。

(6) 地毯。地毯的铺法有满铺、散铺以及满散结合式三种铺法。

(7) 空调通风设备。利用空调设备对某一空间的空气进行温度、湿度、洁净度和风速调节，使空气的质量符合会议的要求。夏天温度要求保持在26～28℃，冬天保持在24～26℃；相对湿度要求夏天在50%～70%范围内，冬天≥35%；室内要保持一定量的新鲜空气，室内空气流速为0.1～0.5米/秒，以0.1～0.2米/秒为最佳。

六、视听器材的准备

（一）放映设备

1. 多媒体投影机

投影仪操作服务应注意：①熟悉投影仪操作说明，正确掌握投影仪操作规程。②在会议正式开始前30分钟，投影仪要准备就绪。③开机后一般有3分钟的预热时间，检查投影仪电缆传输的信号是否正常。④将信号电缆放置到外力无法接触到的位置，例如墙沿处、天花板上等。⑤不要让投影仪工作在灰尘太多的环境中，及时清除镜头上的灰尘，保证投影画面的清晰；散热风扇的进风口和出风口如有灰尘覆盖，必须及时清除干净；发现镜头表面中有太多灰尘时，必须使用专业的镜头清洁纸来擦除灰尘，而且在擦拭时按照先中心后边缘的原则来进行。⑥根据会议放映的要求进行必要的调试。⑦不要强烈震动或挤压投影仪。⑧不能带电插拔各种连接线缆，不能频繁地开通和关闭投影仪。⑨关机后还需要1～2分钟的散热时间，不能在关机后立即切断投影仪电源，否则易造成灯泡损坏。

2. 银幕

使用银幕首先要决定的是银幕尺寸，其次要考虑的是型号、规格和材质。最常见的活动式银幕为三脚架式银幕。

三脚架式银幕操作服务应注意：①根据组织方要求决定使用的银幕尺寸。②活动式三脚架的尺寸范围在1.2～2.4米，此类型银幕只需一个人即可操作使用。③根据座位的位置调整银幕的高低，并根据不同需要调整银幕的投射角度。④会议结束后，及时将三脚架式银幕收好，送到保管处。

3. LED显示屏

LED显示屏是一种平板显示器，由一个个小的LED模块面板组成，用来显示文字、图像、视频、录像信号等各种信息的设备。室内LED显示屏视角可大于160度。屏幕面积小至不到一平米，大则可达几百、上千平米。易与计算机接口，支持软件丰富。LED显示屏最远视距＝屏幕高度（米）×30（倍）。随着技术的发展，现在出现了曲面LED显示屏。

4. 其他放映设备

笔记本电脑、DVD/VCD 机、胶片投影仪、电子白板等。

(二) 音响设备

音响设备对会议的质量具有相当大的影响。会议的音响设备主要包括麦克风、音响、录音设备及扩音系统。

1. 麦克风

麦克风是会议活动中使用最频繁、最重要的视听器材之一。麦克风属于音响系统里的传声器，它将声音转化为电能然后传递给后级，并进行扩放放音。麦克风的种类繁多，特性也不同。了解各种麦克风的特性及正确的使用方法，会使会议进行得更顺利，并节省不必要的器材租用费。

麦克风按外形分类，常见的主要有：①手持麦克风。主要用于主持、演唱，可有效地增强主音源、抑制背景噪声、消除气流噪声。②领夹麦克风。无线麦克风的一种，具有体积小、重量轻的特点，可以轻易地隐藏在衬衫领下或外套下而不引人注目，适用于演讲、录音等场合。③鹅颈麦克风。常常放置于桌面，拾音准确并且清晰，灵敏度高，筒杆可以根据使用者的需要调节角度。④界面麦克风。可放置于桌面进行会议场合人声拾取，或者粘在墙上可以拾取房间环境声。

麦克风还可粗略地分为有线麦克风和无线麦克风。有线麦克风不需要主机，可以直接与功放或调音台等处理设备连接。无线麦克风则需要主机，主机再与处理设备连接。无线麦克风多分为一拖二、一拖四或者一拖八，即是一个主机两支麦克风、四支麦克风或八支麦克风。麦克风可以是手持，可以是领夹，也可以是鹅颈。

不同的麦克风使用的环境也不一样，在使用前，先要确定这场会议中需要多少支麦克风。在将近百人的会议中，至少应该在讲台与主桌台上设置麦克风。如果会议有双向沟通的时段，就要考虑在观众席放置麦克风。

2. 音响

标准的会议场地都有室内音响系统，以便使会议内容可以被所有与会者清晰地听到。音响系统操作服务注意事项：①检查音响系统，不应出现声音的失真或发出尖鸣等现象。②当音响设备和放映设备一起使用时，音响和屏幕应放在同一地点。③要事先检查室内音响系统的质量和可调性。④还要检查室内有听无不清传音的死角。⑤会议结束后，进行全面的检查，完好后切断电源。需要注意的是，如果所使用的会议室仅是可分隔会议室中的一间，则要确定是否每间会议室均有独立的音效系统。

3. 录音设备

在同等麦克风音量下，会议的录音设备需要具有清晰捕捉远距离声音的功能。为了提高大中型会议的录音效果,需要在演讲区增加麦克风或安装由专人控制的调音台。调音台随时调节不同输入声道的音量,可以将会场内部及周围的喧闹声音降到最低。小型会议或是配备有先进设备的视频会议,通常不用调音台也可以达到不错的效果。

4. 会议扩音系统

会议的扩音系统通常包括扬声器、功放、均衡器、反馈抑制器及调音台。会议扩音系统需要达到的基本标准是保证演讲声音清晰、无失真、声压余量充分、声场分布均匀、无声反馈啸叫、声像定位正确。

(三) 同声传译设备

同声传译设备有红外线译音、有线译音(只固定会场使用)和无线译音三种类型。使用的耳机可分为有线与无线两种。不同形式的会议需要不同的译音设备,可根据会议需要来选用。使用同声传译要求会场的每一个座位上都配置相应的耳机,或在全体大会会场入口处向与会者分发耳机。同样,这些耳机在会议结束后也要马上回收。

第三节　会议的场地布置

一、会场布置形式

会场座位格局大体上可分为上下相对式、全围式、半围式、分散式、并列式五种。

(一) 上下相对式

主席台与代表席上下相对的形式,以突出主席台的地位。具体细分为剧院式、课桌式。课桌式与剧院式相比,摆放有课桌,方便与会者书写,同时课桌式占地面积比剧院式要大一些(图6-2)。同样的面积,剧院式摆放比课桌式要节省近一半的空间。

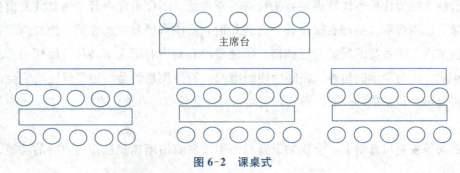

图6-2　课桌式

大中型会议通常采用这种上下相对的布局。

(二) 全围式

全围式不设主席台,嘉宾与参会者围坐一起,体现平等,容易形成融洽的氛围。具体细分为圆桌式(图6-3)、回字形、多边形等。适合于小型会议、座谈会、协商会等。

图6-3 圆桌式

(三) 半围式

半围式在主席台的正面和两侧安排代表席,形成半包围形状,既突出主席台的地位,又增加融洽和谐的氛围。具体细分为半圆形(见图6-4)、U形(见图6-5)、T形等。适用于培训会、研讨会等。

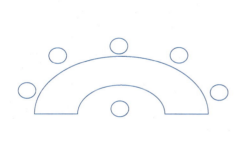

图6-4 半圆形

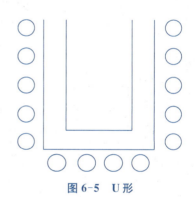

图6-5 U形

(四) 分散式

会场由分散的若干个会议桌组成,每个会议桌形成一个谈话交流中心。主要嘉宾围坐主桌,其他会议桌按照一定的规则排列,一般一桌可坐10或12人。这种宴会式的格局(图6-6),适用于企业年会、庆典会议、表彰大会、庆祝大会等。开会兼用餐一起,多半还会伴有节目表演。

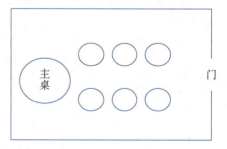

图6-6 宴会式

(五) 并列式

将双方座位排位为面对面地并列式、侧面并列式或弧形并列式。常适用于会见和会谈,见图6-7和图6-8。

1. 双边会见

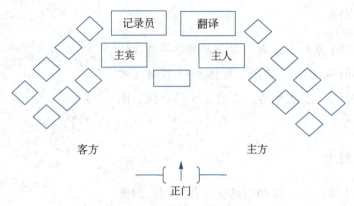

图 6-7　侧面并列式会见图

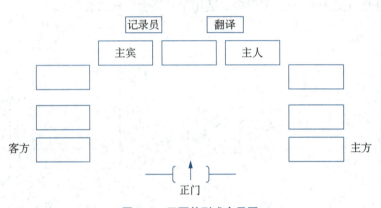

图 6-8　正面并列式会见图

2. 双边会谈

按照惯例，"面门为上"。如图 6-9 所示，图中数字由小到大依次表示位置由尊到卑。

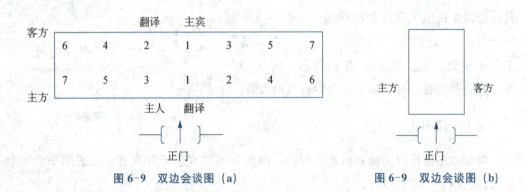

图 6-9　双边会谈图（a）　　　　　　　图 6-9　双边会谈图（b）

二、茶歇场地布置

参会人数较多，会场面积较大原则上应在会场之外安排专门的茶歇场所，必要时还应设置指引牌和相关引领人员为客人指明方向。如果会场足够大，安排的茶歇场地较远时，也可以在会场中通过屏风、展架等人为设置茶歇区。

参会人数较少，可在会场出入口处摆设专用茶歇，茶歇周围合理增加休息区，以便客人取用食物后，可就近落座相互沟通。

茶歇区域设定要尽量紧凑，便于整体协调以及嘉宾间充分沟通。茶歇台应提前布置。根据会议的人数和要求，确定餐台的形状与面积，常规有一字型、L型、T型等。餐台的摆设要注意美观、整洁。

三、会议签到场地布置

一般设在酒店的大堂，位置比较醒目。由工作台和背景板两部分组成。工作台上铺设台布。背景板上有会议的名称及签到登记字样。有些会议没有背景板，工作台前则立有相应的易拉宝。

第四节　会议的现场服务标准

一、迎宾服务

（1）迎宾人员应在会议开始前半小时在会议室门口处迎接宾客，保持正确站姿，热情迎候，依次接待。客人抵达时应点头示意、敬语问候并加上相关的规范手势指引。

（2）客人如果需要提供帮助，应主动热情服务，如搀扶长者入座，帮客人提拿物品。

（3）出席会议的重要宾客提前到达时，会务专员应将其引领至贵宾接待室，上茶和上小毛巾。当重要宾客起身步入会场时，迎宾员应主动走在侧前方引领入座。

（4）重大盛会，根据工作需要，酒店相关管理人员应在大堂门口迎候相关领导和嘉宾，以示尊重。

(5) 会议开始，服务人员应环视会场，观察与会者是否全部到场入座，并退至门边，轻轻将门关上，以免干扰。同时，在门外等候接待未到宾客。

二、会中服务

(1) 会议开始后，服务人员应随时注意宾客人数，若超出预定人数应立即添加座位、用品和茶具等。

(2) 客人进场入座后，服务人员应主动按顺序为客人沏茶（茶水八成满）。

(3) 会议进行中，服务人员的服务要求做到"三轻、一快"（说话轻、走路轻、操作轻、服务快）规范服务，保持会场安静，确保会议秩序。

(4) 当一切服务工作妥当之后，服务人员站在会场后侧或侧面，注意观察全场及时提供服务。

(5) 保密性会议，服务人员应面朝客人退出会场，轻轻带上门关上，在会场外待命，不得擅自离岗。

(6) 控制无关人员随便出入会场，随时为会场出入人员开门，并为出会场参会者提供引领服务。

(7) 准备充足的热水瓶，会议开始后 1 小时内，客人饮水较多，需 15 分钟添加一次茶水，过后视客人饮水情况，一般每隔 30 分钟为客人添一次茶。主席台的茶水应有 VIP 专人负责服务。

(8) 与会务有关的电话，应与会议工作人员联系接听，不得随意处理，防止误事。有事找人时，服务人员要通过会议工作人员联系，服务人员不能直接找人或大声传呼。

(9) 有专人值班监控音响、灯光等，值班人不得擅离岗位，保证会议顺利进行。

(10) 若会场发生意外情况，现场服务人员要反映敏捷，立即上报。

三、休会服务

(1) 会中短暂休息或离场饮用茶点时，服务人员要辅助整理会场，补充和更换相应用品。

(2) 若会议全天进行，服务人员要利用客人就餐时间对会场进行整理。快速整理会场卫生，会场桌椅重新排列整齐，并补充纸、笔。

(3) 整理过程中服务人员不得随意乱动客人的文件资料及物品。发现有贵重物品遗留，应做好登记代为保管，以便客人返回会场后及时归还。

（4）客人中午离场就餐，一般应有服务人员留守会场值班。服务人员若也有事需离开会议室，必须将门锁好，以免客人物品丢失。

第五节　会议结束后流程工作

一、清理会场工作

人员全部离场后，要进行会场清理工作。主要包括：
（1）收茶杯茶盘，送消毒间清洗消毒。
（2）收文具、杂物，回收可利用物品。
（3）清扫卫生，桌椅归位。
（4）撤下会议所用设备、设施、用品，分类归位。检查各种设施设备有无故障，如有故障立即填单报修，及时修复，方便后续使用。
（5）检查会场有无客人遗留物品。如发现遗留物品要及时归还，不能及时归还的要及时上报上交。
（6）检查安全隐患，确保无误后关闭空调、窗户、灯光，撤出锁门。

二、会议善后工作

会议结束了，并不意味着酒店会务服务工作的结束。后期的善后工作还包括：
（1）做好费用结算工作。酒店要明细各类消费，方便会议组织者结账。
（2）调查和总结。调查会议组织者、参会者等各类客户，对各类意见和建议等进行分析，做好会后总结，发现问题，总结规律，以不断提高会议服务质量。
（3）收集参会者信息。会议的参会者来自四面八方，如果在会议、住宿方面为其留下良好的体验，他们很可能成为酒店潜在或者忠实的消费者。这些客人也可能是下次会议的组织者和决策者。因此，酒店应特别注意收集会议信息，将会议组织者和出席者的资料归档并向他们定期或不定期推送酒店的信息和资料，为今后会议的承办打下基础。
（4）客户回访。在会议结束的7～10天内向客户送去真诚的问候，或者赠送一份体现酒店文化的精致礼物，再次让客户感受到酒店服务的温度。

 **案例分析**

一　没有桌子

A酒店承办某公司会议，会议组织方代表王先生最后检查会场布置情况，会议室原有座位50个，而会议人数为60人，王先生发现会议室增加了椅子，却没有增加桌子。服务员解释道：一是会议室太小，放不下那么多桌子；二是也没那么多桌子。王先生很无奈，通过和酒店沟通后，解决了这个问题。

案例思考题：服务员对客人的回答是否妥当，会议服务员应该怎样处理这个问题？

二　会议客人签单

某日晚7时，B酒店咖啡厅有几位客人消费买单时要挂账某会议，服务员请客人签了字，但收银台核对时，此人并不是有效签单人，几经沟通，客人留下100元押金然后走了。此后，酒店工作人员第一时间了解到会议的名称，找到会议的有效签单人W先生，最终把消费单子签了，100元也及时还给了客人。

案例思考题：会议消费具有综合性，面对非签单人的挂账现象，服务人员应该如何处理？

 实训题

一　会标制作

会标制作的方法有：手工刻绘法、感光制版法、不干胶法、热转印法。

制作会标时，要根据主席台的台口宽度和会议名称的字数确定，会议名称的字数根据广告心理学的原理，一般情况下，字数不宜超过13个。具体规格可按下列公式进行计算：

会标的每个字的规格＝（台口宽度－间隔）÷（字数＋2）

例如：主席台的台口宽度为15米，会议名称为10个字，计划每个字的间隔是0.3米（10个间隔共计3米），这样按以上公式算出的每个字的宽度为

$$(15-3)÷(10+2)=1(米)$$

二　1分钟加水操作规范

1. 拿暖壶进入会场时应先取掉瓶塞，右手握住壶把。
2. 站在要加水客人的右侧，微侧身将左脚前伸一步。
3. 同时伸出左手用小手指和无名指夹起杯盖，用拇指、食指、中指握住杯把，右手握壶倒水（八分满）。
4. 将杯子轻轻放在杯垫上，盖上杯盖，杯柄移至客人右侧。
5. 将左腿收回，加水完成。

三　纸、笔、水具的摆放操作

(1) 稿纸应摆在椅子的中心线上，稿纸底边紧贴桌子内沿。
(2) 圆珠笔应笔尖朝前且向左倾斜，摆在稿纸的中心对角线上，笔上的店标朝上。
(3) 杯垫摆在稿纸的正中前方，与稿纸上沿间隔一指距离。
(4) 茶杯摆在杯垫上，杯柄应朝向客人的右边且向下倾斜45度。
(5) 矿泉水摆在茶杯左侧并间隔一指距离。
(6) 毛巾托摆在稿纸右侧正中间，与圆珠笔平行，与稿纸间隔一指距离。

四　升挂国旗

升挂国旗的规则：

(1) 旗幅一致。中国国旗与外国国旗并挂时，各国国旗应按照各国规定的比例制作，尽量做到旗的面积大体相等。

(2) 主左客右。在中国境内举办双边活动需升挂中国和外国国旗时，凡中方主办的活动，外国国旗置于上首（右侧）；对方举办的活动，则中国国旗置于上首。即以旗的正面为准，右方挂客方国旗，左方挂主方国旗。这里所谓的主方和客方，不是以活动在哪个国家举行为依据，而以由谁举办活动为依据。例如，东道国举行欢迎宴会，东道国为主人；与会者举行答谢宴会，与会者是主人。轿车上挂国旗，在驾驶员左手的一边挂主办国旗，右手一边挂客方国旗。

(3) 不能倒挂或任意竖挂、反挂。悬挂国旗一般应以旗的正面面向观众，不能随意交叉悬挂或竖挂，更不得倒挂。有的国家规定，国旗如需竖挂，必须另外制旗，将图案或文字转正。

(4)在中国境内，多国国旗并挂时，旗杆高度应该一致，但中国国旗应置于荣誉地位。一列并挂时，以旗面面向观众为准，中国国旗在最右方；单行排列时，中国国旗在最前面；弧形或从中间往两边排列时，中国国旗在中心；圆形排列时，中国国旗在主席台或主人对面的中心位置；升挂时，必须先升中国国旗；降落时，最后降中国国旗。

(5)在建筑物上，或在室外悬挂国旗，一般都应日出升旗，日落降旗。如需降旗致哀，则先将旗升至杆顶，再下降到离杆顶约为杆长的1/3处；日落降旗时，需先将旗升至杆顶，然后再降下。有些国家致哀时不降半旗，而是在国旗上方挂黑纱表示。不能使用破损或污损的国旗。平时升国旗一定要升至杆顶。

本章思考题

1. 如何做好会议的接待准备？
2. 如何做好会议的现场服务工作？

参考文献

[1] 邹益民. 现代饭店管理. 浙江大学出版社，2006.

[2] 郭兆康. 饭店情景英语（修订版）. 复旦大学出版社，2000.

[3] 李莉. 饭店管理原理与案例分析. 对外经济贸易大学出版社，2005.

[4] 张尚国. 宾馆业规范管理. 中国言实出版社，2007.

[5] [澳] 贾依·坎达姆普利. 服务管理——酒店管理的新模式. 程尽能、韩鸽等译. 旅游教育出版社，2006.

[6] 奚晏平. 海天酒店管理模式——系统设计与操作实务. 中国旅游出版社，2004.

[7] 范运铭. 饭店服务规程. 华中师范大学出版社，2007.

[8] 马桂顺. 旅游企业战略管理. 中国旅游出版社，2008.

[9] 张永康. 现代酒店岗位实操. 广东旅游出版社，2006.

[10] 王舒. 现代酒店（饭店）主管、领班工作标准. 企业管理出版社，2006.

[11] 张金水. 怎样做优秀服务业领班. 广东经济出版社，2007.

[12] 杨宏建. 酒店餐饮服务培训标准. 中国纺织出版社，2006.

[13] 饶雪梅. 酒店餐饮管理实务. 广东经济出版社，2007.

[14] 林红梅、韦统翰. 酒店客房管理实务. 广东经济出版社，2007.

[15] 杨华. 客房服务与管理. 中国商业出版社，2004.

[16] 上海市旅游事业管理委员会岗位培训指导委员会. 旅游饭店服务案例.

[17] 苏州香格里拉大酒店入职培训手册.

[18] 山东蓝海职业学校教材编写组. 养成教育读本.

[19] 孙宗虎、李艳. 招聘与录用管理实务手册. 人民邮电出版社，2007.

[20] 陈家栋. 会展接待实务. 旅游教育出版社，2006.

[21] 喻培元. 会展礼仪. 旅游教育出版社，2007.

[22] 方伟群. 前厅实务与特色服务手册. 中国旅游出版社，2005.

[23] 苏北春. 前厅客房服务与管理工作实训手册. 人民邮电出版社，2006.

[24] 姜玲. 星级前厅服务人员指导教程. 广东经济出版社，2006.

[25] 雅杰. 前厅服务员：基础知识　初级技能. 中国劳动社会保障出版社，2004.

[26] 许京生. 我国饭店星级评定制度的沿革与贡献. 2017-12-14. https://mp.weixin.qq.com/s?__biz＝MzA3MDI4OTAwMg％3D％3D&idx＝1&mid＝2649732832&sn＝0af65a4d302959e8324368e2cdaa8b09

[27] 旅游饭店星级的划分与评定 GB/T 14308—2010. 2010-10-18.

[28] 国务院关于印发国家职业教育改革实施方案的通知. 2019-01-24.

[29] 中华人民共和国人力资源和社会保障部. 前厅服务员：国家职业技能标准（2009 年修订）. 中国劳动社会保障出版社，2009.

[30] 中华人民共和国人力资源和社会保障部. 餐厅服务员：国家职业技能标准（2009 年修订）. 中国劳动社会保障出版社，2009.

[31] 中华人民共和国人力资源和社会保障部. 客房服务员国家职业标准（2009 年修订）. 中国劳动社会保障出版社，2009.

图书在版编目(CIP)数据

酒店服务标准/瞿立新主编. —上海：复旦大学出版社，2019.9(2020.12 重印)
(复旦卓越. 21 世纪酒店管理系列)
ISBN 978-7-309-14410-9

Ⅰ.①酒… Ⅱ.①瞿… Ⅲ.①饭店-商业服务-标准-高等学校-教材 Ⅳ.①F719.2-65

中国版本图书馆 CIP 数据核字(2019)第 122267 号

酒店服务标准
瞿立新　主编
责任编辑/戚雅斯

复旦大学出版社有限公司出版发行
上海市国权路 579 号　邮编：200433
网址：fupnet@ fudanpress.com　http://www.fudanpress.com
门市零售：86-21-65102580　　团体订购：86-21-65104505
外埠邮购：86-21-65642846　　出版部电话：86-21-65642845
常熟市华顺印刷有限公司

开本 787×1092　1/16　印张 18.75　字数 348 千
2020 年 12 月第 1 版第 2 次印刷

ISBN 978-7-309-14410-9/F・2590
定价：46.00 元

如有印装质量问题，请向复旦大学出版社有限公司出版部调换。
版权所有　　侵权必究